KB091308

Chef, 클라우드 서비스 설정관리 자동화 도구

Korean edition copyright ⓒ 2015 by acorn publishing Co. All rights reserved.

Copyright ⓒ Packt Publishing 2013.
First published in the English language under the title
'Chef Infrastructure Automation Cookbook'

이 책은 Packt Publishing과 에이콘출판㈜가 정식 계약하여 번역한 책이므로
이 책의 일부나 전체 내용을 무단으로 복사, 복제, 전재하는 것은 저작권법에 저촉됩니다.

Chef, 클라우드 서비스
설정관리 자동화 도구

오픈소스 설정관리 도구 셰프의 설치부터 배포까지

마티아스 마샬 지음 | 최광민 옮김

추천의 글

셰프의 출발을 돌이켜보면 더 좋은 인프라스트럭처를 구축하는 데 있어서 서로에게 도움을 주고자하는, 그리고 마음이 잘 통하는 실무자의 모임이었다. 이렇게 소수의 사람들이 모여 개발과 실험을 시작했고, 그 시작은 미약했다. 하지만 우리가 개발하는 도구와 우리 스스로에 대한 확신이 점차 확고해지면서 자동화할 수 있는 인프라스트럭처의 범위는 물론, 개발하는 도구의 분야도 계속해서 확대되어왔다.

셰프처럼 빠르게 변화하는 기술을 다루는 책을 쓰는 일은 과감한 시도이며, 커뮤니티의 일원으로서 활발히 활동하는 실무자가 아니면 달성하기 힘든 일이다. 다행히 이 책의 저자 마티아스가 바로 그런 사람으로, 이처럼 뛰어난 동료와 지금까지 함께 해온 일과, 그가 셰프에 대한 책을 쓴 점 모두 자랑스럽게 생각한다.

셰프를 처음 접하는 독자라면 우리 커뮤니티에 들어온 것을 환영한다. 독자 스스로 자부심을 느끼고, 또 사용자가 좋아하는 시스템을 구축할 수 있길 바란다. 이미 오래전부터 커뮤니티의 일원이라면 더욱 축하한다! 마티아스는 우리 모두에게 무언가를 가르쳐줄 수 있는 사람이며, 독자의 공헌으로 지금의 우리를 있게 한 점에 자부심을 느끼길 바란다.

그럼, 독자 여러분 모두에게 행운이 있기를!

아담 제이콥(Adam Jacob)
옵스코드(Opscode)의 공동 창업자 겸 셰프 개발자

지은이 소개

마티아스 마샬 Matthias Marschall

독일 태생의 소프트웨어 엔지니어로, 네 명의 자녀를 편안하고 활기차게 잘 보살피는 아버지기도 하며, 네 명의 아이가 만들어내는 혼돈을 잘 극복하고 있다. 린 엔지니어링과 애자일 엔지니어링을 바탕으로 지속적인 배포와 인프라스트럭처 자동화, 데브옵스DevOps 관련 기술에 힘을 쏟고 있다.

최근에는 자바와 루비 온 레일스를 이용한 웹 기반 비즈니스에 도움을 줬고, 시스템 관리자로 성장한 초기에 스스로 설정관리 도구를 제작하기도 했다. 물론 지금은 전체 인프라스트럭처를 셰프로 관리 중이다.

2008년에는 댄 애커슨Dan Ackerson과 함께 블로그(http://www.agileweboperations.com)를 개설하고 데브옵스의 초기 시절부터 관련 아이디어를 공유해왔다. 트위터 @mmarschall에서도 그를 만날 수 있다.

구트프라게닷넷 주식회사gutefrage.net GmbH의 CTO로, 독일에서 가장 큰 Q&A 사이트를 비롯해 트래픽이 많은 사이트를 운영하는 데 도움을 주고 있다. 컴퓨터 과학 석사에 해당하는 디플롬을 취득했고, 오스버그 대학에서 애자일 소프트웨어 개발에 대한 강의를 하고 있다.

코딩을 하지 않을 때는 카툰을 그리거나 바둑을 즐기며, 현재 독일 뮌헨에서 살고 있다.

감사의 말

아담 제이콥과 조슈아 팀버맨Joshua Timberman을 비롯해서 이 책에 조언을 해준 옵스코드의 모든 사람에게도 감사를 표한다.

책을 개선할 수 있게 도움을 준 감수자 세스 바고와 줄리안 던, 로버트 커스에게 특별한 감사를 전한다.

마지막으로 아내 스테파니에게 감사의 마음을 표한다. 책을 집필하면서 과도한 부담을 느끼거나 생각이 겉돌 때 큰 도움을 줬다. 그녀가 없었다면 이 책도 없었으리라. 항상 사랑한다는 말을 전하고 싶다.

기술 감수자 소개

로버트 커스 Robert Curth

gutefrage.net에서 일하는 엔지니어로, 셰프 초보자의 입장에서 책을 감수했다.

줄리안 던 Julian C. Dunn

옵스코드의 선임 컨설턴트로 셰프 개발자 중 한 명이다. 그는 금융과 미디어/방송, 인터넷 보안, 광고 등 다양한 산업 분야의 크고 작은 회사에서 소프트웨어 개발자이자 인프라스트럭처 운영자로 15년 동안 재직했다.

옵스코드에 입사하기 전에는 세컨드마켓 사SecondMarket, Inc.에서 선임 운영 엔지니어로, 셰프를 이용해 아마존 EC2 인프라스트럭처를 관리했다. 세컨드마켓에서 일하기 전에는 캐나다 방송사Canadian Broadcasting Corporation의 웹 운영 관리자로, 캐나다에서 가장 큰 웹사이트의 콘텐츠와 미디어 스트리밍 시스템을 관리했다.

고객의 자동화를 돕는 본업 외에는 여행과 자전거 타기를 좋아하며, 집에서 기르는 고양이가 손톱으로 가구를 긁지 못하게 하는 일에 매진하고 있다.

세스 바고 _{Seth Vargo}

옵스코드의 솔루션 엔지니어이자 셰프의 주요 개발자로, 새로운 사용자에게 셰프를 가르치는 프로그램인 #learnchef 프로그램을 이끌고 있다. 카네기 멜론에서 정보 시스템 프로그램을 졸업한 세스는 12년 동안 개발자이자 시스템 관리자로 일했다. 오픈소스 지지자로, powify와 bootstrap_forms, strainer, fauxhai 등의 도구는 물론 많은 셰프 커뮤니티 쿡북을 만들기도 했다. 펜실베니아 주의 피츠버그에 있는 집에 머무르지 않을 때는 여행을 즐기기도 하고, 각종 컨퍼런스에서 셰프 에반젤리스트로 활동하며 모임을 갖고 무료 강습을 주최하기도 한다.

솔선수범해서 이 책에 많은 노력을 기울인 마티아스의 노고에 박수를 보낸다.

옮긴이 소개

최광민 mhmckm@gmail.com

한양대학교 컴퓨터 전공을 마치고, 현재 삼성SDS 연구소에 재직 중이다. 회사에서든 일상에서든 새롭고 흥미로운 기술이라면 무엇이든 배우고 즐길 준비가 돼 있으며, 백발노인이 되어서도 끝없이 탐구하고 창조하는 사람이 되는 것을 인생의 목표로 삼고 있다. 옮긴 책으로는 에이콘출판사에서 출간한 『JavaScript Testing』 (2014)과 『WordPress: The Missing Manual 워드프레스 사용자 가이드』(2014)가 있다.

옮긴이의 말

'자동화: 어떤 일을 자동적인 수단에 의해 행할 수 있도록 하는 과정의 총칭'

자동화의 동의어로 컴퓨터화라는 말이 쓰일 정도로, 컴퓨터를 연구하고 직업으로 삼는 사람들에게 자동화는 영원한 숙제라고 할 수 있습니다. 그러나 아이러니하게도 수백, 수천 대의 컴퓨터로 이뤄진 IT 인프라스트럭처를 자동화하는 일은 아직까지도 어려운 주제 중 하나입니다. 그만큼 변수가 많고 요구 사항도 다양하다는 말이겠지요.

특히 하드웨어와 네트워크, 소프트웨어를 비롯한 대규모 IT 인프라를 서비스 형태로 제공하는 클라우드 컴퓨팅이 보편화되면서 효율적인 인프라스트럭처 자동화는 필수적인 요소가 되었습니다. IT의 본고장이라고 할 수 있는 미국에서는 셰프^{Chef}와 퍼펫^{Puppet}을 비롯한 오픈소스 설정관리 도구를 사용하는 일이 일반화된 지 오래입니다. 반복되는 작업을 간소화하고, 실수를 줄일 수 있다는 이점이 있기 때문입니다.

그 중에서도 셰프는 유연성과 간결함, 커뮤니티에 공개된 수많은 쿡북 덕분에 인프라스트럭처 자동화에 탁월한 도구입니다. 그러나 셰프의 장점은 이뿐만이 아닙니다. 다른 설정관리 도구에 비해 외부 시스템에 연동하기 쉽고, 이런 장점으로 인해 가상 머신과 미들웨어를 자동으로 구성해 제공하는 클라우드 컴퓨팅 서비스 구축에도 아주 유용한 도구입니다.

이러한 장점에도 불구하고 국내에서는 셰프를 체계적으로 소개하는 안내서를 찾기 힘든 실정입니다. 실무에서 셰프를 직접 활용하고 그 유용함을 잘 알고 있는 옮긴이는 국내 개발자와 운영자들의 궁금증을 조금이라도 덜어주고자 하는 마음으로 번역에 임했습니다.

특히 이 책은 셰프 쿡북 개발은 물론, 쿡북 개발 환경 구성과 테스팅, 배포에 이르는 전 과정을 실무자의 입장에서 다루며, 커뮤니티에 공개된 쿡북을 활용해 실무에서 자주 쓰는 주요 소프트웨어를 설치하고 구성하는 방법도 설명합니다. 이를 바탕으로 셰프를 처음 접하는 초보자는 물론, 당장 실무에 적용해야 하는 독자에게도 좋은 길잡이가 될 것입니다.

마지막으로 흥미로운 분야의 책을 번역할 수 있는 기회를 주시고, 좋은 책을 만들고자 애쓰시는 에이콘 출판사의 모든 분에게 감사의 뜻을 전합니다. 부디 이 책이 실무에 도움을 주는 값진 책이 되기를 바랍니다.

최광민

차례

1 셰프 인프라스트럭처   23

4 더 나은 쿡북 만들기   193

5 파일과 패키지 다루기   237

들어가며

여러분이 시스템 관리자이든 개발자이든 상관없이 반복되는 수동 작업이 지겹거나 서버를 재부팅해도 좋을지 자신이 없다면 인프라스트럭처 자동화 infrastructure automation를 고려해야 한다.

독자가 다섯 대의 서버를 관리하든 5,000대의 서버를 관리하든 50만 대의 서버를 관리하든 규모에 상관없이, 이 책에서는 서버와 애플리케이션을 설정하고 배포하고 확장하는 데 필요한 모든 레시피recipe를 제공한다.

이 책에 담긴 레시피는 실세계에서 발생하는 자동화 문제를 해결하는 방법을 따라 하기 쉽게 단계별로 보여준다. 그리고 이를 바탕으로 고수들의 기술을 배우고, 독자만의 인프라스트럭처 자동화 프로젝트를 수행할 수 있다.

앞으로 간단한 기법부터 실전에 적용할 수 있는 완성도 있는 기법까지, 셰프 Chef의 다양한 측면을 살펴본다. 쉽고 간단한 예제를 바탕으로 독자의 인프라스트럭처를 자동화하는 데 필요한 셰프의 주요 개념을 이해할 수 있다. 그리고 커뮤니티의 쿡북cookbook을 독자의 환경에서 실행하려고 씨름하는 대신, 이미 완성된 코드 예제를 사용할 수 있다.

기본적인 셰프 도구의 사용법을 익힌 후에 문제 발생 시 해결 방법과 셰프 언어를 살펴본다. 이어서 사용자와 애플리케이션, 전체 클라우드 인프라스트럭처를 관리하는 방법을 설명한다. 마지막으로 셰프 생태계에 대해 깊이 살펴보고 독자에게 꼭 필요한 도구들을 제공한다.

이제 실전에서 발생하는 인프라스트럭처 자동화의 문제점을 해결할 수 있는 고수들의 비결을 단계적으로 학습해보자.

이 책의 구성

1장, **셰프 인프라스트럭처**에서는 셰프 학습의 첫걸음을 뗀다. 쿡북과 롤 role, 인바이런먼트 environment 등의 주요 개념을 설명하고, 깃 Git과 나이프 Knife, 셰프 셸 Chef Shell, 베이그런트 Vagrant, 버크셸프 Berkshelf 등의 기본적인 도구 사용법을 알아본다.

2장, **쿡북과 셰프 런 검토와 문제 해결**에서는 쿡북을 잘 만드는 방법을 설명한다. 로깅과 디버깅은 물론이고 런 모드가 필요한 이유를 알아보고, 테스트 주도 방식으로 쿡북을 개발하는 과정을 보여준다.

3장, **셰프 언어와 스타일**에서는 속성 attribute과 템플릿, 라이브러리 library, 경량 리소스 프로바이더 Light Weight Resource Providers 등 셰프의 부가적인 개념을 살펴본다. 그리고 레시피 안에서 일반적인 루비 Ruby 코드를 사용하는 방법, 오하이 Ohai와 나이프 플러그인을 직접 제작하는 방법을 배워본다.

4장, **더 나은 쿡북 만들기**에서는 쿡북의 유연성을 높이는 방법을 알아본다. 속성을 덮어쓰는 방법, 데이터 백 data bag과 검색 기능을 이용하는 방법, 한 쿡북을 여러 번 적용해도 문제가 없게 하는 방법(멱등성 idempotent), 크로스플랫폼 쿡북 제작 방법 등을 설명한다.

5장, **파일과 패키지 다루기**에서는 설정 파일을 관리하고, 패키지를 설치하고 관리하는 강력한 기법을 살펴본다. 소스코드를 이용해 소프트웨어를 설치하는 방법과 전체 디렉터리 트리를 관리하는 방법도 설명한다.

6장, **사용자와 애플리케이션**에서는 사용자 관리와 SSH 보안, sudo 설정 방법을 살펴본다. 그리고 엔진엑스 nginx와 MySQL, 워드프레스 Wordpress, 루비 온 레일스 Ruby on Rails, 바니쉬 Varnish 등 실제로 많이 사용하는 애플리케이션을 설치해본다. 마지막으로 셰프로 OS X 워크스테이션을 관리하는 방법을 살펴본다.

7장, 서버와 클라우드 인프라스트럭처에서는 네트워크와 여러 서버에 걸쳐 구동되는 애플리케이션을 살펴본다. 고가용성 서비스 구성과 부하 분산기^{load}balancer, 나기오스^{Nagios}를 이용해 전체 인프라스트럭처를 모니터링하는 방법도 알아본다. 마지막으로 셰프를 사용해 아마존^{Amazon} EC2를 관리하는 방법을 설명한다.

준비물

예제를 실행하려면 OS X나 우분투^{Ubuntu} 리눅스 12.04가 설치된 컴퓨터가 필요하다. 편집기로는 서브라임 텍스트^{Sublime Text}(http://www.sublimetext.com/)를 사용한다. 원활한 진행을 위해 커맨드라인 도구인 subl도 설정한다.

루비 1.9.3과 번들러^{Bundler}(http://bundler.io/)도 설치하기 바란다.

이 책의 대상 독자

정보 관리 시스템과 인프라스트럭처의 기초를 이해하고 있는 시스템 엔지니어나 관리자에게 적합하다. 셰프를 다뤄봤다면 도움이 되지만, 알아야 할 중요한 주제는 책에서 상세히 설명한다. 본격적으로 시작하기 전에 책 전체를 정독하고 싶지 않다면 몇 가지 예제만 당장 실행해봐도 좋다.

편집 규약

이 책에는 정보의 종류를 구분하기 위한 많은 구문 스타일이 있다. 다음은 몇 가지 스타일과 그 의미를 설명한다.

본문에 포함된 코드나 명령어는 다음과 같이 표현한다.

"작업 중인 쿡북에서 knife cookbook test를 실행한다. 예제에서는 ntp 쿡북을 이용한다."

코드 블록은 다음과 같다.

```
name "web_servers"
description "이 롤은 웹 서버로 동작할 노드를 포함"
run_list "recipe[ntp]"
default_attributes 'ntp' => {
    'ntpdate' => {
      'disable' => true
    }
}
```

코드 블록에서 강조할 부분은 다음과 같이 굵은 글씨로 표시한다.

```
name "web_servers"
description "이 롤은 웹 서버로 동작할 노드를 포함"
run_list "recipe[ntp]"
default_attributes 'ntp' => {
    'ntpdate' => {
      'disable' => true
    }
}
```

커맨드라인의 입력과 출력은 다음과 같다.

```
mma@laptop:~/chef-repo $ knife role from file web_servers.rb
```

메뉴나 대화상자 등의 화면에서 보이는 단어는 다음과 같이 표시한다.

"Next 버튼을 클릭하면 다음 화면으로 이동한다."

경고 또는 중요한 내용 표시는 이와 같은 상자 안에 나타난다.

 유용한 팁과 요령을 이와 같이 표현한다.

독자 의견

독자 의견을 언제나 환영한다. 이 책에 대한 생각을 알려주기 바란다. 이 책의 좋은 점이나 싫었던 점을 가리지 않아도 된다. 독자에게 더욱 유익한 도서를 만들기 위해 무엇보다 독자 의견이 중요하다.

일반적인 의견이라면 도서 제목으로 이메일 제목을 적어서 feedback@ packtpub.com으로 이메일을 보내면 된다.

자신의 전문 지식을 바탕으로 도서를 집필하거나 기여하는 데 관심이 있다면 http://www.packtpub.com/authors에 있는 저자 가이드를 읽어보기 바란다.

고객 지원

팩트 출판사는 책을 구매한 독자에게 다양한 방식으로 최대한 지원한다.

이 책에 사용된 예제 코드 다운로드

독자는 http://www.packtpub.com에 있는 자신의 계정을 통해 구매한 모든 팩트 도서의 예제 코드 파일들을 다운로드할 수 있다. 이 도서를 다른 곳에서 구매한 경우에는 http://www.packtpub.com/support에 방문해 사용자 등록을 하면 해당 파일을 이메일로 직접 받을 수 있다. 에이콘출판사의 도서정보 페이지인 http://www.acornpub.co.kr/book/chef-cookbook에서도 예제 코드를 다운로드할 수 있다.

오탈자

내용을 정확하게 전달하려고 최선을 다했지만 실수가 있을 수 있다. 팩트 출판사의 도서에서 코드나 텍스트상의 문제를 발견해서 알려준다면 매우 감사하게 생각할 것이다. 그런 참여를 통해 다른 독자에게 도움을 주고, 다음 버전의 도서를 더 완성도 높게 만들 수 있다. 오자를 발견한다면 http://www.packtpub.com/submit-errata를 방문해 책을 선택하고, errata submission form 링크를 클릭해서 구체적인 내용을 입력해주기 바란다. 보내준 오류 내용이 확인되면 웹사이트에 그 내용이 올라가거나 해당 서적의 정오표 부분에 그 내용이 추가될 것이다. http://www.packtpub.com/support 에서 해당 도서명을 선택하면 기존 정오표를 확인할 수 있다. 한국어판은 에이콘출판사 도서정보 페이지 http://www.acornpub.co.kr/book/chef-cookbook에서 찾아볼 수 있다.

저작권 침해

인터넷의 모든 매체에서 저작권 침해가 심각하게 벌어진다. 팩트 출판사에서는 저작권과 사용권 문제를 아주 심각하게 인식한다. 어떤 형태로든 팩트 출판사 서적의 불법 복제물을 인터넷에서 발견한다면 적절한 조치를 취할 수 있도록 해당 주소나 사이트명을 알려주길 부탁한다.

의심되는 불법 복제물의 링크를 copyright@packpub.com으로 보내주기 바란다.

저자와 더 좋은 책을 위한 팩트 출판사의 노력을 배려하는 마음에 깊은 감사의 마음을 전한다.

질문

이 책과 관련해 질문이 있다면 questions@packtpub.com으로 문의하기 바란다. 최선을 다해 질문에 답하겠다. 한국어판에 관한 질문은 이 책의 옮긴이나 에이콘출판사 편집 팀(editor@acornpub.co.kr)으로 문의해주길 바란다.

1

셰프 인프라스트럭처

경이로운 엔지니어링 기술로 만들어진 기반 인프라스트럭처가 있기에
맨해튼이 맨해튼다울 수 있다.

– 앤드류 쿠오모(Andrew Cuomo)

1장에서 다루는 내용은 다음과 같다.

- 버전 컨트롤 활용
- 워크스테이션에 셰프 설치
- 호스티드 셰프^{Hosted Chef} 플랫폼 활용
- 베이그런트^{Vagrant}를 이용한 가상 머신 관리
- 쿡북 생성과 실행
- 나이프를 이용해 셰프 서버^{Chef Server}의 파일 검사
- 쿡북 의존성 정의
- 버크셸프^{Berkshelf}를 이용한 쿡북 의존성 관리
- 깃^{Git} 저장소에서 쿡북을 다운로드하고 벤더 브랜치로 통합

- 맞춤형 나이프 플러그인 활용
- 현재 깃 브랜치Git branch를 기반으로 조직명organization 변경
- 셰프 서버에서 노드 삭제
- 셰프 솔로Chef Solo 실행
- 롤role 활용
- 인바이런먼트environments 활용
- 쿡북 프리징freezing
- 셰프 클라이언트를 데몬으로 실행
- 셰프 콘솔(셰프 셸Chef Shell) 활용

소개

1장에서는 자주 사용하는 용어와 작업 과정 실습, 여러 가지 셰프 관련 도구를 포함한 셰프의 기본 사항을 살펴본다. 깃Git을 이용한 버전 컨트롤과 커뮤니티의 쿡북을 훑어보고, 원하는 방식대로 커뮤니티 쿡북을 설정해 각자의 서버에서 구동해본다.

먼저 셰프 관련 용어를 알아보자.

쿡북은 레시피와 기타 파일, 설정 템플릿으로 이뤄진다. 레시피는 노드에 설치하고 설정할 실제 리소스를 코드 형태로 표현한다.

쿡북을 작성했다면 배치provision할 노드에 쿡북을 배포해야 한다. 셰프는 여러 가지 배포 방법을 지원하는데, 중앙 집중적인 셰프 서버를 이용하는 방법이 가장 일반적이며, 옵스코드Opscode의 호스티드 셰프를 사용할 수도 있다.

셰프 서버는 각 노드를 등록하는 중앙 저장소registry 역할을 하며, 설정에 따라 쿡북을 노드로 배포한다.

나이프Knife는 셰프 서버와 통신할 수 있는 셰프의 커맨드라인 도구로, 쿡북을

업로드하고 셰프의 여러 측면을 관리할 수 있다.

대상 노드에는 셰프 클라이언트를 설치해야 한다. 이 클라이언트는 셰프 서버에서 쿡북을 조회하고, 조회한 쿡북을 해당 노드에서 실행한다.

1장에서는 기본적인 셰프 구성 요소를 살펴보고, 기본 도구의 사용법을 배운다. 먼저 깃을 이용해 쿡북의 버전을 관리하는 방법을 알아보자.

버전 컨트롤 활용

파일을 변경하기 전에 수동으로 모든 파일을 백업하는가? 동료와 협업할 때마다 _me나 _you 같이 창의적(?)인 파일 확장자를 생각해내는가? 이 두 질문 중 하나라도 '예'라고 답했다면 작업 방식을 바꿔야 한다.

버전 컨트롤 시스템^{VCS, Version Control System}을 이용하면 중요한 파일을 다루거나 협업할 때 정신 건강에 도움을 얻을 수 있다.

버전 컨트롤의 활용은 인프라스트럭처 자동화에 기본적인 요소로, 깃^{Git}과 SVN, Mercurial, Perforce 등 다양한 (무료 혹은 유료) 버전 컨트롤 솔루션이 있다. 셰프 커뮤니티에서는 깃을 선호하므로 이 책에서도 깃을 사용한다. 그러나 다른 버전 컨트롤 시스템을 사용할 줄 안다면 해당 솔루션을 셰프와 함께 사용해도 좋다.

> 코드를 관리할 버전 컨트롤 시스템 없이는 '코드로서의 인프라스트럭처(Infrastructure As Code)'는 시작할 생각도 말자.

여러분의 박스에 깃을 설치한다. 운영체제의 패키지 관리자(우분투의 Apt나 OS X의 Homebrew)를 사용하거나 www.git-scm.org에서 인스톨러를 다운로드한다.

깃은 분산 버전 컨트롤 시스템으로, 저장소용 중앙 호스트가 필요 없다. 그러나 실제로는 깃허브^{GitHub}를 중앙 저장소 용도로 사용하면 유용하다. 따라서 실습을 따라하려면 github.com에서 무료 계정을 만들자. 깃허브 계정에 SSH 프로토콜로 통신할 수 있게 https://help.github.com/articles/generating-ssh-keys에 안내된 대로 SSH 키를 업로드한.

깃허브 계정을 생성했다면 https://github.com/new를 참고해 chef-repo라는 이름의 저장소를 생성한다.

예제 구현

쿡북을 작성하기 전에 개발용 박스에 깃 저장소를 초기화하자. 옵스코드에서는 처음 시작할 때 사용할 수 있게 비어있는 셰프 저장소 뼈대^{skeleton}를 제공하는데, 이 뼈대를 바탕으로 깃을 이용한 셰프 저장소를 구성하자.

1. 타르볼^{tarball} 형태의 옵스코드 셰프 저장소 뼈대를 다운로드한다.

```
mma@laptop $ wget http://github.com/opscode/chef-repo/tarball/
master
```

```
...출력 생략...
2013-07-05 20:54:24 (125 MB/s) - 'master' saved [9302/9302]
```

2. 다운로드한 타르볼을 압축 해제한다.

```
mma@laptop $ tar xzvf master
```

3. 디렉터리 이름을 변경한다. 아래 명령어에서 '2c42c6a' 부분을 다운로드한 타르볼 파일 이름과 동일하게 바꾼다.

```
mma@laptop $ mv opscode-chef-repo-2c42c6a/ chef-repo
```

4. 새로 생성한 셰프 저장소 안으로 들어간다.

```
mma@laptop $ cd chef-repo/
```

5. 깃 저장소를 초기화하자.

```
mma@laptop:~/chef-repo $ git init .
```

```
Initialized empty Git repository in /Users/mma/work/chef-repo/
.git/
```

6. 로컬 저장소를 github.com의 원격 저장소와 연결한다. 아래 명령어의
   mmarschall을 여러분의 깃허브[GitHub] 사용자명으로 변경한다.

```
mma@laptop:~/chef-repo $ git remote add origin \
    git@github.com:mmarschall/chef-repo.git
```

7. 옵스코드의 기본 디렉터리 구조를 추가하고 커밋[commit]한다.

```
mma@laptop:~/chef-repo $ git add .
mma@laptop:~/chef-repo $ git commit -m "initial commit"
```

```
[master (root-commit) 6148b20] initial commit
10 files changed, 339 insertions(+), 0 deletions(-)
create mode 100644 .gitignore
...출력 생략...
create mode 100644 roles/README.md
```

8. 초기화한 저장소를 깃허브로 푸시[push]하면 동료들과 협업할 수 있다.

```
mma@laptop:~/chef-repo $ git push -u origin master
```

```
...출력 생략...
To git@github.com:mmarschall/chef-repo.git
 * [new branch]      master -> master
```

옵스코드의 뼈대 저장소를 포함한 타르볼을 다운로드하고, chef-repo 저장소를 초기화한 후 여러분의 깃허브 저장소에 연결시켰다.

다음으로 깃이 파일의 변경 사항을 추적하도록 타르볼 안의 모든 파일을 저장소에 추가하고 커밋했다.

마지막으로 동료들이 코드를 사용할 수 있게 저장소를 깃허브로 푸시했다.

부연 설명

다른 동료들과 chef-repo 저장소를 함께 쓴다고 가정하자. 동료들이 저장소를 복제[clone]하고 other_cookbook이라는 다른 쿡북을 추가하고 로컬 저장소에 변경 사항을 커밋한 후 깃허브에 푸시했다. 이제 여러분의 노트북에 이 변경 사항을 가져와야 한다.

깃허브의 동료들이 변경한 사항을 풀[pull]하면 로컬의 저장소 복제본에 변경 사항을 통합[merge]한다.

```
mma@laptop:~/chef-repo $ git pull

    From github.com:mmarschall/chef-repo
    * branch        master -> FETCH_HEAD
    ...출력 생략...
    create mode 100644 cookbooks/other_cookbook/recipes/default.rb
```

변경 사항에 충돌이 있다면 깃이 충돌을 해결할 수 있게 도와준다.

참고 사항

- http://git-scm.com/videos에서 깃의 기본을 익힐 수 있다.

- https://help.github.com/categories/54/articles에서 깃허브의 기본적인 사용법을 훑어보자.
- '깃 저장소에서 쿡북을 다운로드하고 벤더 브랜치로 통합' 절을 참고한다.

워크스테이션에 셰프 설치

셰프를 사용하려면 로컬 워크스테이션에 셰프를 설치해야 한다. 로컬에서 개발을 마친 설정(쿡북)은 설치한 셰프를 이용해서 셰프 서버에 배포한다.

옵스코드는 어떤 사전 준비도 필요 없도록 완벽하게 구성된 패키지인 옴니버스 인스톨러Omnibus Installer를 제공한다. 이제 옴니버스 인스톨러를 살펴보자.

준비

워크스테이션에 curl을 설치하지 않았다면 http://curl.haxx.se/download.html을 참고해 설치한다.

예제 구현

옵스코드의 옴니버스 인스톨러를 이용해 로컬 워크스테이션에 셰프를 설치하자.

1. 로컬 셸에서 아래 명령어를 실행한다.

```
mma@laptop:~/chef-repo $ curl -L https://www.opscode.com/chef/
install.sh | sudo bash

Downloading Chef...
...출력 생략...
Thank you for installing Chef!
```

2. 새로 설치한 루비[Ruby]를 실행 경로에 추가한다.

```
mma@laptop:~ $ echo 'export PATH="/opt/chef/embedded/bin:$PATH"'
>> ~/.bash_profile && source ~/.bash_profile
```

예제 분석

옴니버스 인스톨러는 루비와 필요한 모든 루비 젬[Ruby gem]을 /opt/chef/embedded에 다운로드한다. /opt/chef/embedded/bin 디렉터리를 .bash_profile에 추가하면 셰프 커맨드라인 도구를 셸에서 사용할 수 있다.

부연 설명

워크스테이션에 루비를 이미 설치했다면 아래 명령어로 셰프 루비 젬만 설치해도 좋다.

```
mma@laptop:~ $ gem install chef
```

참고 사항

- https://learnchef.opscode.com/quickstart/workstation-setup/에서 OS X와 리눅스, 윈도우에서의 설치 방법을 자세히 볼 수 있다.

호스티드 셰프 플랫폼 활용

(직접 셰프 서버를 설치하지 않고) 당장 셰프를 사용하고 싶거나 서비스 수준 협약[SLA, Service Level Agreement]을 보장할 제3자가 필요하다면 옵스코드가 운영하는 호스티드 셰프에 가입하자. 옵스코드는 셰프를 클라우드[cloud] 서비스 형태로 제공하는데, 초기 구성이 빠르며 사용자와 그룹별로 셰프 설정을 변경할

수 있는 권한을 부여해 셰프를 세세하게 설정할 수 있다. 셰프의 커맨드라인 도구인 나이프가 호스티드 쉐프와 연동하게 설정해 노드 관리를 수행해보자.

준비

호스티드 셰프를 사용하려면 최대 5개 노드를 사용할 수 있는 무료 계정을 생성하자.

http://www.opscode.com/hosted-chef에서 무료 시범 체험 서비스나 무료 계정에 가입하자.

저자의 사용자명은 webops이며, 조직명은 awo다.

계정을 생성했으니 해당 조직명을 chef-repo 저장소에서 사용할 수 있게 설정한다.

예제 구현

다음과 같은 단계를 거쳐 호스티드 셰프를 사용할 수 있게 만들자.

1. http://manage.opscode.com/organizations에 로그인해 인증 키와 설정 파일을 다운로드한다.
2. 웹 UI에서 관련 정보를 볼 수 있게 해당 조직명을 선택한다.

3. 조직의 인증 키를 재생성하고, `chef-repo` 저장소의 .chef 디렉터리 안에 <조직의 약칭>.pem 파일에 키를 저장한다.

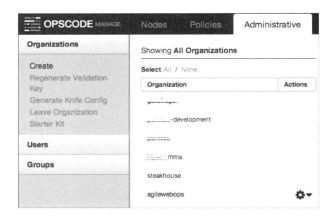

4. 나이프 설정을 생성하고 다운로드한 **knife.rb** 파일을 `chef-repo` 저장소의 .chef 디렉터리 안에 저장한다. 아래애서 `webops`는 호스티드 셰프의 사용자명으로 대체하고, `awo`는 조직의 약칭short name으로 대체한다.

```
current_dir = File.dirname(__FILE__)
log_level                :info
log_location             STDOUT
node_name                "webops"
client_key               "#{current_dir}/webops.pem"
validation_client_name   "awo-validator"
validation_key           "#{current_dir}/awo-validator.pem"
chef_server_url          "https://api.opscode.com/organizations/
awo"
cache_type               'BasicFile'
cache_options( :path => "#{ENV['HOME']}/.chef/checksums" )
cookbook_path            ["#{current_dir}/../cookbooks"]
```

5. 나이프를 사용해서 해당 조직명으로 호스티드 셰프에 연결이 가능한지
   확인하자. 현재는 인증용 클라이언트만 존재함을 알 수 있으며, 아래의
   awo 대신 여러분의 조직 약칭이 출력된다.

   mma@laptop:~/chef-repo $ knife client list

   ```
   awo-validator
   ```

예제 분석

호스티드 셰프는 조직용과 사용자용을 포함한 두 개의 비밀 키(인증자^validator^)
를 사용한다. 나이프 설정 파일인 knife.rb에 이 두 비밀 키의 위치를 지정
한다.

knife.rb의 코드 중 다음과 같은 두 줄은 사용할 조직명과 조직의 비밀 키
를 지정한다.

```
validation_client_name  "awo-validator"
validation_key          "#{current_dir}/awo-validator.pem"
```

knife.rb 코드에서 다음 내용은 사용자 비밀 키의 위치를 알려준다.

```
client_key              "#{current_dir}/webops.pem"
```

그리고 knife.rb 파일에서 다음 내용을 나이프가 호스티드 셰프를 사용하게 설정한다. URL의 마지막 부분이 조직명임을 알 수 있다.

```
chef_server_url         "https://api.opscode.com/organizations/awo"
```

knife.rb 파일과 두 인증자를 이용해 옵스코드가 호스팅하는 조직에 나이프가 접속할 수 있게 했다.

이처럼 호스티드 셰프를 사용하면 직접 운영하는 셰프 서버를 구성하거나 셰프 솔로를 사용할 필요가 없다.

부연 설명

여러분의 셰프 서버를 구동하고 확장하고 업데이트하는 수고를 원치 않고, 설정 데이터를 옵스코드가 운영하는 클라우드에 저장해도 좋다면 호스티드 셰프를 이용하는 방법이 적합하다.

모든 설정 데이터를 자체 네트워크 안에 저장해야 한다면 기술 지원을 제공하는 기업용 셰프 서버인 프라이빗 셰프Private Chef를 이용하자.

역할 기반 접근 제어나 멀티테넌시를 포함한 기업용 고급 기능이 필요치 않다면 오픈소스 버전 셰프 서버를 사용하자.

참고 사항

- http://www.opscode.com/chef/#which-chef에서 셰프 제품군을 살펴볼 수 있다.
- https://learnchef.opscode.com/screencasts/register-for-hosted-chef/에서 호스티드 셰프 가입 방법을 설명하는 스크린샷을 볼 수 있다.

베이그런트를 이용한 가상 머신 관리

셰프 쿡북을 개발하다보면 개발 중인 쿡북을 여러 번 실행해봐야 하는데, 쿡북이 제대로 작동하는지 확인하려면 노드가 깨끗하게 초기화돼야 한다. 이를 쉽게 하고자 가상 머신을 사용할 텐데, 매번 가상 머신을 생성하고 삭제하는 일은 귀찮을 뿐 아니라 작업의 흐름을 깨기 쉽다.

베이그런트는 가상 머신 관리 기능을 바탕으로 상세한 제어가 가능하고, 반복 작업을 쉽게 수행할 수 있으며, 호환성 높은 개발 환경을 제공하는 커맨드 라인 도구다. 디스크 이미지를 미리 정의하고 해당 이미지로 새로운 가상 머신을 생성할 수 있으며, 셸 스크립트나 퍼펫Puppet, 셰프 등의 배포 도구 provisioner를 이용해서 가상 머신을 원하는 상태로 설정할 수도 있다.

이제 베이그런트를 바탕으로 (가상화 솔루션인) 버추얼박스VirtualBox와 배포 도구로서는 셰프 클라이언트를 사용해 가상 머신을 관리하는 방법을 살펴보자.

준비

https://www.virtualbox.org/wiki/Downloads에서 버추얼박스를 다운로드하고 설치한다.

http://downloads.vagrantup.com/에서 베이그런트를 다운로드하고 설치한다.

베이그런트가 가상 머신에 셰프 클라이언트를 설치할 수 있도록 다음과 같이 베이그런트 옴니버스 플러그인을 설치한다.

```
mma@laptop:~/chef-repo $ vagrant plugin install vagrant-omnibus
    Installing the 'vagrant-omnibus' plugin. This can take a few
    minutes...
    Installed the plugin 'vagrant-omnibus (1.1.0)'!
```

베이그런트를 사용해 가상 노드를 생성하고 부팅하자.

1. https://github.com/opscode/bento에서 가상 머신의 템플릿으로 사용할 박스를 선택한다. 예제에서는 opscode-ubuntu-12.04를 사용하자.

2. opscode-ubuntu-12.04 박스의 URL은 https://opscode-vm-bento.s3. amazonaws.com/vagrant/opscode_ubuntu-12.04_provisionerless.box다.

3. 새로운 Vagrantfile을 작성하자. 다음 코드에서 <YOUR-ORG> 부분을 셰프 서버에 설정한 조직명으로 바꿔야 한다. config.vm.box와 config. vm.box_url에는 2단계의 URL을 지정한다.

mma@laptop:~/chef-repo $ subl Vagrantfile

```
Vagrant.configure("2") do |config|
  config.vm.box = "opscode-ubuntu-12.04"
  config.vm.box_url = "https://opscode-vm-bento.s3.amazonaws.com/
vagrant/opscode_ubuntu-12.04_provisionerless.box"
  config.omnibus.chef_version = :latest

  config.vm.provision :chef_client do |chef|
    chef.provisioning_path = "/etc/chef"
    chef.chef_server_url = "https://api.opscode.com/
organizations/<YOUR_ORG>"
    chef.validation_key_path = ".chef/<YOUR_ORG>-validator.pem"
    chef.validation_client_name = "<YOUR_ORG>-validator"
    chef.node_name = "server"
  end
end
```

4. 베이그런트로 가상 노드를 생성한다.

```
mma@laptop:~/chef-repo $ vagrant up

Bringing machine 'server' up with 'virtualbox' provider...
...출력 생략...
[server] Importing base box 'opscode-ubuntu-12.04'...
...출력 생략...
[server] Installing Chef 11.4.4 Omnibus package...
[server] Running provisioner: chef_client...
Creating folder to hold client key...
Uploading chef client validation key...
Generating chef JSON and uploading...
Running chef-client...
  [2013-05-27T20:06:04+00:00] INFO: *** Chef 11.4.4 ***
  ...출력 생략...
```

5. 가상 노드에 SSH로 접속한다.

```
mma@laptop:~/chef-repo $ vagrant ssh

Welcome to Ubuntu 12.04.2 LTS (GNU/Linux 3.5.0-23-generic x86_64)

 * Documentation: https://help.ubuntu.com/
Last login: Wed Apr 24 07:30:09 2013 from 10.0.2.2
vagrant@server:~$
```

6. exit를 입력해 로그아웃한다.

7. knife client list를 실행하면 server라는 노드가 보인다.

8. 셰프 서버 관리 인터페이스에서도 server가 추가됐음을 볼 수 있다. 호스티스 셰프를 사용한다면 https://manage.opscode.com/<YOUR-ORG> //nodes에서 확인할 수 있다. 추가된 내용이 보이지 않는다면 1~2분 후에 페이지를 새로 고침해보자.

예제 분석

Vagrantfile은 루비의 도메인 특화 언어[DSL, Domain Specific Language] 형태로 베이그런트 가상 머신을 설정한다. 여기서는 간단한 우분투 가상 머신을 부팅하는 Vagrantfile을 단계별로 살펴보자.

먼저 config 객체를 생성한다. 베이그런트는 이 config 객체를 사용해 가상 머신을 설정한다.

```
Vagrant.configure("2") do |config|
   ...
end
```

config 블록 안에서 베이그런트가 가상 머신을 부팅할 때 사용할 이미지를 지정한다.

```
config.vm.box = "opscode-ubuntu-12.04"
config.vm.box_url = "https://opscode-vm-bento.s3.amazonaws.com/
vagrant/opscode_ubuntu-12.04_provisionerless.box"
```

여기서는 옵스코드가 제공하는 벤또 박스[Bento Box]로 우분투 12.04 가상 머신을 부팅한다.

> 해당 박스를 이전에 사용한 적이 없다면 vagrant up을 처음 실행할 때 베이그런트가 (수백 메가바이트 크기의) 이미지 파일을 다운로드한다.

가상 머신에 셰프 클라이언트를 설치해야 하므로 베이그런트 옴니버스 플러그인을 이용해서 최신 버전의 셰프 클라이언트를 설치한다.

```
config.omnibus.chef_version = :latest
```

부팅할 이미지를 설정했으니 셰프를 이용한 배포 설정을 할 차례다. 셰프 설정은 중첩된 루비 블록 안에 작성한다.

```
config.vm.provision :chef_client do |chef|
    ...
end
```

셰프 블록 안에서 베이그런트가 가상 노드와 셰프 서버를 연동하는 방법을 지정한다. 먼저 셰프 관련 파일을 저장할 곳을 설정하자.

```
chef.provisioning_path = "/etc/chef"
```

베이그런트에 셰프 서버의 **API** 종단점endpoint을 알려줘야 하는데, 호스티드 셰프를 사용할 경우 종단점은 https://api.opscode.com/organizations/ <YOUR_ORG>다. 여기서 <YOUR_ORG>를 호스티드 셰프 계정 생성 시 입력한 조직명으로 대체한다. 셰프 서버를 직접 설치했다면 적당한 URL을 지정한다.

```
chef.chef_server_url = "https://api.opscode.com/
organizations/<YOUR_ORG>"
```

호스티드 셰프에서 조직을 생성했다면 해당 비밀 키를 다운로드하고 베이그런트에 그 위치를 지정하자.

```
chef.validation_key_path = /.chef/<YOUR_ORG>-validator.pem"
```

이제 베이그런트에 셰프 서버에 인증을 시도할 클라이언트를 지정한다.

```
chef.validation_client_name = "<YOUR_ORG>-validator"
```

마지막으로 베이그런트가 생성할 노드명을 설정한다.

```
chef.node_name = "server"
```

Vagrantfile을 작성한 후에는 `vagrant up`과 `vagrant provision`, `vagrant ssh` 같은 기본적인 베이그런트 명령어만 실행하면 된다. 가상 머신을 멈추려면 `vagrant halt` 명령어를 실행한다.

부연 설명

맨 처음부터 다시 시작하고 싶다면 다음과 같이 가상 머신을 삭제한 후 셰프 서버에서 클라이언트와 노드를 삭제해야 한다.

```
mma@laptop:~/chef-repo $ vagrant destroy
mma@laptop:~/chef-repo $ knife node delete server -y && \
knife client delete server -y
```

위의 방법 대신 https://github.com/cassianoleal/vagrant-butcher에서 베이그런트 벗처Vagrant Butcher 플러그인을 다운로드해 사용할 수도 있다.

참고 사항

- http://docs.vagrantup.com/v2/getting-started/index.html에서 베이그런트 문서를 볼 수 있다.

- http://www.vagrantup.com/vmware를 참고해 버추얼박스 대신 VMware 용 베이그런트 플러그인을 사용할 수 있다.

- https://github.com/mitchellh/vagrant-aws에서 버추얼박스 대신 아마존 AWS용 베이그런트 플러그인을 다운로드해 사용할 수 있다.

쿡북 생성과 실행

쿡북은 셰프의 필수 요소로, 셰프의 커맨드라인 도구인 나이프를 이용해 쉽게 만들 수 있다. 이번 절에서는(그리고 앞으로 나올 많은 절에서도) 셰프 서버를 바탕으로 인프라스트럭처를 관리한다고 가정한다. 셰프 서버를 직접 설치하거나 앞에서 설명한 대로 호스티드 셰프를 이용할 수도 있다.

이제 나이프를 이용해서 간단한 쿡북을 생성하고 실행하자.

준비

테스트할 노드에 셰프를 설치했는지 확인한다. 도움이 필요하다면 http://learnchef.com에서 설치 안내서를 확인하라.

knife.rb을 열고 다음 내용에 알맞은 정보를 채워 넣어 추가한다.

```
cookbook_copyright "your company"
cookbook_license "apachev2"
cookbook_email "your email address"
```

 쿡북에서 주로 사용하는 라이선스 정책은 아파치 2이지만, 여러분에게 적합한 정책을 사용해도 좋다. cookbook_license에 none을 지정하면 나이프가 레시피의 메타 데이터 파일에 "All rights reserved"를 삽입한다.

나이프가 쿡북을 생성할 때마다 위에 지정한 정보를 기본 정보로 활용한다.

다음과 같은 단계를 거쳐 쿡북을 생성하고 실행한다.

1. 다음 명령어로 my_cookbook이라는 이름의 쿡북을 생성한다.

```
mma@laptop:~/chef-repo $ knife cookbook create my_cookbook

** Creating cookbook my_cookbook
** Creating README for cookbook: my_cookbook
** Creating CHANGELOG for cookbook: my_cookbook
** Creating metadata for cookbook: my_cookbook
```

2. 새로운 쿡북을 셰프 서버에 업로드한다.

```
mma@laptop:~/chef-repo $ knife cookbook upload my_cookbook

Uploading my_cookbook      [0.1.0]
Uploaded 1 cookbook.
```

3. 노드의 실행 목록[run list]에 쿡북을 추가한다. 여기서의 노드명은 server다.

```
mma@laptop:~/chef-repo $ knife node run_list add server
'recipe[my_cookbook]'

server:
  run_list: recipe[my_cookbook]
```

4. 노드에서 셰프 클라이언트를 실행한다.

```
user@server:~$ sudo chef-client
```

예제 분석

나이프는 셰프의 커맨드라인 인터페이스로, 셰프 서버와 통신하고 작업을
수행할 때 셰프 서버가 제공하는 RESTful API를 사용한다.

knife 명령어는 다음과 같은 하위 명령어 구조를 지원한다.

```
knife <subject> <command>
```

위 예제에서는 cookbook과 node가 <subject>에 해당하며, cookbook의
create와 upload, node의 run_list node add는 <command>에 해당한다.

참고 사항

● '호스티드 셰프 플랫폼 활용' 절을 참고하라.

나이프를 이용해 셰프 서버의 파일 검사

때때로 셰프 서버에 저장된 파일을 살펴볼 필요가 있다. 셰프 서버에 저장된
해당 쿡북 버전의 구현에 관한 상세한 정보를 조회하고 싶다면 나이프를 이
용해서 해당 파일의 여러 가지 정보를 알 수 있다.

준비

개발용 머신에 iptables 쿡북을 설치한 후 셰프 서버에 업로드하자.

1. 다음 명령어로 iptables 커뮤니티 쿡북을 설치한다.

   **mma@laptop:~/work/chef_helpster $ knife cookbook site install
   iptables**

   ```
   Installing iptables to /Users/mma/work/chef-repo/cookbooks
   ...출력 생략...
   ```

2. 다음과 같아 iptables 쿡북을 셰프 서버에 업로드한다.

   mma@laptop:~/work/chef_helpster $ knife cookbook upload iptables

   ```
   Uploading iptables [0.12.0]
   Uploaded 1 cookbook.
   ```

나이프를 이용해서 셰프 서버에 저장된 쿡북의 정보를 조회하는 방법을 살펴보자.

1. 먼저 대상 쿡북의 현재 버전을 알아본다. 여기서는 iptables 쿡북의 버전을 조회한다.

   mma@laptop:~/work/chef_helpster $ knife cookbook show iptables

   ```
   iptables 0.12.0
   ```

2. 다음으로 iptables 쿡북의 정의definition를 살펴본다.

   mma@laptop:~/work/chef_helpster $ knife cookbook show iptables
   0.12.0 definitions

   ```
   checksum:       189188109499d68612a5b95b6809b580
   name:           iptables_rule.rb
   path:           definitions/iptables_rule.rb
   specificity:    default
   url:            https://s3.amazonaws.com/opscode-platform...
   ```

3. 셰프 서버에 저장된 iptables_rule.rb 정의 파일의 내용도 볼 수 있다.

   mma@laptop:~/work/chef_helpster $ knife cookbook show iptables
   0.12.0 definitions iptables_rule.rb

   ```
   #
   # Cookbook Name:: iptables
   # Definition:: iptables_rule
   #
   #
   define :iptables_rule, :enable => true, :source => nil, :variables
   => {} do
   ...출력 생략...
   end
   ```

knife show 하위 명령어를 이용하면 셰프 서버에 무엇이 저장됐는지 정확히 알 수 있다. 쿡북의 일부분을 자세히 살펴볼 수 있으며, 셰프 서버에 저장된 파일의 내용을 볼 수도 있다.

셰프 11에서는 knife show 명령어에 패턴을 사용해 원하는 정보를 조회할 수 있다. 즉, 앞서 사용한 방법 대신 다음과 같이 iptables_rule 정의의 내용을 볼 수 있다.

mma@laptop:~/work/chef_helpster $ knife show cookbooks/iptables/ definitions/*

```
cookbooks/iptables/definitions/iptables_rule.rb:
#
# Cookbook Name:: iptables
# Definition:: iptables_rule
#
#
define :iptables_rule, :enable => true, :source => nil, :variables =>
{} do
...출력 생략..
end
```

* http://docs.opscode.com/knife_show.html에서 더 많은 knife show 예제를 볼 수 있다.

쿡북 의존성 정의

쿡북 안에서 다른 쿡북의 기능을 써야 할 때가 꽤 자주 있다. 예를 들어 C 언어로 작성한 소프트웨어를 컴파일할 때 필요한 모든 패키지가 설치됐는지 확인하려면 build-essential 쿡북을 포함하면 된다. 따라서 셰프 서버를 사용하려면 쿡북 간의 의존성을 알아야 하며, 그 의존성을 쿡북의 메타데이터에 선언한다.

준비

'쿡북 생성과 실행' 절에서 실습한 대로 my_cookbook이라는 쿡북이 존재해야하며, run_list 명령어의 실행 결과에 my_cookbook이 포함됐는지 확인한다.

예제 구현

쿡북 메타데이터 파일인 cookbooks/my_cookbook/metadata.rb를 편집해 build-essential 쿡북의 의존성을 추가한다.

```
mma@laptop:~/chef-repo $ subl cookbooks/my_cookbook/metadata.rb

...
depends 'build-essential'
depends 'apache2', '>= 1.0.4'
```

예제 분석

쿡북 안에서 다른 쿡북의 기능을 사용하고 싶다면 레시피에 다른 쿡북을 포함시켜야 한다.

```
include_recipe 'build-essential'
```

셰프 서버에게 build-essential 쿡북이 필요하다는 사실을 알리려면 metadata.rb 파일에 대상 쿡북의 의존성을 선언한다. 모든 의존 쿡북을 셰프 서버에 업로드했다면 셰프 서버가 필요한 모든 쿡북을 실행 대상 노드로 전송한다.

 셰프 솔로를 사용한다면 의존성을 선언하지 않아도 좋다.

첫 번째 의존성 호출^{depends call}은 현재 쿡북이 build-essential 쿡북의 최신 버전을 필요로 한다는 사실을 셰프 서버에 알려준다.

두 번째 의존성 호출은 apache2 쿡북의 1.0.4 버전 이상이 필요함을 나타낸다. 다음과 같은 버전 제한자^{constraints}를 의존성 호출에서 사용할 수 있다.

- < (특정 버전보다 낮은)

- <= (특정 버전 이하)

- = (특정 버전과 같은)

- >= (특정 버전 이상)

- ~> (특정 버전보다 높으면서 가장 가까운)

- > (특정 버전보다 높은)

부연 설명

metadata.rb에 의존성 선언 없이 다른 레시피를 포함한 채로 foodcritic 젬을 사용하면 다음과 같은 경고가 발생한다. 오류 상황을 연출하고자 /my_cookbook/recipes/default.rb에 include_recipe 'build-essential'을

추가한 후 metadata.rb에서 depends 'build-essential'을 제거한다. 그리고 다음 명령어를 수행하면 오류가 발생한다.

```
mma@laptop:~/chef-repo $ foodcritic cookbooks/my_cookbook

    FC007: Ensure recipe dependencies are reflected in cookbook metadata:
    cookbooks/my_cookbook/recipes/default.rb:9
```

> 아무 오류가 없으면 빈 공백을 출력한다.

다음과 같은 conflicts 호출을 사용해 의존성을 선언할 수도 있다.

```
conflicts "nginx"
```

그리고 의존성 호출에서 사용한 버전 제한자를 동일하게 사용할 수 있다.

참고 사항

- '나이프를 이용해 셰프 서버의 파일 검사' 절을 참고하라.
- 2장, '쿡북과 셰프 런 검토와 문제 해결'의 '셰프 쿡북의 문제점 찾기' 절에서 foodcritic의 사용법을 볼 수 있다.

버크셀프를 이용한 쿡북 의존성 관리

의존성이 걸린 쿡북을 수동으로 설치하고 확인하긴 매우 힘들다. 다운로드한 쿡북의 의존성을 모두 확인해 직접 설치해도 새로 설치한 쿡북의 의존성을 다시 해결해야 한다.

knife cookbook site install 명령을 이용하면 모든 의존성 쿡북을 로컬에 설치할 수 있지만, 쿡북 디렉터리와 깃 저장소가 의존성 쿡북들로 어지럽혀진다. 일반적으로 의존성 쿡북 자체에는 큰 관심이 없으며, 그 내용을 보거나 직접 관리할 필요도 없다.

바로 이럴 때 버크셸프를 사용한다. 버크셸프Berkshelf는 모든 의존성을 재귀적으로 다운로드하고 관리하는데, 루비 젬의 번들러Bundler와 비슷한 역할을 한다.

버크셸프는 셰프 저장소를 의존성 쿡북으로 어지럽히지 않고, 모든 쿡북을 별도의 위치에 저장한다. 사용자가 버크셸프 의존성 파일(Berksfile)만 저장소에 커밋하면 모든 동료와 빌드 서버는 그 파일을 이용해서 의존성 쿡북을 다운로드하고 설치할 수 있다.

이제 버크셸프를 이용해서 쿡북의 의존성을 관리하는 방법을 살펴보자.

준비

'쿡북 생성과 실행' 절에서 실습한 대로 my_cookbook이라는 쿡북이 존재해야 하며, run_list 명령어의 실행 결과에 my_cookbook이 포함됐는지 확인한다.

예제 구현

쿡북을 관리하는 일은 매우 중요한 일로, 버크셸프를 이용하면 의존성 쿡북을 셰프 저장소 밖에 저장할 수 있게 돼 쿡북을 훨씬 쉽게 관리할 수 있다.

여러 개의 의존성 레시피를 사용하는 쿡북을 작성하고, 버크셸프를 이용해 의존성 쿡북을 관리하는 방법을 알아보자.

1. berkshelf 젬을 포함하는 Gemfile을 만든다.

   mma@laptop:~/chef-repo $ subl Gemfile

   ```
   source 'https://rubygems.org'
   gem 'berkshelf'
   ```

2. 번들러를 실행해 젬을 설치한다.

   mma@laptop:~/chef-repo $ bundle install

   ```
   Fetching gem metadata from https://rubygems.org/
   ...출력 생략...
   Installing berkshelf (2.0.7)
   Using bundler (1.3.5)
   Your bundle is complete!
   ```

3. 쿡북의 메타데이터를 편집한다.

   mma@laptop:~/chef-repo $ subl cookbooks/my_cookbook/metadata.rb

   ```
   ...
   depends "chef-client"
   depends "apt"
   depends "ntp"
   ```

4. Berksfile을 만든다.

   mma@laptop:~/chef-repo $ subl Berksfile

   ```
   site :opscode

   metadata
   ```

5. 버크셸프를 실행해 모든 의존성 쿡북을 설치한다.

   mma@laptop:~/chef-repo $ cd cookbooks/my_cookbook
   mma@laptop:~/chef-repo/cookbooks/my_cookbook $ berks install

   ```
   Using my_cookbook (0.1.0) from metadata
   Installing chef-client (3.0.4) from site: 'http://cookbooks.
   ```

```
opscode.com/api/v1/cookbooks'
Installing cron (1.2.4) from site: 'http://cookbooks.opscode.com/
api/v1/cookbooks'
Installing apt (2.0.0) from site: 'http://cookbooks.opscode.com/
api/v1/cookbooks'
Installing ntp (1.3.2) from site: 'http://cookbooks.opscode.com/
api/v1/cookbooks'
```

6. 모든 쿡북을 셰프 서버에 업로드한다.

mma@laptop:~/chef-repo/cookbooks/my_cookbook $ berks upload

```
Using my_cookbook (0.1.0)
...출력 생략...
Uploading ntp (1.3.2) to: 'https://api.opscode.com:443/
organizations/agilewebops'
```

예제 분석

먼저 루비 젬 형태로 제공되는 버크셸프를 설치한다.

그리고 몇 가지 의존성 쿡북을 사용하는 쿡북을 만든다.

knife cookbook site install 명령을 이용해서 모든 쿡북을 직접 설치하는 대신, metadata.rb 파일이 있는 디렉터리에 Berksfile을 만든다.

Berksfile은 꽤 간단하다. 먼저 버크셸프가 옵스코드 커뮤니티 사이트를 기본 쿡북 다운로드 소스로 사용하게 설정한다.

```
site :opscode
```

다음으로 버크셸프가 metadata.rb 파일에서 의존성 쿡북을 찾게 설정하는데, 한 쿡북 안에서 작업하는 방법 중에는 이 방법이 가장 간단하다. 부연 설명에서 좀 더 고급스러운 Berksfile 기능의 예를 볼 수 있다.

버크셸프에 의존성 쿡북 이름을 찾을 곳을 지정했으니, 이제 버크셸프를 실행해 해당 쿡북을 모두 설치한다.

```
berks install
```

버크셸프는 기본적으로 ~/.berkshelf/cookbooks에 쿡북을 저장하므로 셰프 저장소를 어지럽히지 않는다. 즉, 모든 의존성 쿡북을 셰프 저장소 안에서 직접 관리하지 않고 버크셸프 스스로 관리한다. 사용자는 그저 쿡북 안에 Berksfile만 커밋하면 모든 동료가 버크셸프를 이용해 의존성 쿡북을 다운로드할 수 있다.

버크셸프는 쿡북을 동료들에게 공유할 때 서로 다른 쿡북 버전으로 인한 혼란이 없게 Berksfile과 함께 **Berksfile.lock** 파일을 생성한다. 이 파일에서 버크셸프가 설치한 쿡북의 정확한 버전을 찾아볼 수 있다.

```
{
  "sha": "b7d5bda18ccfaffe88a7b547420c670b8f922ff1",
  "sources": {
    "my_cookbook": {
      "path": "."
    },
    "chef-client": {
      "locked_version": "3.0.4"
    },
    "cron": {
      "locked_version": "1.2.4"
    },
    "apt": {
      "locked_version": "2.0.0"
    },
    "ntp": {
      "locked_version": "1.3.2"
    }
```

```
    }
}
```

버크셸프는 Berksfile.lock 파일이 존재할 경우 그 안에 명시된 버전만 사용한다.

마지막으로 버크셸프를 이용해 필요한 모든 쿡북을 셰프 서버에 업로드한다.

```
berks upload
```

부연 설명

vagrant-berkshelf 플러그인을 이용하면 버크셸프와 베이그런트를 밀접하게 연동할 수 있다. 즉, vagrant up이나 vagrant provision을 실행할 때마다 버크셸프가 모든 의존성 쿡북을 설치하고 셰프 서버에 업로드하게 버크셸프와 베이그런트를 연동시킬 수 있다. 이렇게 하면 베이그런트로 노드를 만들 때마다 berks install과 berks upload를 실행하는 수고를 덜 수 있다.

이제 버크셸프와 베이그런트를 연동하는 방법을 알아보자.

먼저 버크셸프용 베이그런트 플러그인을 설치한다.

```
mma@mma-mbp:~/work/chef-repo (master)$ vagrant plugin install
vagrant-berkshelf

    Installing the 'vagrant-berkshelf' plugin. This can take a few
    minutes...
    Installed the plugin 'vagrant-berkshelf (1.3.2)'!
```

다음으로 Vagrantfile에서 해당 플러그인을 활성화해 베이그런트가 플러그인을 사용하게 설정한다.

```
mma@mma-mbp:~/work/chef-repo (master)$ subl Vagrantfile

    ...
    config.berkshelf.enabled = true
    ...
```

다음으로 셰프 저장소의 최상위 디렉터리에 Berksfile을 생성해 베이그런트를 실행할 때마다 버크셸프가 설치할 쿡북을 지정한다.

```
cookbook 'my_cookbook', path: 'cookbooks/my_cookbook'
```

이제 베이그런트로 가상 머신을 시작하면 버크셸프가 지정된 의존성 쿡북을 다운로드하고 설치한 후 셰프 서버에 업로드한다. 버크셸프를 이용해 셰프 서버에서 모든 쿡북을 사용할 수 있는 상태가 된 후에만 베이그런트를 실행한다.

```
mma@mma-mbp:~/work/chef-repo $ vagrant up

    Bringing machine 'server' up with 'virtualbox' provider...
    ...출력 생략...
    [Berkshelf] Uploading cookbooks to 'https://api.opscode.com/
    organizations/agilewebops'
    ...출력 생략...
```

이렇게 버크셸프와 베이그런트를 연동하면 많은 시간을 절약하고 쿡북 개발 주기를 빠르게 가져갈 수 있다.

참고 사항

- http://berkshelf.com/에서 버크셸프 문서 전체를 볼 수 있다.
- https://github.com/RiotGames/berkshelf에서 버크셸프 소스코드를 찾을 수 있다.

- https://github.com/riotgames/vagrant-berkshelf에서 베이그런트 버크셸프 플러그인의 소스코드를 찾을 수 있다.
- '베이그런트를 이용한 가상 머신 관리' 절을 참고하라.

깃 저장소에서 쿡북을 다운로드하고 벤더 브랜치로 통합

옵스코드 커뮤니티에서는 다양한 주요 소프트웨어 패키지용 쿡북을 제공하는데, 이런 쿡북은 인프라스트럭처 관리의 좋은 출발점이 되지만 일반적으로 각자의 목적에 맞게 쿡북을 수정할 필요가 있다. 그러나 커뮤니티 쿡북을 수정하면 쿡북을 최신 버전으로 업데이트할 때 직접 변경한 내용이 없어지는 문제가 있다.

준비

로컬 깃 저장소에 커밋하지 않은 내용이 있는지 확인한다.

mma@laptop:~/chef-repo $ git status

```
# On branch master
nothing to commit (working directory clean)
```

예제 구현

다음과 같은 단계를 차례로 실행하자.

1. http://community.opscode.com/cookbooks에서 필요한 쿡북을 찾는다. 예제에서는 All Categories 목록과 Databases 영역에 있는 mysql 쿡북을 사용한다. 여기서는 쿡북의 정확한 이름(예, mysql)만 알아두면 된다.

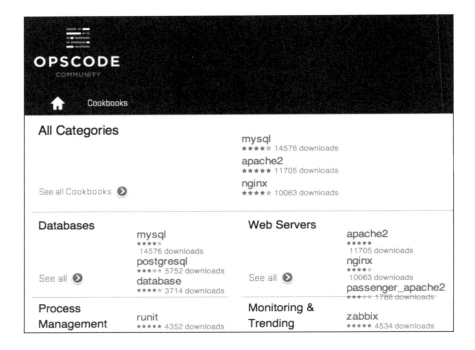

2. 나이프로 쿡북을 다운로드하고 로컬 저장소에 통합한다.

```
mma@laptop:~/chef-repo $ knife cookbook site install mysql

    Installing mysql to /Users/mma/work/chef-repo/cookbooks
    ...출력 생략...
    Cookbook build-essential version 1.2.0 successfully installed
```

3. 쿡북을 잘 다운로드했는지 확인한다.

```
mma@laptop:~/chef-repo $ cd cookbooks
mma@laptop:~/chef-repo/cookbooks $ ls -l

total 8
-rw-r--r--    1 mma     staff  3064 23 Nov 22:02 README.md
drwxr-xr-x  12 mma     staff   408 28 Nov 20:40 build-essential
drwxr-xr-x  13 mma     staff   442 28 Nov 20:34 my_cookbook
drwxr-xr-x  15 mma     staff   510 28 Nov 20:39 mysql
```

```
drwxr-xr-x    7 mma    staff   238 28 Nov 20:39 openssl
```

4. 깃의 상태를 확인한다.

mma@laptop:~/chef-repo/cookbooks $ git status

```
# On branch master
# Your branch is ahead of 'origin/master' by 3 commits.
#
nothing to commit (working directory clean)
```

5. 로컬 브랜치에 세 개의 커밋이 적용됐음을 알 수 있는데, 자세히 살펴보자.

mma@laptop:~/chef-repo/cookbooks $ git log

```
commit 766bd4098184f4d188c75daa49e12abb5b1fd360
Author: Matthias Marschall <mm@agileweboperations.com>
Date: Wed Nov 28 20:40:01 2012 +0100
commit 766bd4098184f4d188c75daa49e12abb5b1fd360
Author: Matthias Marschall <mm@agileweboperations.com>
Date: Wed Nov 28 20:40:01 2012 +0100

    Import build-essential version 1.2.0

commit 6ad70f1fbbb96df1fc55c3237966c60d156d6026
Author: Matthias Marschall <mm@agileweboperations.com>
Date: Wed Nov 28 20:39:59 2012 +0100

    Import openssl version 1.0.0

commit d03dd06f3c931078c2a9943a493955780e39bf22
Author: Matthias Marschall <mm@agileweboperations.com>
Date: Wed Nov 28 20:39:58 2012 +0100

    Import mysql version 2.0.2
```

knife 명령어를 이용해 mysql 쿡북은 물론이고 그 의존성 쿡북 (build-essential과 openssl)을 성공적으로 다운로드했다.

몇 가지 나이프 명령어를 실행해 필요한 쿡북을 다운로드하고 로컬 저장소에 통합했다.

knife cookbook site install 명령어의 출력을 다시 한 단계씩 살펴보자. 먼저 현재 작업 공간이 저장소의 마스터 브랜치임을 확인했다.

```
Checking out the master branch.
```

다음으로 mysql 쿡북용 벤더 브랜치가 있는지 확인하고, 없다면 생성한다.

```
Creating pristine copy branch chef-vendor-mysql.
```

이제 타르볼을 다운로드하고, 이전 버전이 있으면 삭제한 후 다운로드한 타르볼의 압축을 해제한다. 그리고 새로운 쿡북 디렉터리에 압축을 성공적으로 해제한 후에는 타르볼을 삭제한다.

```
Downloading mysql from the cookbooks site at version 2.0.2 to /Users/
mma/work/chef-repo/cookbooks/mysql.tar.gz
Cookbook saved: /Users/mma/work/chef-repo/cookbooks/mysql.tar.gz
Removing pre-existing version.
Uncompressing mysql version 2.0.2.
Removing downloaded tarball
```

압축 해제한 파일을 벤더 브랜치에 커밋한다.

```
1 files updated, committing changes
```

마지막으로 쿡북의 현재 버전을 태그로 남긴다.

```
Creating tag cookbook-site-imported-mysql-2.0.2
```

knife cookbook site install 명령어를 실행하면 모든 의존성 쿡북에 대해 이런 과정을 반복한다.

지금까지 다운로드한 모든 쿡북마다 전용 브랜치(벤더 브랜치)를 분리해 마스터 브랜치에 통합했고, 알맞은 태그를 달았다. 이 방법을 이용하면 필요한 부분을 (마스터 브랜치 안에서) 얼마든지 변경할 수 있으며, 뿐만 아니라 커뮤니티 쿡북의 새로운 버전을 (벤더 브랜치에) 업데이트할 수 있다. 깃은 두 버전을 자동으로 병합merge하거나, 충돌이 있으면 알려준다.

 예제 코드 다운로드

이 책의 예제 코드는 http://www.packtpub.com의 계정을 통해 다운로드할 수 있다. 다른 곳에서 구매한 경우에는 http://www.packtpub.com/support를 방문해 등록하면 파일을 이메일로 직접 받을 수 있다. 에이콘출판사의 도서정보 페이지인 http://www.acornpub.co.kr/book/chef-cookbook에서도 예제 코드를 다운로드할 수 있다.

부연 설명

해당 쿡북을 특정 브랜치와 통합하고 싶다면 --branch BRANCH_NAME 파라미터를 이용한다.

mma@laptop:~/chef-repo [experimental] $ knife cookbook site install mysql --branch experimental

```
Installing mysql to /Users/mma/work/chef-repo/cookbooks
Checking out the experimental branch.
Pristine copy branch (chef-vendor-mysql) exists, switching to it.
Downloading mysql from the cookbooks site at version 2.0.2 to /Users/
mma/work/chef-repo/cookbooks/mysql.tar.gz
Cookbook saved: /Users/mma/work/chef-repo/cookbooks/mysql.tar.gz
```

```
Removing pre-existing version.
Uncompressing mysql version 2.0.2.
removing downloaded tarball
No changes made to mysql
Checking out the experimental branch.
...출력 생략...
```

위에서 보듯이 knife cookbook site install 명령에서 마스터 브랜치를
체크아웃하는 대신 experimental 브랜치를 사용했다.

-D 옵션을 사용하면 모든 의존성 쿡북을 다운로드하지 않게 할 수도 있다.

mma@laptop:~/chef-repo $ knife cookbook site install mysql -D

```
Installing mysql to /Users/mma/work/chef-repo/cookbooks
Checking out the master branch.
Pristine copy branch (chef-vendor-mysql) exists, switching to it.
Downloading mysql from the cookbooks site at version 2.0.2 to /Users/
mma/work/chef-repo/cookbooks/mysql.tar.gz
Cookbook saved: /Users/mma/work/chef-repo/cookbooks/mysql.tar.gz
Removing pre-existing version.
Uncompressing mysql version 2.0.2.
removing downloaded tarball
No changes made to mysql
Checking out the master branch.
```

mysql 쿡북을 처리한 후 다른 쿡북을 다운로드하지 않고 중지했음을 알 수
있다.

참고 사항

- 앞의 과정이 필요 없이 버크셸프를 이용해 커뮤니티 쿡북과 그 의존성 쿡북
  을 관리할 수도 있다. '버크셸프를 이용한 쿡북 의존성 관리' 절을 참고하라.

맞춤형 나이프 플러그인 활용

나이프^{Knife}는 바로 사용할 수 있는 명령어를 제공하는데, 이 명령어들은 쿡북과 롤^{role}, 데이터 백$^{data\ bag}$ 등을 비롯한 셰프의 기본적인 구성 요소를 다룬다. 하지만 나이프를 이용해 좀 더 다양한 일을 할 수 있다면 어떨까? 다행히도 나이프는 플러그인 API를 지원하며, 이를 이용해 옵스코드와 셰프 커뮤니티에서 개발한 플러그인이 여럿 존재한다.

준비

먼저 로컬 워크스테이션에 번들러를 설치한다.

```
mma@laptop:~/chef-repo $ gem install bundler

    Fetching: bundler-1.3.5.gem (100%)
    Successfully installed bundler-1.3.5
    1 gem installed
```

앞으로 나올 knife-ec2 플러그인을 실습하려면 아마존 AWS 계정이 필요하다. 아마존 외에도 다양한 클라우드 서비스 제공자용 나이프 플러그인이 있는데, '부연 설명'에서 그 목록을 볼 수 있다.

예제 구현

사용할 수 있는 나이프 플러그인의 목록을 살펴보고, 그 중 하나를 이용해 아마존 EC2의 인스턴스를 관리해보자.

1. 루비 젬 형태로 제공되는 나이프 플러그인의 목록을 조회한다.

```
mma@laptop:~/chef-repo $ gem search -r knife-

*** REMOTE GEMS ***
```

```
knife-audit (0.2.0)
knife-azure (1.0.2)
...출력 생략...
knife-ec2 (0.6.4)
...출력 생략...
```

2. EC2 플러그인을 포함하는 Gemfile을 만들자.

mma@laptop:~/chef-repo $ subl Gemfile

```
source 'https://rubygems.org'
gem 'knife-ec2', '~>0.6.4'
```

3. 아마존 AWS 클라우드의 서버를 관리할 수 있는 EC2 플러그인을 설치 한다.

mma@laptop:~/chef-repo $ bundle install

```
Fetching gem metadata from https://rubygems.org/
...출력 생략...
Installing knife-ec2 (0.6.4)
Using bundler (1.3.5)
Your bundle is complete!
```

4. knife-ec2 플러그인으로 AWS에서 사용할 수 있는 인스턴스의 종류를 조회하자. 다음의 명령어에서 XXX와 YYYY는 여러분의 AWS 아이디/패 스워드로 변경한다.

**mma@laptop:~/chef-repo $ knife ec2 flavor list **
      **--aws-access-key-id XXX **
      --aws-secret-access-key YYYYY

```
ID         Name                                   Arch   RAM
Disk    Cores
c1.medium   High-CPU Medium                        32-bit
1740.8   350 GB   5
...출력 생략...
m2.xlarge   High-Memory Extra Large                64-bit
```

```
17510. 420 GB   6.5
t1.micro   Micro Instance                              0-bit   613
0 GB     2
```

예제 분석

나이프는 여러 곳에서 플러그인을 검색한다.

먼저 현재 셰프 저장소의 .chef 디렉터리에서 현재 저장소에만 적용되는 플러그인을 찾는다.

```
./.chef/plugins/knife/
```

다음으로 홈 디렉터리의 .chef 디렉터리에서 해당 사용자가 소유한 모든 셰프 저장소에 적용할 플러그인을 찾는다.

```
~/.chef/plugins/knife/
```

마지막으로 설치된 젬을 찾는다. 나이프는 설치된 모든 루비 젬의 하위 폴더에서 **chef/knife/**에 포함된 코드를 읽어 들인다. 옵스코드나 셰프 커뮤니티가 개발한 플러그인은 주로 이 방법으로 사용한다.

부연 설명

대부분의 주요 클라우드 제공자와 가상화 벤더용 나이프 플러그인이 존재한다.

이 책을 저술하는 시점에서 다음과 같은 클라우드 제공자용 나이프 플러그인이 존재한다.

- 마이크로소프트 애저^{Microsoft Azure}
- 블루박스^{BlueBox}

- 브라이트박스^{Brightbox}
- 아마존 EC2^{Amazon EC2}
- 유칼립투스^{Eucalyptus}
- HP 클라우드 서비스^{HP Cloud Services}
- 오픈스택^{OpenStack}
- 랙스페이스 클라우드^{Rackspace Cloud}
- 태러마크^{Terremark}
- 브이스피어^{VSphere}
- 아파치 클라우드스택^{Apache CloudStack}

나이프 플러그인을 지원하는 가상화 기술은 다음과 같다.

- KVM
- 브이엠웨어 ESX^{VMware ESX}
- 베이그런트^{Vagrant}
- 젠서버^{Xenserver}

참고 사항

- 2장, '쿡북과 셰프 런 검토와 문제 해결'의 '맞춤형 나이프 플러그인 만들기' 절을 참고하라.
- http://docs.opscode.com/plugin_knife.html에서 지원하는 클라우드 제공자의 목록을 볼 수 있다.

현재 깃 브랜치를 기반으로 조직명 변경

셰프는 스테이징staging 환경과 프로덕션production 환경 등을 분리할 용도로 인바이런먼트environment라는 개념을 제공한다. 이를 이용해 특정 쿡북 버전을 지정된 인바이런먼트에서만 실행하게 하는 등의 작업이 가능하다.

그러나 실제 개발 단계에서는 호스티드 셰프상에 각 개발자별로 서로 다른 조직명을 할당해 한 개발자가 중대한 리팩토링refactoring 작업을 하는 동안 다른 개발자와 충돌을 피하게 해야 한다. 따라서 셰프의 인바이런먼트 기능만으로는 이를 달성하기 어렵다.

> 이런 방식을 권장하지는 않으며, 관리하기도 어렵다. 옵스코드가 기술 지원을 제공하는 여러 고객사에서조차 이 방법을 제대로 구현하지 못했다. 하지만 필요하다면 여기서 그 방법을 배울 수 있다.

knife.rb 파일에서 현재 깃 브랜치를 인식하게 만들면 각 개발자별로 다른 조직명을 할당하고, 할당받은 조직명을 자동으로 선택할 수 있다. 프로덕션 단계의 쿡북은 master 브랜치에서 관리하고, 개발 단계의 쿡북은 development 브랜치에서 관리한다고 가정한다.

이제 나이프로 하여금 자동으로 조직명을 선택하게 만들자.

준비

호스티드 셰프 계정의 기본 조직명 외에 모든 샌드박스sandbox 환경별로 새로운 조직을 만든다.

1. http://manage.opscode.com의 옵스코드 관리 콘솔에서 YOUR_ORG-development(예, awo-development)라는 새로운 조직을 만든다.

2. development라는 이름의 깃 브랜치를 따로 만든다.

```
mma@laptop:~/chef-repo $ git checkout -b development
mma@laptop:~/chef-repo $ subl Gemfile

...
gem 'grit'
```

3. 번들러를 실행해 그릿Grit 젬을 설치한다.

```
mma@laptop:~/chef-repo $ bundle install

...출력 생략...
Installing grit (2.5.0)
```

예제 구현

현재 깃 브랜치를 조사해 그에 따라 호스티드 셰프의 조직명을 바꾸도록
knife.rb 파일을 편집한다.

1. knife.rb 파일의 맨 위에 다음과 같은 내용을 추가한다. 'awo'는 준비 단
계에서 사용한 조직명으로 대체한다.

```
organization_base_name = "awo"
require 'grit'
repository = Grit::Repo.new(Dir.pwd)
current_branch = Grit::Head.current(repository).name
organization = organization_base_name
organization << "-#{current_branch}" unless current_branch ==
'master'
```

2. chef_server_url을 다음과 같이 변경한다.

```
chef_server_url "https://api.opscode.com/organizations/
#{organization}"
```

3. 깃의 master 브랜치에서 다음과 같이 knife 명령어를 실행하면 다음의 'awo' 대신 여러분이 속하는 조직의 약칭이 출력된다.

```
mma@laptop:~/chef-repo $ knife node list
```

```
awo
```

4. 브랜치를 development로 변경하자.

```
mma@laptop:~/chef-repo $ git checkout development
```

5. 이제 knife 명령어를 다시 실행해보자.

```
mma@laptop:~/chef-repo [development]$ knife node list
```

```
awo-development
```

예제 분석

그릿을 이용해 현재 브랜치를 조사하려면 grit 젬을 설치한다.

다음으로 현재 작업 디렉터리로부터 Grit::Repo 객체를 생성해 현재 브랜치를 조사한다. 이렇게 가져온 현재 브랜치에서 이름을 조회해 current_branch 변수에 저장한다.

그리고 기본 조직명을 조직명(organization 변수)에 저장한다.

다음으로 브랜치 이름이 master가 아니라면 조직명 뒤에 브랜치 이름을 추가한다. 즉, 현재 브랜치가 master라면 나이프가 (브랜치 이름을 붙이지 않은) 기본 조직명을 사용한다. 반대로 현재 브랜치가 master가 아니라면 조직명 뒤에 '-브랜치 이름'을 붙인다.

이제 완성한 조직명으로 chef_server_url을 호출해 셰프 서버에 접속한다.

```
chef_server_url     "https://api.opscode.com/organizations/
#{organization}"
```

knife.rb 파일은 일반 루비 파일이므로, 어떤 루비 코드든 그 안에 넣을 수 있다.

현재 깃 브랜치 대신 환경 변수에서 CHEF_ORG 변수를 읽어오게 knife.rb 파일을 수정해 유연성을 향상시킬 수 있다.

```
organization = ENV['CHEF_ORG'] || begin
    require 'grit'
    repository = Grit::Repo.new(Dir.pwd)
    current_branch = Grit::Head.current(repository).name
    chef_org = "awo"
    chef_org << "-#{current_branch}" unless current_branch == 'master'
    chef_org
end
```

CHEF_ORG 환경 변수에 값을 설정하지 않으면 이전과 동일하게 작동한다. 반대로 다음과 같이 나이프를 실행하면 주어진 환경 변수를 조직명으로 사용한다.

mma@laptop:~/chef-repo $ CHEF_ORG=experimental knife node list

```
experimental
```

• '호스티드 셰프 플랫폼 활용' 절을 참고하라.

셰프 서버에서 노드 삭제

노드를 초기화하면 해당 노드에 셰프가 설치됨은 물론 셰프 서버에도 클라이언트 객체가 생성된다. 셰프 클라이언트는 이 클라이언트 객체를 이용해 각 런^{run}마다 셰프 서버에 인증을 시도한다.

클라이언트 등록과 동시에 노드 객체도 생성된다. 셰프 클라이언트가 해당 노드를 목표한 상태로 설정하는 과정에서 바로 이 노드 객체를 주요 데이터 구조로 사용한다.

준비

셰프 서버에 삭제해도 좋은 노드가 적어도 하나 있어야 한다.

예제 구현

노드와 클라이언트 객체를 삭제해 셰프 서버에서 노드를 완벽히 제거하자.

1. 노드 객체를 삭제한다.

   mma@laptop:~/chef-repo $ knife node delete my_node

   ```
   Do you really want to delete my_node? (Y/N) y
   Deleted node[my_node]
   ```

2. 클라이언트 객체를 삭제한다.

   mma@laptop:~/chef-repo $ knife node client my_node

   ```
   Do you really want to delete my_node? (Y/N) y
   Deleted client[my_node]
   ```

셰프 서버를 깨끗이 유지하려면 노드 객체와 클라이언트 객체를 잘 관리해
야 한다.

나이프는 셰프 서버에 접속해 셰프 서버 RESTful API를 이용해 노드 객체
를 삭제한다.

셰프 서버에서 클라이언트 객체를 삭제하는 과정도 동일하다.

두 객체를 모두 지운 후에야 셰프 서버에서 노드를 제거했다고 할 수 있으며,
새로운 물리 머신이나 가상 머신을 추가할 때 제거한 노드 이름을 재사용
가능하다.

두 개의 명령어를 실행하려면 귀찮고 실수를 할 여지가 있다. playground
라는 나이프 플러그인을 이용하면 작업을 단순화할 수 있다.

1. Gemfile에 knife-playground 플러그인을 추가한다.

```
mma@laptop:~/chef-repo $ subl Gemfile

...
gem 'knife-playground'
```

2. 번들러를 실행해 knife-playground 플러그인을 설치하자.

```
mma@laptop:~/chef-repo $ bundle install

...출력 생략...
Installing knife-playground (0.2.2)
```

3. knife pg clientnode delete 하위 명령어를 실행한다.

```
mma@laptop:~/chef-repo $ knife pg clientnode delete my_node
```

```
Deleting CLIENT my_node...
Do you really want to delete my_node? (Y/N) y
Deleted client[my_node]
Deleting NODE my_node...
Do you really want to delete my_node? (Y/N) y
Deleted node[my_node]
```

참고 사항

- '베이그런트를 이용한 가상 머신 관리' 절을 참고하라.
- '호스티드 셰프 플랫폼 활용' 절을 참고하라.

셰프 솔로 실행

셰프 서버를 직접 운영하는 일이 필요 이상으로 과하거나, 호스티드 셰프를 이용하는 방법도 불편하게 느껴진다면 셰프 솔로^{Chef Solo}를 이용해 여러분의 서버 머신에서 쿡북을 실행할 수 있다.

준비

셰프 솔로를 실행하기 전에 로컬 셰프 저장소에 solo.rb와 node.json 파일을 추가해야 한다.

solo.rb 파일에는 셰프 솔로가 쿡북과 롤, 데이터 백을 찾을 장소를 지정한다.

node.json 파일은 실행 목록을 포함한다(필요하다면 노드의 다른 속성들을 지정할 수 있다).

1. 셰프 저장소 안에 solo.rb 파일을 만들고 다음 내용을 입력한다.

```
current_dir = File.expand_path(File.dirname(__FILE__))
```

```
file_cache_path "#{current_dir}"
cookbook_path "#{current_dir}/cookbooks"
role_path "#{current_dir}/roles"
data_bag_path "#{current_dir}/data_bags"
```

2. solo.rb 파일을 깃에 추가한다.

mma@laptop:~/chef-repo $ git add solo.rb

3. 셰프 저장소 안에 node.json 파일을 만들고 다음 내용을 입력한다.

```
{
  "run_list": [ "recipe[ntp]" ]
}
```

4. 셰프 저장소 안에 ntp 쿡북을 설치한다.

mma@laptop:~/chef-repo $ knife cookbook site install ntp

```
Installing ntp to /Users/mma/work/chef-repo/cookbooks
...출력 생략...
Cookbook ntp version 1.3.0 successfully installed
```

5. node.json 파일을 깃에 추가한다.

mma@laptop:~/chef-repo $ git add node.json

6. 변경한 내용을 커밋하고 깃허브에 푸시해 여러분의 다른 서버에서 쓸 수 있게 한다.

mma@laptop:~/chef-repo $ git commit -m "initial setup for Chef Solo"
mma@laptop:~/chef-repo $ git push

```
Counting objects: 4, done.
Delta compression using up to 4 threads.
...출력 생략...
To git@github.com:mmarschall/chef-repo.git
    b930647..5bcfab6  master -> master
```

이제 셰프 솔로를 이용해서 서버에 NTP를 설치할 준비를 마쳤다.

셰프 솔로를 이용해 노드에 NTP를 설치하자.

1. 셰프 솔로를 이용해 배포 작업을 할 원격 서버에 로그인하자.

2. 셰프 저장소를 복제한다. 다음 내용에서 mmarschall을 각자의 깃허브 계정으로 변경한다.

```
user@server:~$ git clone git://github.com/mmarschall/chef-repo.git
```

3. 셰프 저장소 안으로 이동한다.

```
user@server:~$ cd chef-repo
```

4. 셰프 솔로를 실행해 노드 설정을 진행한다.

```
user@server:~/chef-repo$ sudo chef-solo -c solo.rb -j node.json

[2012-12-08T22:54:13+01:00] INFO: *** Chef 11.0.0 ***
[2012-12-08T22:54:13+01:00] INFO: Setting the run_list to
["recipe[ntp]"] from JSON
...출력 생략...
[2012-12-08T22:54:16+01:00] INFO: Chef Run complete in 2.388374
seconds
[2012-12-08T22:54:16+01:00] INFO: Running report handlers
[2012-12-08T22:54:16+01:00] INFO: Report handlers complete
```

solo.rb에 셰프 솔로가 현재 디렉터리(여기서는 셰프 저장소)에서 쿡북과 롤, 데이터 백을 찾게 지정했다.

셰프 솔로는 노드의 설정을 JSON(예제에서는 node.json)에서 가져온다. 여러 서버를 관리하려면 각 노드마다 다른 파일을 만들어야 한다.

셰프 솔로는 solo.rb와 node.json 파일의 설정 정보를 기반으로 셰프 런을 실행한다.

> 셰프 솔로는 셰프 서버에 비해 제한적인 기능을 제공한다.
> - 노드의 데이터 스토리지(노드 객체)를 사용할 수 없다.
> - 레시피 안에서 검색을 할 수 없다.
> - 인바이런먼트를 이용해 쿡북 버전을 관리할 수 없다(대신 깃 브랜치를 이용하자).

부연 설명

서버마다 깃허브 저장소를 복제하는 대신에 쿡북을 tar로 묶고, 타르볼을 HTTP로 전송할 수 있다. 이렇게 하면 셰프 솔로의 -r 옵션에 타르볼의 위치를 지정해 쿡북을 포함한 타르볼을 다운로드할 수 있다.

그리고 셰프 솔로의 제약을 극복할 수 있는 여러 가지 도구(little-chef나 knife-solo)가 있으니 살펴보자.

참고 사항

- http://docs.opscode.com/chef_solo.html에서 셰프 솔로를 더 자세히 알아볼 수 있다.

롤 활용

롤[role]은 셰프에서 노드를 그룹핑하는 수단으로, 대표적인 예로는 웹 서버군과 데이터베이스 서버군 등을 들 수 있다.

롤에 속하는 모든 노드에 대해 실행 목록을 지정하고, 롤을 이용해 속성을 덮어 쓸 수도 있다.

이제 간단한 롤을 만들어보자.

준비

다음 예제를 실행하려면 server라는 이름의 노드를 만들고, 하나 이상의 쿡북(여기서는 ntp 쿡북을 사용한다)을 셰프 서버에 등록한다.

예제 구현

롤을 만들고, 롤을 이용해 무엇을 할 수 있는지 살펴보자.

1. 롤을 만든다.

   mma@laptop:~/chef-repo $ subl roles/web_servers.rb

   ```
   name "web_servers"
   description "This role contains nodes, which act as web servers"
   run_list "recipe[ntp]"
   default_attributes 'ntp' => {
     'ntpdate' => {
       'disable' => true
     }
   }
   ```

2. 롤을 셰프 서버에 업로드한다.

```
mma@laptop:~/chef-repo $ knife role from file web_servers.rb

Updated Role web_servers!
```

3. server 노드에 해당 롤을 할당한다.

```
mma@laptop:~/chef-repo $ knife node edit server

"run_list": [
  "role[web_servers]"
]
Saving updated run_list on node server
```

4. 셰프 클라이언트를 실행한다.

```
user@server:~$ sudo chef-client

...출력 생략...
[2013-07-25T13:28:24+00:00] INFO: Run List is [role[web_servers]]
[2013-07-25T13:28:24+00:00] INFO: Run List expands to [ntp]
...출력 생략...
```

예제 분석

셰프 저장소에 있는 roles 디렉터리의 루비 파일에 롤을 정의한다. 롤은 name과 description 속성을 포함한다. 그리고 일반적으로 롤별로 실행 목록과 속성을 갖는다.

노드의 실행 목록에 롤을 추가하면 해당 롤의 실행 목록이 추가된다. 즉, 롤의 실행 목록에 포함된 모든 레시피(그리고 중첩해 포함된 다른 롤)가 해당 노드에서 실행된다.

롤을 만든 후에는 knife role from file 명령어로 셰프 서버에 업로드한다.

이제 노드의 실행 목록에 롤을 추가할 수 있다.

노드에서 셰프 클라이언트를 실행하면 노드의 실행 목록에 포함된 롤의 모든 레시피를 실행한다.

롤에 정의한 속성은 노드와 인바이런먼트, 쿡북의 속성과 합쳐진다. http://docs.opscode.com/essentials_roles.html#attribute-precedence에서 중복되는 속성의 우선순위를 볼 수 있다.

인바이런먼트 활용

개발과 테스팅, 프로덕션 환경을 분리하면 쿡북 개발과 변경 테스트, 기타 설정 변경을 독립적으로 관리할 수 있다. 셰프는 노드를 인바이런먼트 Environment로 그룹핑해 전체 개발 과정별로 각기 다른 환경을 제공한다.

준비

다음 예제를 실행하려면 _default 인바이런먼트 안에 my_server라는 이름의 노드를 만들고, 하나 이상의 쿡북(여기서는 ntp 쿡북을 사용한다)을 셰프 서버에 등록한다.

예제 구현

나이프를 이용해 인바이런먼트를 조작하는 방법을 살펴보자.

> 예제에서 사용하는 방법은 예시일 뿐 실제로 작업할 땐 '부연 설명'에서 설명하는 대로 인바이런먼트를 정의하는 파일을 만들고 버전 컨트롤 시스템으로 관리하자.

1. 나이프를 이용해서 임시로 인바이런먼트를 생성한다. 다음 명령어를 실행하면 셸의 기본 편집기가 열리고 인바이런먼트를 정의할 수 있다.

   mma@laptop:~/chef-repo $ knife environment create book

   ```
   {
     "name": "book",
     "description": "",
     "cookbook_versions": {
     },
     "json_class": "Chef::Environment",
     "chef_type": "environment",
     "default_attributes": {
     },
     "override_attributes": {
     }
   }
   Created book
   ```

2. 사용할 수 있는 인바이런먼트 목록을 조회한다.

   mma@laptop:~/chef-repo $ knife environment list

   ```
   _default
   book
   ```

3. 모든 인바이런먼트의 노드 목록을 조회한다.

   mma@laptop:~/chef-repo $ knife node list

   ```
   my_server
   ```

4. book 인바이런먼트의 노드 목록을 조회해 my_server 노드가 아직 book 인바이런먼트에 포함되지 않았음을 확인하자.

   mma@laptop:~/chef-repo $ knife node list -E book

   mma@laptop:~/chef-repo $

5. 노드 정보의 chef_environment 값을 _default에서 book으로 수정해
   my_server 노드의 인바이런먼트를 변경한다.

   mma@laptop:~/chef-repo $ knife node edit my_server

   ```
   {
     "name": "my_server",
     "chef_environment": "book",
     "normal": {
     },
     "run_list": [
       "recipe[ntp]"
     ]
   }
   Saving updated chef_environment on node my_server
   ```

6. book 인바이런먼트의 노드를 다시 조회하자.

   mma@laptop:~/chef-repo $ knife node list -E book

   ```
   my_server
   ```

7. 해당 인바이런먼트에서 특정 쿡북 버전을 사용하도록 필요한 속성을 덮
   어쓰자.

   mma@laptop:~/chef-repo $ knife environment edit book

   ```
   {
     "name": "book",
     "description": "",
     "cookbook_versions": {
       "ntp": "1.3.2"
     },
     "json_class": "Chef::Environment",
     "chef_type": "environment",
     "default_attributes": {
     },
   ```

```
  "override_attributes": {
    "ntp": {
    "servers": ["0.europe.pool.ntp.org", "1.europe.pool.ntp.
org", "2.europe.pool.ntp.org", "3.europe.pool.ntp.org"]
    }
  }
}
Saved book
```

예제 구현

인바이런먼트는 주로 쿡북의 변경 사항을 개발 환경에서 스테이징이나 프로덕션 환경으로 옮길 때 사용한다. 그리고 인바이런먼트를 이용해 노드 그룹마다 다른 버전의 쿡북을 적용하거나, 인바이런먼트별로 다른 속성을 지정할 수도 있다. 예를 들어 스테이징 환경의 노드가 프로덕션 환경의 노드보다 메모리가 작다면 MySQL 서비스가 스테이징 환경에서 프로덕션 환경보다 더 작은 메모리 공간을 쓰게 속성을 지정할 수 있다.

> 셰프 서버에는 _default 인바이런먼트가 있는데, 수정하거나 삭제할 수 없다. 인바이런먼트를 따로 지정하지 않은 노드는 모두 _default 인바이런먼트에 속한다.

롤은 인바이런먼트에 속하지 않는다는 사실을 알아두자. 대신 인바이런먼트에도 실행 목록을 지정할 수 있다.

쿡북 안에서 노드가 속한 인바이런먼트를 조회하려면 node.chef_environment 메소드를 이용한다.

부연 설명

인바이런먼트를 버전 컨트롤 시스템으로 관리하고 싶다면(그리고 그렇게 해야만
한다!) 셰프 저장소의 environments 디렉터리에 루비 파일을 만드는 방법을
추천한다.

```
mma@laptop:~/chef-repo $ cd environments
mma@laptop:~/chef-repo $ subl book.rb

    name "book"
```

새로 만든 인바이런먼트 파일을 저장소에 추가하고 커밋한 후 깃허브에 푸
시한다.

```
mma@laptop:~/chef-repo $ git add environments/book.rb
mma@laptop:~/chef-repo $ git commit -a -m "the book env"
mma@laptop:~/chef-repo $ git push
```

이제 나이프를 이용해서 파일의 내용을 바탕으로 셰프 서버에 인바이런먼트
를 생성한다.

```
mma@laptop:~/chef-repo $ knife environment from file book.rb

    Created Environment book
```

knife exec를 이용해 한 인바이런먼트의 모든 노드를 다른 인바이런먼트로
옮길 수도 있다.

```
mma@laptop:~/chef-repo $ knife exec -E \
    'nodes.transform("chef_environment:_default") \
    { |n| n.chef_environment("book")}
```

특정 인바이런먼트안의 노드를 대상으로 검색을 수행하려면 다음과 같이
한다.

```
mma@laptop:~/chef-repo $ knife search node "chef_environment:book"

   1 item found
```

참고 사항

- '베이그런트를 이용한 가상 머신 관리' 절을 참고하라.
- http://docs.opscode.com/essentials_environments.html에서 인바이런먼트에 대한 더 자세한 내용을 볼 수 있다.

쿡북 프리징

제대로 동작하는 쿡북을 잘못된 쿡북으로 덮어쓰면 전체 인프라스트럭처에 광범위한 문제를 일으킬 수 있다. 검증된 쿡북 버전이 있다면 누군가가 잘못된 코드를 동일한 버전에 덮어쓸 수 없게 프리징freezing하기를 권한다. 쿡북 프리징을 인바이런먼트와 더불어 사용하면 프로덕션 환경의 서버를 안전하게 지킬 수 있다.

준비

하나 이상의 쿡북(여기서는 ntp 쿡북을 사용한다)을 셰프 서버에 등록한다.

예제 구현

쿡북을 프리징하면 무슨 일이 벌어지는지 살펴보자.

1. 쿡북을 업로드하고 프리징한다.

   ```
   mma@laptop:~/chef-repo $ knife cookbook upload ntp --freeze
   ```

```
Uploading ntp          [1.3.2]
Uploaded 1 cookbook.
```

2. 같은 버전의 쿡북을 다시 업로드해보자.

mma@laptop:~/chef-repo $ knife cookbook upload ntp

```
Uploading ntp [1.3.2]
Conflict: The cookbook ntp at version 1.3.2 is frozen. Use the
'force' option to override.
```

3. 쿡북 버전을 변경한다.

mma@laptop:~/chef-repo $ subl cookbooks/ntp/metadata.rb

```
...
version      "1.3.3"
```

4. 쿡북을 다시 업로드해보자.

mma@laptop:~/chef-repo $ knife cookbook upload ntp

```
Uploading ntp          [1.3.2]
Uploaded 1 cookbook.
```

예제 분석

쿡북을 업로드할 때 --freeze 옵션을 사용하면 셰프 서버는 같은 버전의 쿡북을 더 이상 변경할 수 없게 막는다. 인바이런먼트를 사용 중이라면 프로덕션 인바이런먼트에서 적용되는 쿡북 버전에 잘못된 내용을 올리지 못하게 막아서 프로덕션 서버를 안전하게 보호하는 일이 중요하다.

쿡북의 버전을 변경하면 새 버전을 업로드할 수 있다. 이렇게 한 후에 예를 들어 스테이징 인바이런먼트에서 새로운 쿡북 버전을 사용하게 할 수 있다.

참고 사항

- https://speakerdeck.com/sethvargo/chef-plus-environments-equals-safer-infrastructure에서 세스 바고[Seth Vargo]의 글(셰프 + 인바이런먼트 = 더 안전한 인프라스트럭처)을 읽어보자.

셰프 클라이언트를 데몬으로 실행

셰프 저장소의 내용을 변경할 때마다 노드에서 수동으로 셰프 클라이언트를 실행할 수도 있지만, 셰프 클라이언트를 자동으로 실행하면 좋은 경우도 있다. 이렇게 하면 업데이트한 내용을 모든 박스에 놓치지 않고 반영할 수 있다.

준비

chef-client를 오류 없이 실행할 수 있는 노드 하나를 셰프 서버에 등록해 둔다.

예제 구현

셰프 클라이언트가 데몬[Demon] 모드에서 자동으로 실행되도록 해보자.

1. 셰프 클라이언트를 30분마다 실행하게 데몬 모드로 시작한다.

```
user@server:~$ sudo chef-client -i 1800
```

2. 셰프 클라이언트가 데몬으로 실행 중인지 확인한다.

```
user@server:~$ ps auxw | grep chef-client
```

-i 옵션을 주면 셰프 클라이언트를 데몬으로 시작한다. 각 셰프 클라이언트 런의 간격은 초 단위로 지정한다. 위의 예제에서는 30분마다 셰프 클라이언트를 실행하도록 1,800초를 지정했다.

서비스 시작 스크립트에서도 동일한 명령어를 실행할 수 있다.

셰프 클라이언트를 데몬으로 실행하는 대신, 크론cron 작업으로 등록할 수 있다.

user@server:~$ subl /etc/cron.d/chef_client

```
PATH=/usr/local/bin:/usr/bin:/bin
# m h dom mon dow user command
*/15 * * * * root chef-client -l warn | grep -v 'retrying [1234]/5 in'
```

이 크론 작업은 15분마다 셰프 클라이언트를 실행하고 처음 나오는 재시도 경고 메시지 네 줄을 무시한다. 셰프 서버의 지연으로 셰프 클라이언트가 몇 번 재시도를 해야 하는 경우라면 크론이 이메일을 보내지 않게 막는 편이 좋다.

 셰프 클라이언트 데몬에 SIGUSR1 시그널을 보내면 셰프 클라이언트 런을 즉시 실행하게 할 수 있다.

user@server:~$ sudo killall -USR1 chef-client

셰프 콘솔 활용

쿡북 개발은 힘든 작업이다. 쿡북을 셰프 서버에 업로드하고, 베이그런트로 가상 머신을 배포하고, 쿡북 실행 오류를 확인하고, 쿡북을 수정한 후 다시 같은 과정을 반복하는 일이 긴 시간을 필요로 하기 때문에 더욱 그렇다. 이러한 작업 없이 레시피의 일부를 실행할 수 있다면 작업이 훨씬 쉬워질 수 있다.

셰프는 셰프를 포함한 대화형 루비 셸인 셰프 셸Chef Shell을 제공하는데, 이를 이용해 속성 정의와 레시피 작성, 셰프 런 시작 등의 작업을 할 수 있다. 즉, 쿡북 전체를 셰프 서버에 업로드하고 노드에 적용하기 전에 레시피의 일부를 바로 실행해볼 수 있다.

예제 구현

셰프 셸 실행은 간단하다.

1. 셰프 셸을 단독standalone으로 실행하자.

   mma@laptop:~/chef-repo $ chef-shell

   ```
   loading configuration: none (standalone chef-shell session)
   Session type: standalone
   Loading...[2012-12-12T20:48:01+01:00] INFO: Run List is []
   [2012-12-12T20:48:01+01:00] INFO: Run List expands to []
   done.

   This is chef-shell, the Chef Shell.
     Chef Version: 11.0.0
     http://www.opscode.com/chef
     http://wiki.opscode.com/display/chef/Home

   run `help' for help, `exit' or ^D to quit.
   ```

```
Ohai2u mma@laptop!
```

chef >

2. 세프 셸에서 속성 모드로 변경한다.

chef > attributes_mode

3. 나중에 레시피에서 사용할 속성 값을 지정한다.

chef:attributes > set[:title] = "Chef Cookbook"

```
=> "Chef Cookbook"
```

chef:attributes > quit

```
=> :attributes
```

chef >

4. 레시피 모드로 변경한다.

chef > recipe_mode

5. `title` 속성을 내용으로 하는 `file` 리소스를 만든다.

chef:recipe > file "/tmp/book.txt" do
chef:recipe >   content node.title
chef:recipe ?> end

```
=> <file[/tmp/book.txt] @name: "/tmp/book.txt" @noop: nil @
before: nil @params: {} @provider: Chef::Provider::File @allowed_
actions: [:nothing, :create, :delete, :touch, :create_if_missing]
@action: "create" @updated: false @updated_by_last_action: false
@supports: {} @ignore_failure: false @retries: 0 @retry_delay:
2 @source_line: "(irb#1):1:in `irb_binding'" @elapsed_time: 0 @
resource_name: :file @path: "/tmp/book.txt" @backup: 5 @diff: nil
@cookbook_name: nil @recipe_name: nil @content: "Chef Cookbook">
```

chef:recipe >

6. 셰프 런을 시작해 주어진 내용(file 리소스)으로 실제 파일을 만든다.

```
chef:recipe > run_chef
[2012-12-12T21:07:49+01:00] INFO: Processing file[/tmp/book.txt]
action create ((irb#1) line 1)
--- /var/folders/1r/_35fx24d0y5g08qs131c33nw0000gn/T/chef-
tempfile20121212-11348-dwp1zs  2012-12-12 21:07:49.000000000
+0100
+++ /var/folders/1r/_35fx24d0y5g08qs131c33nw0000gn/T/chef-
diff20121212-11348-hdzcp1 2012-12-12 21:07:49.000000000 +0100
@@ -0,0 +1 @@
+Chef Cookbook
\ No newline at end of file
[2012-12-12T21:07:49+01:00] INFO: entered create
[2012-12-12T21:07:49+01:00] INFO: file[/tmp/book.txt] created
file /tmp/book.txt
```

예제 분석

셰프 셸은 셰프 관련 기능을 추가한 대화형 루비IRB, Interactive Ruby 세션을 구동하며, 속성이나 레시피를 작성할 수 있게 attributes_mode와 recipe_mode 등의 모드를 제공한다.

레시피 모드에서 리소스 명령어를 입력하면 해당 리소스를 생성하지만, 아직 실행하지는 않는다. 셰프가 레시피 파일을 읽어 리소스를 생성했지만, 실행하지 않은 단계와 같다. 레시피 모드에서 생성한 모든 리소스를 실행하려면 run_chef 명령어를 이용한다. 로컬에서 리소스가 실행되며, 실제로 시스템이 변경된다. 임시 파일을 만드는 등의 작업은 물리 머신에서 해도 좋지만, 패키지 설치와 제거, 서비스 설치 등의 영향이 큰 작업은 베이그런트 가상 머신에서 셰프 셸을 이용해 실행하자.

부연 설명

셰프 셸을 독립적으로 실행할 수도 있지만, 셰프 솔로 모드나 셰프 클라이언트 모드에서 실행할 수도 있다. 셰프 셸을 셰프 클라이언트 모드로 실행하면 노드의 실행 목록을 불러오며, 이를 수정할 수도 있다. `--client` 옵션을 주면 셰프 클라이언트 모드를 시작할 수 있다.

```
mma@laptop:~/chef-repo $ chef-shell --client
```

chef_shell.rb 파일에서 셰프 셸이 어떤 클라이언트를 사용할지와 어떤 셰프 서버에 접속할지를 지정할 수 있다.

셰프 셸에서 레시피 코드를 실행하는 일 뿐만 아니라 모든 노드를 조회하는 등의 셰프 서버 관리 작업을 수행할 수도 있다.

```
chef > nodes.list

  => [node[my_server]]
```

참고 사항

- http://docs.opscode.com/chef_shell.html에서 셰프 셸을 더 자세히 살펴볼 수 있다.

2

쿡북과 셰프 런 검토와 문제 해결

대부분의 사람들은 문제를 해결하기보다
문제를 피해 가는 데 더 많은 시간과 노력을 허비한다.
– 헨리 포드(Henry Ford)

2장에서 다루는 내용은 다음과 같다.

- 셰프 쿡북 테스트

- 셰프 쿡북의 문제점 찾기

- 셰프스펙ChefSpec을 활용한 테스트 주도형 쿡북 개발

- 테스트 키친Test Kitchen을 활용한 셰프 쿡북 통합 테스트

- 쿡북을 업로드하기 전에 영향을 받는 노드 조회

- 노드의 실행 목록을 오버라이드해서 개별 레시피 실행

- why-run 모드로 레시피 수행 내역 미리보기

- 셰프 클라이언트 런 디버깅
- 마지막 셰프 클라이언트 런의 결과 검증
- 레시피에서 예외를 일으키고 로그 남기기
- 나이프로 쿡북의 변경 사항 보기
- 커뮤니티 예외와 리포트 핸들러 활용
- 맞춤형 핸들러 만들기

소개

쿡북을 개발하고 노드가 목표했던 상태로 설정되는지 확인하는 일은 복잡한 작업으로, 실제로 어떤 일이 벌어지는지 투명하게 관찰할 수 있어야 한다. 2장에서는 쿡북이 실행되는 현황을 살펴보고 아무 문제없이 작업이 진행되는지 확인하는 여러 가지 방법을 알아본다.

셰프 쿡북 테스트

쿡북을 수정하고 셰프 서버에 업로드한 후 노드에서 셰프 런을 시작하니 오류가 발생한다면? 정말 짜증나는 일이다. 특히 블랙홀이 대상 노드와 데이터 센터를 통째로 빨아들이는 엄청난 재앙 때문이 아니라 레시피에서 사소한 쉼표 하나를 잊어버려서 문제가 발생했다면 더욱 짜증나는 일이다. 다행히도 쿡북을 실제 노드에서 실행하기 전에 이런 작은 실수를 찾아낼 수 있는 쉽고 빠른 방법이 있다.

다음과 같이 ntp 쿡북을 설치한다.

mma@laptop:~/chef-repo $ knife cookbook site install ntp

```
Installing ntp to /Users/mma/work/chef-repo/cookbooks
...출력 생략...
Cookbook ntp version 1.3.2 successfully installed
```

예제 구현

다음과 같은 단계를 거쳐 쿡북을 테스트한다.

1. 작업 중인 쿡북에서 knife cookbook test를 실행한다. 예제에서는 ntp
   쿡북을 이용한다.

   mma@laptop:~/chef-repo $ knife cookbook test ntp

   ```
   checking ntp
   Running syntax check on ntp
   Validating ruby files
   Validating templates
   ```

2. 이제 ntp 쿡북의 기본 레시피에서 node['ntp']['varlibdir'], 줄에
   있는 맨 끝의 쉼표를 삭제해 일부러 오타를 만든다.

   mma@laptop:~/chef-repo $ subl cookbooks/ntp/recipes/default.rb

   ```
   ...
   [ node['ntp']['varlibdir']
     node['ntp']['statsdir'] ].each do |ntpdir|
     directory ntpdir do
       owner node['ntp']['var_owner']
       group node['ntp']['var_group']
   ```

```
      mode 0755
    end
  end
  ...
```

3. test 명령어를 다시 시작한다.

mma@laptop:~/chef-repo $ knife cookbook test ntp

```
checking ntp
Running syntax check on ntp
Validating ruby files
FATAL: Cookbook file recipes/default.rb has a ruby syntax error:
FATAL: cookbooks/ntp/recipes/default.rb:25: syntax error,
unexpected tIDENTIFIER, expecting ']'
FATAL: node['ntp']['statsdir'] ].each do |ntpdir|
FATAL:       ^
FATAL: cookbooks/ntp/recipes/default.rb:25: syntax error,
unexpected ']', expecting $end
FATAL: node['ntp']['statsdir'] ].each do |ntpdir|
FATAL:                              ^
```

예제 분석

knife cookbook test 명령어는 쿡북에 포함된 모든 루비 파일과 ERB 템플릿의 루비 문법 검사를 수행한다. 즉, 모든 루비 파일에 대해 스크립트를 실행하지 않고 루비 문법 검사만 수행하는 ruby -c 명령을 실행한다.

이렇게 모든 루비 파일을 검사한 후에 knife cookbook test는 erubis -x로 ERB 템플릿을 루비 파일로 변환하고, 변환한 결과를 파이프를 통해 ruby -c 명령의 입력으로 전달한다.

부연 설명

knife cookbook test는 루비 파일과 ERB 템플릿에 대해 아주 간단한 문법 검사만 수행한다. 이 외에도 셰프 생태계에는 푸드크리틱Foodcritic(셰프 쿡북용 코드 검사기)과 셰프스펙ChefSpec, 테스트 키친Test Kitchen 등 많은 도구가 있다. 원한다면 얼마든지 테스트 주도형 개발TDD을 할 수 있다.

참고 사항

- '셰프스펙을 활용한 테스트 주도형 쿡북 개발' 절을 참고하라.
- '테스트 키친을 활용한 셰프 쿡북 통합 테스트' 절을 참고하라.

셰프 쿡북의 문제점 찾기

견고한 셰프 레시피를 만들기란 쉽지 않다. 간과하기 쉬운 몇 가지 함정이 있기 때문이다. 그리고 일관된 스타일로 셰프 쿡북을 작성하는 일은 더욱 어렵다. 이쯤에서 좋은 쿡북을 작성하는 검증된 방법이 궁금하다면 여러분의 쿡북에서 발생 가능한 논리적 문제점과 잘못된 스타일을 찾아주는 푸드크리틱을 살펴보자.

이번 절에서는 푸드크리틱을 이용해서 기존 쿡북의 문제점을 찾는 방법을 살펴보자.

준비

1. foodcritic 젬을 Gemfile에 추가한다.

   mma@laptop:~/chef-repo $ subl Gemfile

   ```
   source 'https://rubygems.org'
   ```

```
gem 'foodcritic', '~>2.2.0'
```

2. 번들러로 foodcritic 젬을 설치한다.

mma@laptop:~/chef-repo $ bundle install

```
Fetching gem metadata from https://rubygems.org/
...출력 생략...
Installing foodcritic (2.2.0)
```

3. 다음와 같이 mysql 쿡북을 실행한다.

mma@laptop:~/chef-repo $ knife cookbook site install mysql

```
Installing mysql to /Users/mma/work/chef-repo/cookbooks
...출력 생략...
Cookbook mysql version 3.0.2 successfully installed
```

예제 구현

푸드크리틱 보고서를 생성하는 방법을 살펴보자.

1. 해당 쿡북으로 푸드크리틱을 실행한다.

mma@laptop:~/chef-repo $ foodcritic ./cookbooks/mysql

```
FC002: Avoid string interpolation where not required: ./cookbooks/
mysql/attributes/server.rb:220
...출력 생략...
FC024: Consider adding platform equivalents: ./cookbooks/mysql/
recipes/server.rb:132
```

2. -C 옵션을 주면 보고서의 자세한 내용을 mysql 쿡북의 내용과 함께 볼 수 있다.

mma@laptop:~/chef-repo $ foodcritic -C ./cookbooks/mysql

```
cookbooks/mysql/attributes/server.rb
FC002: Avoid string interpolation where not required
[...]
  85| default['mysql']['conf_dir'] = "#{mysql['basedir']}"
[...]
cookbooks/mysql/recipes/client.rb
FC007: Ensure recipe dependencies are reflected in cookbook
metadata
  40|  end
  41|when "mac_os_x"
  42|  include_recipe 'homebrew'
  43|end
  44|
[...]
```

예제 분석

푸드크리틱은 몇 가지 규칙을 토대로 레시피를 검사한다. 이 규칙에는 스타일과 문법 정확성, 속성, 문자열, 이식성, 검색, 서비스, 파일, 메타데이터 등 다양한 영역이 포함된다. 푸드크리틱을 실행하면 쿡북의 어느 부분이 규칙에 어긋나는지 알려주는데, 기본적으로 파일명과 줄 번호를 보여주고 조치할 내용을 알려준다.

foodcritic -C를 실행하면 규칙에 어긋난 부분을 요약해 보여준다.

앞의 예에서는 푸드크리틱이 필요 없는 곳에서 문자열 대체string interpolation를 수행했다는 문제점을 찾아냈다.

```
85| default['mysql']['conf_dir'] = "#{mysql['basedir']}"
```

즉, 위 코드는 다음과 같이 속성 값을 바로 사용하게 고칠 수 있다.

```
85| default['mysql']['conf_dir'] = mysql['basedir']
```

일부 규칙(특히 스타일 영역의 규칙)은 논쟁의 여지가 있다. 이럴 때 푸드크리틱 실행 시 특정 규칙이나 규칙 영역 전체를 푸드크리틱 검사 대상에서 제외할 수 있다.

```
mma@laptop:~/chef-repo $ foodcritic -t ~style ./cookbooks/mysql

  FC007: Ensure recipe dependencies are reflected in cookbook
    metadata: ./cookbooks/mysql/recipes/client.rb:42
  FC024: Consider adding platform equivalents:
    ./cookbooks/mysql/recipes/server.rb:132
  FC024: Consider adding platform equivalents:
    ./cookbooks/mysql/recipes/server.rb:134
  FC028: Incorrect #platform? usage:
    ./cookbooks/mysql/attributes/server.rb:120
```

위에서는 물결 표시를 이용해 style 태그를 제외한 규칙 전부를 포함했다. 반대로 다음과 같이 물결 표시를 빼면 style 영역의 규칙만 검사한다.

```
mma@laptop:~/chef-repo $ foodcritic -t style ./cookbooks/mysql

  FC002: Avoid string interpolation where not required:
    ./cookbooks/mysql/attributes/server.rb:85
  FC019: Access node attributes in a consistent manner:
    cookbooks/mysql/libraries/helpers.rb:24
  FC019: Access node attributes in a consistent manner:
    cookbooks/mysql/libraries/helpers.rb:28
  FC023: Prefer conditional attributes:
    ./cookbooks/mysql/recipes/server.rb:157
```

점진적 통합CI, Continuous Integration 환경을 마련해 놓았다면 푸드크리틱의 -f 옵션을 이용해 특정 규칙 위반 시 빌드가 실패하게 할 수도 있다.

```
mma@laptop:~/chef-repo $ foodcritic -f style ./cookbooks/mysql

  FC001: Use strings in preference to symbols to access node
    attributes: ./cookbooks/mysql/templates/default/grants.sql.erb:1
  ...출력 생략...
  FC028: Incorrect #platform? usage:
    ./cookbooks/mysql/attributes/server.rb:120

mma@laptop:~/chef-repo $ echo $?

  3
```

위 예에서는 스타일 영역에 속하는 규칙을 하나라도 위반하면 푸드크리틱이
비정상 종료하게 했다. 즉, 여기서는 0이 아닌 종료 코드(3)를 돌려줬음을
알 수 있는데, 위반한 규칙이 없거나 -f 옵션을 사용하지 않으면 종료 코드
로 0을 반환한다.

참고 사항

- '셰프 쿡북 테스트' 절을 참고하라.
- http://github.com/customink/strainer에서 푸드크리틱 테스트와 나이프 테
  스트 등 여러 작업을 한 번에 수행할 수 있는 도구인 스트래이너^{strainer}를
  살펴보라.

셰프스펙을 활용한 테스트 주도형 쿡북 개발

테스트 주도 개발^{TDD, Test Driven Development}은 레시피 코드를 작성하기 전에 단위
테스트부터 작성하는 방식이다. 테스트를 먼저 작성하면 레시피의 목적이
명확해지며, 실제 코드를 완성하기 전에는 통과할 수 없는 '진짜' 테스트를
만들 수 있다.

레시피 작성을 완료해야 비로소 테스트를 통과할 수 없다.

셰프스펙^{ChefSpec}은 널리 쓰이는 RSpec 프레임워크를 기반으로 셰프 레시피 테스트에 필요한 특화된 문법을 지원한다.

셰프스펙을 이용해 TDD 방법론으로 아주 간단한 쿡북을 작성해보자.

준비

1장, '셰프 인프라스트럭처'의 '쿡북 생성과 실행'에서 설명한 my_cookbook 쿡북을 준비하고, 노드의 실행 목록에 my_cookbook을 추가한다.

예제 구현

테스트를 먼저 작성하고, 이 테스트를 통과하는 레시피를 작성하자.

1. chefspec 젬을 포함하는 Gemfile을 만든다.

   mma@laptop:~/chef-repo $ subl Gemfile

   ```
   source 'https://rubygems.org'
   gem 'chefspec'
   ```

2. 번들러로 젬을 설치한다.

   mma@laptop:~/chef-repo $ bundle install

   ```
   Fetching gem metadata from https://rubygems.org/
   ...출력 생략...
   Installing chefspec (1.3.1)
   Using bundler (1.3.5)
   Your bundle is complete!
   ```

3. 쿡북에 spec 디렉터리를 만든다.

   mma@laptop:~/chef-repo $ mkdir cookbooks/my_cookbook/spec

4. 이제 스펙(테스트)을 작성한다.

mma@laptop:~/chef-repo $ subl
  cookbooks/my_cookbook/spec/default_spec.rb

```
require 'chefspec'

describe 'my_cookbook::default' do
  let(:chef_run) {
    ChefSpec::ChefRunner.new(
      platform:'ubuntu', version:'12.04'
    )
  }

  it 'creates a greetings file, containing the platform
    name' do
    expect(chef_run.converge(described_recipe)).to
    create_file_with_content('/tmp/greeting.txt','Hello!
    ubuntu!')
  end
end
```

5. rspec으로 테스트를 수행하면 테스트가 실패한다(레시피가 아직 없으므로).

mma@laptop:~/chef-repo $ rspec
  cookbooks/my_cookbook/spec/default_spec.rb

```
F

Failures:

  1) my_cookbook::default creates a greetings file, containing the
platform name
     Failure/Error: expect(chef_run.converge(described_recipe)).to
create_file_with_content('/tmp/greeting.txt','Hello! ubuntu!')
       File content:
         does not match expected:
       Hello! ubuntu!
```

2_ 쿡북과 셰프 런 검토와 문제 해결 | 101

```
     # ./cookbooks/my_cookbook/spec/default_spec.rb:11:in `block
(2 levels) in <top (required)>'
```

```
Finished in 0.11152 seconds
1 example, 1 failure
```

```
Failed examples:
```

```
rspec ./cookbooks/my_cookbook/spec/default_spec.rb:10 # my_
cookbook::default creates a greetings file, containing the
platform name
```

6. 쿡북의 기본 레시피를 수정한다.

mma@laptop:~/chef-repo $ subl
cookbooks/my_cookbook/recipes/default.rb

```
template '/tmp/greeting.txt' do
  variables greeting: 'Hello!'
end
```

7. 템플릿을 만든다.

mma@laptop:~/chef-repo $ subl
cookbooks/my_cookbook/templates/default/greeting.txt.erb

```
<%= @greeting %> <%= node['platform'] %>!
```

8. rspec을 다시 실행하면 테스트가 성공한다.

mma@laptop:~/chef-repo $ rspec
cookbooks/my_cookbook/spec/default_spec.rb

```
.
```

```
Finished in 0.10142 seconds
1 example, 0 failures
```

예제 분석

먼저 셰프와 **RSpec**을 함께 쓸 수 있게 준비한다. chefspec 루비 젬을 설치하고, 쿡북에 테스트 코드를 저장할 spec이라는 디렉터리를 만든다.

준비를 마쳤다면 테스트를 시작하자. TDD의 '테스트 우선' 주의에 입각해 레시피를 작성하기 전에 테스트 코드(스펙)를 먼저 작성한다.

모든 스펙에는 chefspec 젬을 포함시킨다.

```
require 'chefspec'
```

스펙에서 주요한 부분은 describe 블록인데, **RSpec**이 쿡북의 기본 레시피를 테스트하게 지정했다.

```
describe 'my_cookbook::default' do
    ...
end
```

이제 셰프 런을 시뮬레이션할 객체를 만든다. 셰프스펙은 레시피를 실제로 실행하지 않고, 셰프 런을 시뮬레이션해 레시피가 기대했던 조건을 만족시키는지 확인한다.

RSpec의 let를 호출해 기대 상태를 정의하는 데 사용할 chef_run 객체를 생성한다.

chef_run은 ChefSpec::ChefRunner 클래스의 인스턴스로, 여기서는 우분투 12.04에서 셰프 런을 시뮬레이션한다. ChefSpec::ChefRunner.new의 파라미터 platform과 version은 객체의 생성자로 전달되며, 이 두 파라미터로 인해 우분투 12.04 노드에서 셰프 런을 시뮬레이션하는 데 필요한 노드 속성이 자동으로 채워진다. 셰프스펙은 폭스하이[Fauxhai]를 이용해서 여러 가지 운영체제에서의 노드 속성을 시뮬레이션해 생성한다.

```
let(:chef_run) {
  ChefSpec::ChefRunner.new(
    platform:'ubuntu', version:'12.04'
  )
}
```

my_cookbook::default를 다시 타이핑하는 대신 described_recipe를 이용해서 현재 테스트 중인 레시피를 참조할 수 있다. 모든 it 블록 안에서 쿡북 이름을 반복하는 대신 described_recipe를 이용하면 스펙을 알아보기 쉽게 유지할 수 있다.

```
ChefSpec::ChefRunner.new(...).converge(described_recipe)
```

마지막으로 레시피가 도달해야 할 상태를 정의한다.

레시피 도달해야 할 상태는 it 블록으로 정의하는데, it 호출의 설명 문자열은 테스트 실패 시 오류 메시지로 쓰인다.

```
it 'creates a greetings file, containing the platform name' do
  ...
end
```

이제 다음과 같은 RSpec 표준 문법으로 우리가 기대하는 상태를 정의한다.

```
expect(...).to ...
```

모든 expect의 내용은 위에서 정의한 객체로 시뮬레이션된다.

여기서는 셰프스펙 전용 매쳐^{matcher}인 create_file_with_content에 파일명과 내용을 인자로 전달해 RSpec에 레시피가 무엇을 수행해야 하는지 지정했다.

```
... create_file_with_content('/tmp/greeting.txt','Hello! ubuntu!')
```

셰프스펙의 README 파일에 포함된 다음 사이트에서 레시피를 테스트할 수 있는 매처의 전체 코드를 볼 수 있다.

https://github.com/acrmp/chefspec#making-assertions

스펙을 작성한 후 테스트를 실행하면 테스트가 실패한다.

```
$ RSpec cookbooks/my_cookbook/spec/default_spec.rb
```

이제 레시피를 작성할 차례다. 템플릿 리소스를 이용해 스펙에 지정된 내용으로 파일을 생성한다.

레시피 작성을 완료한 후 rspec을 다시 실행하면 테스트가 성공한다.

부연 설명

셰프 런을 실행하기 전에 노드 속성을 수정할 수 있다.

```
it 'uses a node attribute as greeting text' do
  chef_run.node.override['my_cookbook']['greeting'] = "Go!"
  expect(chef_run.converge(described_recipe)).to
    create_file_with_content('/tmp/greeting.txt','Go! ubuntu!')
end
```

위의 테스트를 스펙에 추가한 후 rspec을 실행하면 레시피가 아직 ['my_cookbook']['greeting']을 처리하지 못하기 때문에 예상대로 테스트가 실패한다.

```
.F

Failures:

  1) my_cookbook::default uses a node attribute as greeting text
     Failure/Error: expect(chef_run.converge(described_recipe)).to
```

```
        create_file_with_content('/tmp/greeting.txt','Go! ubuntu!')
        File content:
        Hello! ubuntu! does not match expected:
        Go! ubuntu!
        # ./cookbooks/my_cookbook/spec/default_spec.rb:16:in `block
            (2 levels) in <top (required)>'
```

```
Finished in 0.25295 seconds
2 examples, 1 failure

Failed examples:

rspec ./cookbooks/my_cookbook/spec/default_spec.rb:14 #
    my_cookbook::default uses a node attribute as greeting text
```

이제 레시피에서 해당 노드 속성을 사용하게 수정한다.

```
node.default['my_cookbook']['greeting'] = "Hello!"

template '/tmp/greeting.txt' do
    variables greeting: node['my_cookbook']['greeting']
end
```

이제 다시 테스트하면 테스트를 통과한다.

```
...
Finished in 0.25078 seconds
2 examples, 0 failures
```

참고 사항

- 셰프스펙 GitHub 저장소:

    https://github.com/acrmp/chefspec

106

- 폭스하이 소스코드:

  https://github.com/customink/fauxhai

- 세스 바고의 테스트 주도 쿡북 개발 예제:

  http://www.confreaks.com/videos/2364-mwrc2013-tdding-tmux

- RSpec 웹사이트:

  http://rspec.info/

테스트 키친을 활용한 셰프 쿡북 통합 테스트

노드를 설정할 때 쿡북이 잘 작동했는지 검증하는 일은 매우 중요하다. 검증을 거쳐 쿡북을 신뢰할 수 있을 때에만 프로덕션 서버에서 실행할 수 있다.

테스트 키친은 셰프의 통합 테스트 프레임워크로 가상 머신을 초기화한 후 쿡북을 이용해 노드를 설정할 때 실행되는 테스트를 작성할 수 있다. 즉, 해당 가상 머신 안에서 테스트를 수행하고 모든 작업이 원하는 대로 이뤄졌는지 검증한다.

셰프 런을 시뮬레이션하는 셰프스펙과는 달리 테스트 키친은 실제 노드를 부팅하고, 그 위에서 셰프를 실행한다. 즉, 실체 환경에서 테스트를 수행한다.

이제 쿡북 통합 테스트 작성 방법을 살펴보자.

준비

1장, '셰프 인프라스트럭처'의 '쿡북 생성과 실행'에서 설명한 my_cookbook 쿡북을 준비한다.

1장, '셰프 인프라스트럭처'의 '베이그런트를 이용한 가상 머신 관리'에서 설명한 대로 베이그런트를 설치한다.

1장, '셰프 인프라스트럭처'의 '버크셀프를 이용한 쿡북 의존성 관리'에서 설명한 대로 버크셀프와 베이그런트를 연동하게 설정한다.

예제 구현

아주 간단한 레시피를 작성하고, 테스트키친과 미니테스트[Minitest]를 이용해서 베이그런트를 포함한 전체 통합 테스트를 수행한다.

1. 쿡북의 기본 레시피를 수정한다.

   **mma@laptop:~/chef-repo $ subl
   cookbooks/my_cookbook/recipes/default.rb**

   ```
   file "/tmp/greeting.txt" do
     content node['my_cookbook']['greeting']
   end
   ```

2. 쿡북의 기본 속성을 수정한다.

   **mma@laptop:~/chef-repo $ subl
   cookbooks/my_cookbook/attributes/default.rb**

   ```
   default['my_cookbook']['greeting'] = "Ohai, Chefs!"
   ```

3. 필요한 루비 젬을 설치하려면 Gemfile을 수정한다.

   mma@laptop:~/chef-repo $ subl Gemfile

   ```
   gem 'test-kitchen', '~> 1.0.0.alpha.7'
   gem 'kitchen-vagrant'
   ```

4. 필요한 루비 젬을 설치한다.

   mma@laptop:~/chef-repo $ bundle install

   ```
   ...출력 생략...
   Installing test-kitchen (1.0.0.alpha.7)
   ```

```
Installing kitchen-vagrant (0.10.0)
...출력 생략...
```

5. 쿡북 디렉터리로 이동한다.

mma@laptop:~/chef-repo $ cd cookbooks/my_cookbook

6. .kitchen.yml 파일을 만든다.

mma@laptop:~/chef-repo/cookbooks/my_cookbook $ subl
  .kitchen.yml

```
---
driver_plugin: vagrant
driver_config:
  require_chef_omnibus: true

platforms:
- name: ubuntu-12.04
  driver_config:
    box: opscode-ubuntu-12.04
    box_url: https://opscode-vm.s3.amazonaws.com/vagrant/opscode_
ubuntu-12.04_provisionerless.box

suites:
- name: default
  run_list:
  - recipe[minitest-handler]
  - recipe[my_cookbook_test]
  attributes: { my_cookbook: { greeting: 'Ohai, Minitest!'} }
```

7. 쿡북 디렉터리에 test 디렉터리를 만든다.

mma@laptop:~/chef-repo/cookbooks/my_cookbook $ mkdir test

8. 통합 테스트용 쿡북을 만든다.

mma@laptop:~/chef-repo/cookbooks/my_cookbook $ cd test

```
mma@laptop:~/chef-repo/cookbooks/my_cookbook/test $ knife \
  cookbook create my_cookbook_test
```

** Creating cookbook my_cookbook_test

** Creating README for cookbook: my_cookbook_test

** Creating CHANGELOG for cookbook: my_cookbook_test

** Creating metadata for cookbook: my_cookbook_test

9. test 디렉터리를 나간다.

```
mma@laptop:~/chef-repo/cookbooks/my_cookbook/test $ cd ..
```

10. 테스트 쿡북의 기본 레시피를 수정한다.

```
mma@laptop:~/chef-repo/cookbooks/my_cookbook $ subl \
  test/cookbooks/my_cookbook_test/recipes/default.rb
```

```
include_recipe 'my_cookbook::default'
```

11. 테스트 쿡북에 미니테스트 스펙을 만든다.

```
mma@laptop:~/chef-repo/cookbooks/my_cookbook $ mkdir -p \
  test/cookbooks/my_cookbook_test/files/default/tests/minitest
```

```
mma@laptop:~/chef-repo/cookbooks/my_cookbook $ subl \
  test/cookbooks/my_cookbook_test/files/default/tests/
  minitest/default_test.rb
```

```
require 'minitest/spec'

describe_recipe 'my_cookbook::default' do

  describe "greeting file" do

    it "creates the greeting file" do
      file("/tmp/greeting.txt").must_exist
    end

    it "contains what's stored in the 'greeting' node
      attribute" do
```

```
        file('/tmp/greeting.txt').must_include 'Ohai,
          Minitest!'
      end
    end
  end
```

12. 메인 쿡북의 Berksfile을 수정한다.

mma@laptop:~/chef-repo/cookbooks/my_cookbook $ subl Berksfile

```
site :opscode

metadata

cookbook "apt"
cookbook "minitest-handler"
cookbook "my_cookbook_test", path:
  "./test/cookbooks/my_cookbook_test"
```

13. 테스트 키친을 수행한다.

mma@laptop:~/chef-repo/cookbooks/my_cookbook $ kitchen test

```
-----> Starting Kitchen (v1.0.0.alpha.7)
...출력 생략...
-----> Converging <default-ubuntu-1204>
-----> Installing Chef Omnibus (true)
...출력 생략...
Starting Chef Client, version 11.4.4
[2013-06-29T18:33:57+00:00] INFO: *** Chef 11.4.4 ***
[2013-06-29T18:33:58+00:00] INFO: Setting the run_list to
  ["recipe[minitest-handler]", "recipe[my_cookbook_test]"]
  from JSON
...출력 생략...
# Running tests:

recipe::my_cookbook::default::greeting
  file#test_0001_creates the greeting file = 0.00 s = .
```

```
recipe::my_cookbook::default::greeting
  file#test_0002_contains what's stored in the 'greeting'
  node attribute = 0.00 s = .

Finished tests in 0.011190s, 178.7277 tests/s, 178.7277
  assertions/s.

2 tests, 2 assertions, 0 failures, 0 errors, 0 skips
...출력 생략...
-----> Kitchen is finished. (2m5.69s)
```

예제 분석

먼저 노드의 속성을 파일에 쓰는 간단한 레시피를 만든다.

그리고 test-kitchen과 kitchen-vagrant 루비 젬을 설치해 테스트 키친이 베이그런트를 이용해 테스트용 가상 머신을 실행할 수 있게 한다.

다음으로 쿡북 디렉터리에 .kitchen.yml 파일을 생성해 테스트 키친을 설정한다. 이 설정 파일은 다음과 같이 세 부분으로 구성된다.

첫 번째 부분에서는 베이그런트를 이용해 가상 머신을 시작하고, 테스트 키친이 옴니버스 인스톨러를 사용해 셰프를 설치하게 지정한다. 두 번째 부분에서 배포 도구가 없는 베이그런트 박스를 이용하려면 먼저 이 부분을 작업해야 한다.

```
driver_plugin: vagrant
driver_config:
  require_chef_omnibus: true
```

두 번째 부분에서는 쿡북을 테스트할 플랫폼을 지정한다. 여기서는 간단히 우분투 12.04만 지정한다. 테스트 키친은 매번 새로운 가상 머신을 생성하고 삭제하므로, 같은 베이그런트 파일을 이용해서 가상 머신을 여러 번 생성해도 부작용이 없다.

```
platforms:
- name: ubuntu-12.04
  driver_config:
    box: opscode-ubuntu-12.04
    box_url: https://opscode-
      vm.s3.amazonaws.com/vagrant/opscode_ubuntu-
      12.04_provisionerless.box
```

세 번째로 테스트 스위트^{suite}를 지정한다. 여기서는 default 하나만 정의했다. 테스트 키친이 미니테스트 핸들러를 사용해 스펙을 실행하고, my_cookbook_test 쿡북으로 노드를 설정하게 지정한다. 아래에 보다시피 레시피의 동작을 쉽게 확인할 수 있게 my_cookbook::default 레시피 하나만 지정한다. 그리고 테스트 스위트의 마지막 부분에는 쿡북 속성을 사용했는지 확인하고자 쿡북의 속성을 지정한다.

```
suites:
- name: default
  run_list:
  - recipe[minitest-handler]
  - recipe[my_cookbook_test]
  attributes: { my_cookbook: { greeting: 'Ohai, Minitest!'} }
```

이제 스펙을 포함한 테스트 쿡북을 작성하고, 메인 쿡북을 실행할 차례다.

여기서는 테스트 쿡북에 메인 쿡북을 호출하는 간단한 내용만 포함했다. 간단한 예제이니 제대로 된 테스트를 수행할 수 있게 추가적인 설정을 하는 일은 생략한다.

다음으로 셰프를 실행한 후에 /tmp/greeting.txt 파일이 존재하고, .ktichen.yml의 테스트 스위트에 설정한 속성 값이 파일의 내용으로 들어갔는지 확인하는 미니테스트 스펙을 작성한다.

테스트 키친이 필요한 모든 쿡북을 사용할 수 있게 쿡북의 Berksfile에 추가한다.

마지막으로 테스트 키친을 실행한다. 먼저 예전 가상 머신이 없는지 확인하고, 새로 가상 머신을 생성한 후 새 가상 머신에 셰프를 설치하고 셰프 런을 시작한다. 다음으로 셰프 런이 종료된 후 미니테스트가 스펙을 실행한다.

모든 작업을 완료한 후, 테스트 키친이 가상 머신을 삭제한다.

문제가 발생하면 테스트 키친이 가상 머신을 보존하며, `kitchen login` 명령으로 가상 머신을 살펴볼 수 있다.

부연 설명

테스트 키친은 베이그런트뿐만 아니라 오픈스택을 비롯한 각종 클라우드 제공자를 지원한다. `kitchen-vagrant` 젬 대신 `kitchen-<클라우드 제공자명>`을 설치하고 .kitchen.yml에 설정을 올바로 지정하면 된다.

.kitchen.yml에 플랫폼 정의를 추가하면 다른 버전의 우분투나 CentOS 등 일부 플랫폼을 정의할 수 있다.

```
platforms:
...
- name: centos-6.3
  driver_config:
  box: opscode-centos-6.3
  box_url: https://opscode-vm-
    bento.s3.amazonaws.com/vagrant/opscode_centos-
    6.4_provisionerless.box
```

 쿡북 디렉터리 아래의 .kitchen/logs 디렉터리에서 테스트 키친의 로그 파일을 볼 수 있다.

참고 사항

- https://github.com/opscode/test-kitchen/wiki/Getting-Started에서 테스트 키친의 공식 매뉴얼을 볼 수 있다.

- https://github.com/opscode/test-kitchen에서 깃허브의 테스트 키친 소스 코드를 볼 수 있다.

- http://jtimberman.housepub.org/blog/2013/03/19/anatomy-of-a-test-kitchen-1-dot-0-cookbookpart-1/과 http://jtimberman.housepub.org/blog/2013/03/19/anatomy-of-atest-kitchen-1-dot-0-cookbook-part-2/에서 bluepil 쿡북 예제를 바탕으로 테스트 키친을 자세히 설명하는 조슈아 팀 버맨Joshua Timberman's의 블로그를 포스트하라.

- https://github.com/calavera/minitest-chef-handler/blob/v1.0.0/examples/spec_examples/files/default/tests/minitest/default_test.rb에서 모든 종류의 미니테스트 스펙을 설명하는 자세한 예제를 볼 수 있다.

- https://github.com/calavera/minitest-chef-handler에서 깃허브의 미니테스트 소스코드를 볼 수 있다.

쿡북을 업로드하기 전에 영향을 받는 노드 조회

이제 셰프를 어느 정도 알게 됐다. 새로운 서버에 적용할 쿡북을 수정하고 셰프 서버에 업로드하면 쿡북을 바탕으로 새로운 노드에서 설정 작업이 진행되고, 여러분의 할 일은 끝났다. 하지만 여러분이 의도치 않게 기존 프로덕션 서버에서 셰프 클라이언트가 자동으로 실행돼 변경된 쿡북이 적용돼버렸다. 기존 프로덕션 서버에서도 변경한 쿡북을 사용한다는 사실을 깜빡 잊어버리면 이런 문제가 생긴다. 다행히도 `knife preflight` 명령어를 사용하면 쿡북을 셰프 서버에 업로드하기 전에 해당 쿡북을 사용하는 노드를 조회할 수 있다.

ntp 쿡북을 실행 목록에 포함하는 롤이 필요하다. 그리고 이 롤을 사용하거나 ntp 쿡북을 노드의 실행 목록에 직접 포함하는 서버를 여러 개 등록한다.

1. Gemfile에 knife-preflight 젬을 추가한다.

   mma@laptop:~/chef-repo $ subl Gemfile

   source 'https://rubygems.org'

   gem 'knife-preflight'

2. 번들러를 실행해 knife-preflight 젬을 설치한다.

   mma@laptop:~/chef-repo $ bundle install

   Fetching gem metadata from https://rubygems.org/
   ...출력 생략...
   Installing knife-preflight (0.1.6)

ntp 쿡북을 예제로 삼아 preflight의 작동 방법을 살펴보자.

preflight 명령어를 실행해 어떤 노드와 롤의 실행 목록이 ntp 쿡북을 포함하는지 살펴보자. 여러분의 환경에서 영향을 받는 노드와 롤의 목록이 출력되므로, 정확한 출력 내용은 다음 예제와는 다르다.

mma@laptop:~/chef-repo $ knife preflight ntp

    Searching for nodes containing ntp OR ntp::default in their
      expanded run_list...
    2 Nodes found

    www-staging.example.com
    cms-staging.example.com

```
Searching for roles containing ntp OR ntp::default in their
  expanded run_list...
3 Roles found

your_cms_role
your_www_role
your_app_role

Found 6 nodes and 3 roles using the specified search
  criteria
```

예제 분석

쿡북을 노드에서 실행하는 방법은 여러 가지가 있다.

- 노드의 실행 목록에 쿡북을 추가하면 노드에 해당 쿡북을 직접 할당할 수 있다.

- 롤(의 실행 목록)에 쿡북을 추가하고, 해당 롤을 노드의 실행 목록에 추가한다.

- 롤을 다른 롤의 실행 목록에 추가하고, 그 롤을 다시 노드의 실행 목록에 추가한다.

- 사용 중인 쿡북의 의존성 쿡북으로 지정한다.

- 그 밖에 많은 경우가 있다.

위의 어떤 경우든지 쿡북이 노드의 실행 목록에 포함되면 knife preflight 명령어가 해당 노드를 찾아내는데, 이는 셰프가 완벽히 전개된expanded 롤과 레시피 목록을 노드의 속성에 저장하기 때문이다.

결국 knife search node recipes:ntp -a name과 knife search node roles:ntp -a name 명령어를 knife preflight 명령어로 간단히 대체할 수 있다.

knife preflight 명령어(혹은 노드의 recipes와 roles 속성을 검색)를 사용할 때에는 셰프 클라이언트가 실행된 후에 해당 속성의 내용이 채워진다는 사실에 주의하자. 실행 목록 목록을 수정해도 셰프 클라이언트를 실행하지 않으면 knife preflight나 knife search로 변경한 내용을 찾을 수 없다.

참고 사항

- 1장, '셰프 인프라스트럭처'의 '맞춤형 나이프 플러그인 활용'을 참고하라.
- https://github.com/jonlives/knife-preflight에서 깃허브의 knife-preflight 소스코드를 볼 수 있다.

노드의 실행 목록을 오버라이드해서 개별 레시피 실행

셰프를 이용해 새로 구성한 환경에서 셰프 클라이언트를 다시 실행하는 일은 꺼림칙하다. 일부 쿡북을 개선했지만 아직 해당 환경에서 테스트하지 않았기 때문이다. 셰프 클라이언트로 쿡북을 바로 적용하면 위험할 수 있다.

하지만 셰프 클라이언트를 실행해 모든 쿡북을 적용하진 않더라도, 예를 들어 새로운 동료를 추가하고자 users 쿡북을 실행하는 등의 작업은 필요하다. 이런 경우에 셰프 클라이언트의 실행 목록 오버라이드 기능을 사용하면 매우 쉽게 개별 레시피를 실행할 수 있다.

그렇다고 이 기능을 너무 애용하지는 말자. 전체 환경을 정리 정돈함으로써 필요할 때는 언제든 셰프 클라이언트를 실행할 수 있게 해야 한다.

다음 예제를 수행하려면 여러 실행 목록에 여러 개의 레시피와 롤을 포함한
노드를 셰프 서버에 등록해두자.

예제 구현

전체 실행 목록 대신 개별 레시피를 실행하는 방법을 살펴보자.

1. 노드의 데이터를 조회한다. 예제에서는 실행 목록에 base 롤이 포함됐
   다. 다음과 같은 출력 결과는 여러분의 설정에 따라 달라진다.

   ```
   mma@laptop:~/chef-repo $ knife node show www.example.com

   ...출력 생략...
   Run List:    role[base]
   Roles:       base
   Recipes:     chef-client::delete_validation, runit, chef-client
   ...출력 생략...
   ```

2. 실행 목록을 오버라이딩해 셰프 클라이언트를 실행한다. 예제에서는
   users 쿡북의 기본 레시피를 실행하게 지정했다. 다음 명령어에서
   recipe[users]를 여러분의 노드에서 수행할 작업으로 변경하자.

   ```
   user@server:~$ chef-client -o "recipe[users]"

   [Wed, 19 Dec 2012 22:27:02 +0100] INFO: *** Chef 11.2.0 ***
   [Wed, 19 Dec 2012 22:27:09 +0100] INFO: Run List is [users]
   [Wed, 19 Dec 2012 22:27:09 +0100] INFO: Run List expands to [users]
   ...출력 생략...
   ```

보통은 셰프 서버에 저장된 실행 목록을 노드에서 실행하지만, -o 옵션을 사용하면 노드의 실행 목록을 무시하고 -o 옵션의 파라미터로 지정한 값을 현재 셰프 런의 실행 목록으로 사용한다. 이후에 (-o 옵션 없이) 셰프 런을 실행하면 원래대로 셰프 서버에 저장된 실행 목록을 사용한다.

- http://docs.opscode.com/essentials_node_object_run_lists.html에서 셰프 런을 자세히 살펴보자.
- '쿡북을 업로드하기 전에 영향을 받는 노드 조회' 절을 참고하라.

why-run 모드로 레시피 수행 내역 미리보기

why-run을 이용하면 특정 전제 조건을 모두 만족한다는 가정하에 각 리소스가 수행하는 작업 내역을 볼 수 있다. 이 기능으로 레시피를 실제로 수행했을 때 어떤 일이 벌어질지 엿볼 수 있어 유용하다.

그러나 셰프는 수많은 리소스를 목표 상태로 설정하기 때문에 why-run 모드가 실제 런의 수행 결과를 정확이 예측할 수는 없다. 그래도 레시피를 작성하는 동안 리소스를 하나씩 추가하는 과정에서 why-run을 유용하게 쓸 수 있다.

why-run 모드를 실습하려면 셰프 클라이언트를 사용할 수 있는 노드와 해당 노드에서 실행할 수 있는 한 개 이상의 쿡북이 필요하다.

ntp 쿡북을 예제로 삼아 why-run 모드를 살펴보자.

1. 새로운 노드에서 why-run 모드로 ntp 쿡북을 적용하게 실행 목록을 오 버라이딩하자.

```
user@server:~$ sudo chef-client -o recipe['ntp'] --why-run

Converging 7 resources
Recipe: ntp::default
  * package[ntp] action install[2012-12-22T20:27:44+00:00]
    INFO: Processing package[ntp] action install
    (ntp::default line 21)

    - Would install version 1:4.2.6.p3+dfsg-1ubuntu3.1 of
      package ntp
  * package[ntpdate] action install[2012-12-
    22T20:27:46+00:00]  INFO: Processing package[ntpdate]
    action install (ntp::default line 21)
    (up to date)
  * directory[/var/lib/ntp] action create[2012-12-
    22T20:27:46+00:00]  INFO: Processing
    directory[/var/lib/ntp] action create (ntp::default
    line 26)

    - Would create new directory /var/lib/ntp
    - Would change mode from '' to '0755'

...출력 생략...
Chef Client finished, 8 resources updated
```

2. why-run의 출력이 어떻게 달라지는지 볼 수 있도록 ntp 패키지를 수동 으로 설치한다.

```
user@server:~$ sudo apt-get install ntp
```

```
...출력 생략...
0 upgraded, 3 newly installed, 0 to remove and 3 not
  upgraded.
...출력 생략...
  * Starting NTP server ntpd [ OK ]
Processing triggers for libc-bin ...
ldconfig deferred processing now taking place
```

3. (ntp 패키지를 설치한 후) why-run 모드에서 ntp 쿡북을 다시 실행한다.

user@server:~$ sudo chef-client -o recipe['ntp'] --why-run

```
...출력 생략...
Converging 7 resources
Recipe: ntp::default
  * package[ntp] action install[2012-12-22T20:45:22+00:00]
    INFO: Processing package[ntp] action install
    (ntp::default line 21)
  (up to date)
  * package[ntpdate] action install[2012-12-22T20:45:22+00:00]
    INFO: Processing package[ntpdate]
    action install (ntp::default line 21)
  (up to date)
   * directory[/var/lib/ntp] action create[2012-12-
    22T20:45:22+00:00] INFO: Processing
    directory[/var/lib/ntp] action create (ntp::default line 26)
  (up to date)
...출력 생략...
Chef Client finished, 3 resources updated
```

예제 분석

why-run 모드에서는 셰프 클라이언트를 실제로 실행하지 않는다. 시스템을 실제로 변경하는 대신, 셰프 클라이언트 런이 시도하는 작업 내용을 보여준다.

why-run 모드에서는 전제 조건을 만족하다고 가정한다는 사실에 주의하자. 예를 들어 특정 서비스의 상태를 확인하는 데 필요한 명령어를 찾을 수 없다면 앞서의 리소스에서 필요한 패키지를 설치해 해당 서비스를 시작할 수 있는 상태라고 가정한다. 앞의 예제를 예로 들면 ntp 쿡북이 ntp 서비스를 활성화하려고 시도했음을 알 수 있다.

```
* Service status not available. Assuming a prior action would
  have installed the service.
* Assuming status of not running.
- Would enable service service[ntp]
```

그리고 why-run에서는 파일의 변경 사항을 볼 수 있다. 예제에서는 파일이 존재하지 않는 상태이므로 파일 내용 전체가 보인다. ntp를 설치한 상태에서 셰프 런을 실행해 설정의 일부분만 변경되는 경우에 이 기능을 유용하게 쓸 수 있다.

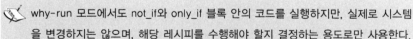 why-run 모드에서도 not_if와 only_if 블록 안의 코드를 실행하지만, 실제로 시스템을 변경하지는 않으며, 해당 레시피를 수행해야 할지 결정하는 용도로만 사용한다.

참고 사항

- http://blog.afistfulofservers.net/post/2012/12/21/promises-lies-and-dryrun-mode/에서 설정관리 분야의 미리보기(dry run) 관련 이슈를 살펴보자.

셰프 클라이언트 런 디버깅

셰프 클라이언트 런이 실패했는데 그 이유를 알 수 없는 경우가 있다. 오류 메시지는 모호하고 어디서 오류에 대한 단서를 찾아야 할지도 모른다. 쿡북이 손상됐을까? 네트워크 문제일까? 셰프 서버가 중단됐을까? 이에 대한 해답을 얻는 방법은 최대한 자세한 로그를 살펴보는 길 뿐이다.

준비

호스티드 셰프나 자체적으로 운영하는 셰프 서버를 사용하도록 셰프 클라이언트를 설정해둔다.

예제 구현

셰프 클라이언트가 디버그 메시지를 출력하게 해보자.

1. 디버그 출력 옵션으로 셰프 클라이언트를 실행한다.

   user@server:~$ sudo chef-client -l debug

   ...출력 생략...
   Hashed Path:A+WOcvvGu160cBO7IFKLYPhh9fI=
   X-Ops-Content-Hash:2jmj7l5rSw0yVb/vlWAYkK/YBwk=
   X-Ops-Timestamp:2012-12-27T11:14:07Z
   X-Ops-UserId:vagrant'
   Header hash: {"X-Ops-Sign"=>"algorithm=sha1;version=1.0;",
     "X-Ops-Userid"=>"vagrant", "X-Ops-Timestamp"=>"2012-12-
     27T11:14:07Z", "X-Ops-Content-
     Hash"=>"2jmj7l5rSw0yVb/vlWAYkK/YBwk=", "X-Ops-
     Authorization-
     1"=>"HQmTt9U/
     LJJVAJXWtyOu3GW8FbybxAIKp4rhiw9O9O3wtGYVHyVGuoilWDao",
     "X-Ops-Authorization-

```
2"=>"2/uUBPWX+YAN0g1/
fD2854QAU2aUcnSaVM0cPNNrldoOocmA0U5HXkBJTKok",
"X-Ops-Authorization-
3"=>"6EXPrEJg5T+
ddWd5qHAN6zMqYc3untb41t+eBpigGHPhtn1LLInMkPeIYwBm",
"X-Ops-Authorization-
4"=>"B0Fwbwz2HVP3wEsYdBGu7yOatq7fZBXHfIpeOi0kn/
Vn0P7HrucnOpONmMgU", "X-Ops-Authorization-
5"=>"RBmmbetFSKCYsdg2v2mW/
ifLIVemhsHyOQjffPYPpNIB3U2n7vji37NxRnBY",
"X-Ops-Authorization-
6"=>"Pb3VM7FmY60xKvWfZyahM8y8WVV9xPWsD1vngihjFw=="}
[2012-12-27T11:14:07+00:00] DEBUG: Sending HTTP Request via
  GET to api.opscode.com:443/organizations/agilewebops/
  nodes/vagrant
[2012-12-27T11:14:09+00:00] DEBUG: ---- HTTP Status and
  Header Data: ----
[2012-12-27T11:14:09+00:00] DEBUG: HTTP 1.1 200 OK
[2012-12-27T11:14:09+00:00] DEBUG: server: nginx/1.0.5
[2012-12-27T11:14:09+00:00] DEBUG: date: Thu, 27 Dec 2012
  11:14:09 GMT
[2012-12-27T11:14:09+00:00] DEBUG: content-type:
  application/json
[2012-12-27T11:14:09+00:00] DEBUG: transfer-encoding:
  chunked
[2012-12-27T11:14:09+00:00] DEBUG: connection: close
[2012-12-27T11:14:09+00:00] DEBUG: content-encoding: gzip
[2012-12-27T11:14:09+00:00] DEBUG: ---- End HTTP
  Status/Header Data ----
...출력 생략...
```

-1 옵션을 사용하면 셰프 클라이언트 런의 로그 레벨을 디버그로 설정한다. 디버그 로그 레벨에서는 셰프 클라이언트가 셰프 서버에 보내는 요청을 포함해 모든 작업을 출력한다.

debug 로그 레벨은 가장 상세한 로그를 남긴다. 필요에 따라 -1 옵션에 debug나 info, warn, error, fatal 중 하나를 지정할 수 있다.

• '레시피에서 예외를 일으키고 로그 남기기' 절을 참고한다.

마지막 셰프 클라이언트 런의 결과 검증

셰프 클라이언트 런의 실패를 받아들이고 활용해야 할 경우가 있다. 특히 새로운 쿡북을 개발할 때 무엇이 잘못됐는지 정확히 알아야 한다.

셰프가 모든 세부 사항을 표준 출력(stdout)에 표시하더라도 (예를 들어 셸 윈도우의 내용을 모두 초기화한 후에) 그 내용을 나중에 다시 살펴보는 경우가 많다.

노드의 실행 목록에 손상된 쿡북을 넣는다.

다음과 같은 단계를 수행한다.

1. 셰프 클라이언트로 손상된 쿡북을 실행한다.

   user@server:~$ sudo chef-client

   ```
   ==============================================================
   ===================

   Recipe Compile Error in /srv/chef/file_store/cookbooks/my_
   cookbook/recipes/default.rb

   ==============================================================
   ===================




   NoMethodError

   -------------

   undefined method `each' for nil:NilClass




   Cookbook Trace:

   ---------------
     /srv/chef/file_store/cookbooks/my_cookbook/recipes/default.
   rb:9:in `from_file'
   ```

```
Relevant File Content:
----------------------
/srv/chef/file_store/cookbooks/my_cookbook/recipes/default.rb:

2:   # Cookbook Name:: my_cookbook
3:   # Recipe:: default
4:   #
5:   # Copyright 2013, YOUR_COMPANY_NAME
6:   #
7:   # All rights reserved - Do Not Redistribute
8:   #
9>> nil.each {} 10:
```

2. 스택 호출 기록(stracktrace) 파일에서 더 자세한 로그를 볼 수 있다.

user@server:~$ less /srv/chef/file_store/chef-stacktrace.out

```
Generated at 2013-07-21 18:34:05 +0000
NoMethodError: undefined method `each' for nil:NilClass
/srv/chef/file_store/cookbooks/my_cookbook/recipes/default.rb:
9:in `from_file'
/opt/chef/embedded/lib/ruby/gems/1.9.1/gems/chef-11.4.4/lib/
chef/mixin/from_file.rb:30:in `instance_eval'
/opt/chef/embedded/lib/ruby/gems/1.9.1/gems/chef-11.4.4/lib/
chef/mixin/from_file.rb:30:in `from_file'
/opt/chef/embedded/lib/ruby/gems/1.9.1/gems/chef-11.4.4/lib/
chef/cookbook_version.rb:346:in `load_recipe'
```

예제 분석

셰프 클라이언트는 기본적으로 표준 출력에 오류를 보고한다. 이 메시지를
놓쳤다면 셰프가 생성한 파일을 살펴보고, 문제를 파악해야 한다.

부연 설명

베이그런트로 노드를 배포했다면 배치 작업이 실패한 후에 추가적으로 /srv/chef/file_store/failed-run-data.json 파일이 생성된다. 이 파일은 노드 속성에 대한 자세한 정보는 물론 오류가 발생한 지점까지의 스택 호출 기록을 볼 수 있다.

참고 사항

- '셰프 클라이언트 런 디버깅' 절을 참고하라.

레시피에서 예외를 일으키고 로그 남기기

쿡북을 노드에서 실행하다 보면 더 이상 셰프 런을 실행할 수 없는 경우가 있다. 예를 들어 중요한 리소스를 사용할 수 없거나 필수적인 설정 값을 결정할 수 없다면 실행을 중지해야 한다.

그러나 그렇게 치명적인 경우가 아니더라도 레시피를 실행하는 동안 발생하는 이벤트를 로깅할 필요가 있다면 셰프가 제공하는 맞춤형 로그 출력을 이용할 수 있다.

이번 절에서는 예외를 이용해서 로그를 출력하고 셰프 런의 실행을 중단하는 방법을 살펴보자.

준비

직접 수정해 노드에서 실행할 수 있는 쿡북을 하나 준비한다. 여기서는 ntp 쿡북을 사용한다.

레시피에 맞춤형 로그 메시지를 추가하는 방법을 살펴보자.

1. ntp 쿡북의 기본 레시피에 로그 구문을 추가한다.

   mma@laptop:~/chef-repo $ subl cookbooks/ntp/recipes/default.rb

   ```
   Chef::Log.info('** Going to install the ntp service
     now...')

   service node['ntp']['service'] do
     supports :status => true, :restart => true
     action [ :enable, :start ]
   end

   Chef::Log.info('** ntp service installed and started
     successfully!')
   ```

2. 수정한 쿡북을 셰프 서버에 업로드한다.

   mma@laptop:~/chef-repo $ knife cookbook upload ntp

   ```
   Uploading ntp        [1.3.2]
   Uploaded 1 cookbook.
   ```

3. 노드에서 셰프 클라이언트를 실행한다.

   user@server:~$ sudo chef-client

   ```
   ...출력 생략...
   [2012-12-27T13:53:19+00:00] INFO: Storing updated cookbooks/ntp/
   TESTING.md in the cache.
   [2012-12-27T13:53:19+00:00] INFO: ** Going to install the ntp
   service now...
   [2012-12-27T13:53:19+00:00] INFO: ** ntp service installed and
   started successfully!
   [2012-12-27T13:53:19+00:00] INFO: Processing package[ntp] action
   ```

```
install (ntp::default line 21)
...출력 생략...
```

4. ntp 기본 레시피에 예외를 일으키는 구문을 추가한다.

mma@laptop:~/chef-repo $ subl cookbooks/ntp/recipes/default.rb

```
...
Chef::Application.fatal!('Ouch!!! Bailing out!!!')
...
```

5. 수정한 쿡북을 셰프 서버에 업로드한다.

mma@laptop:~/chef-repo $ knife cookbook upload ntp

```
Uploading ntp       [1.3.2]
Uploaded 1 cookbook.
```

6. 노드에서 셰프 클라이언트를 다시 실행한다.

user@server:~$ sudo chef-client

```
...출력 생략...
[2013-02-21T11:09:44+00:00] FATAL: 'Ouch!!! Bailing out!!!


================================================================
==================

Recipe Compile Error in
  /srv/chef/file_store/cookbooks/my_cookbook/recipes/
  default.rb


================================================================
==================



SystemExit
----------
```

```
exit

Cookbook Trace:
---------------

  /srv/chef/file_store/cookbooks/my_cookbook/recipes/default.
  rb:9:in `from_file'


Relevant File Content:
----------------------
/srv/chef/file_store/cookbooks/my_cookbook/recipes/default.
  rb:

2:  # Cookbook Name:: my_cookbook
3:  # Recipe:: default
4:  #
5:  # Copyright 2013, YOUR_COMPANY_NAME
6:  #
7:  # All rights reserved - Do Not Redistribute
8:  #
9>> Chef::Application.fatal!("'Ouch!!! Bailing out!!!")
10:

[2013-02-21T11:09:44+00:00] ERROR: Running exception
  handlers
[2013-02-21T11:09:44+00:00] FATAL: Saving node information
  to /srv/chef/file_store/failed-run-data.json
[2013-02-21T11:09:44+00:00] ERROR: Exception handlers
  complete
```

`fatal!(msg)` 메소드를 호출하면 `Chef::Log.fatal(msg)`를 이용해 로그를 출력한 후 `Process.exit`로 셰프 클라이언트 프로세스를 종료한다.

`fatal` 메시지를 출력하지 않고 셰프 클라이언트 런을 중지하고 싶다면 레시피에서 `exit!(msg)` 메소드를 호출한다. 이 메소드는 주어진 메시지를 `debug`로 로깅하고 셰프 클라이언트를 종료한다.

- http://rdoc.info/gems/chef/Chef/Application#fatal%21-class_method에서 `fatal!` 메소드에 대한 문서를 볼 수 있다.
- http://stackoverflow.com/questions/14290397/how-do-you-abort-end-a-chef-run에서 셰프 런을 중단하는 방법을 자세히 살펴보자.

나이프로 쿡북의 변경 사항 보기

로컬에서 레시피나 롤 등의 파일을 수정하고 커밋하고 깃허브에 푸시한 후에 셰프 서버로 작업을 하다 보면 서버에 어떤 내용이 업로드됐는지 알아야 할 때가 있다.

이렇게 변경한 내용을 셰프 서버에 업로드하기 전에 변경한 부분을 검증해야 한다. 이럴 때 diff를 실행해 파일의 로컬 버전과 셰프 서버에 업로드된 버전의 차이를 볼 수 있다.

셰프 10.x나 0.10.x 버전을 사용한다면 Gemfile에 knife-essentials 젬을 추가하고 번들러를 실행해 knife-essentials 젬을 설치한다.

레시피를 수정한 후에 셰프 서버에 저장된 현재 버전과 변경 내용을 비교할 수 있다.

다음 명령어를 사용하면 나이프가 my_cookbook의 로컬 버전과 셰프 서버에 저장된 버전을 비교해 다른 부분을 보여준다.

mma@laptop:~/chef-repo $ knife diff cookbooks/my_cookbook

```
diff --knife remote/cookbooks/my_cookbook/recipes/default.rb
  cookbooks/my_cookbook/recipes/default.rb
--- remote/cookbooks/my_cookbook/recipes/default.rb    2012-11-26
  21:39:06.000000000 +0100
+++ cookbooks/my_cookbook/recipes/default.rb    2012-11-26
  21:39:06.000000000 +0100
@@ -6,3 +6,4 @@
  #
  # All rights reserved - Do Not Redistribute
  #
+group "my_group"
\ No newline at end of file
Only in cookbooks/my_cookbook: attributes
Only in cookbooks/my_cookbook: definitions
Only in cookbooks/my_cookbook: files
Only in cookbooks/my_cookbook: libraries
Only in cookbooks/my_cookbook: providers
Only in cookbooks/my_cookbook: resources
```

```
Only in cookbooks/my_cookbook: templates
```

예제 구현

knife의 diff 하위 명령어는 셰프 서버를 로컬 파일 시스템을 미러링하는 파일 서버로 간주해 로컬 파일과 셰프 서버에 저장된 파일을 비교할 수 있도록 한다.

부연 설명

여러 쿡북을 한 번에 비교하고 싶다면 knife diff에 와일드카드를 지정한다.

mma@laptop:~/chef-repo $ knife diff cookbooks/*

```
diff --knife remote/cookbooks/backup_gem/recipes/default.rb
  cookbooks/backup_gem/recipes/default.rb
...출력 생략...
diff --knife remote/cookbooks/backup_gem/metadata.rb
  cookbooks/backup_gem/metadata.rb
...출력 생략...
```

knife에서는 diff 하위 명령어 외에도 download와 list, show, upload 등을 사용할 수 있다. 그리고 이 명령어들은 쿡북뿐만 아니라 롤과 데이터백, 등 셰프 서버에 저장된 모든 정보를 대상으로 수행할 수 있다.

참고 사항

- http://docs.opscode.com/knife_diff.html에서 knife diff의 더 많은 활용 예를 볼 수 있다.

- https://github.com/jkeiser/knife-essentials에서 `knife-essentials` 젬을 얻을 수 있다.

커뮤니티 예외와 리포트 핸들러 활용

노드에서 셰프 클라이언트를 데몬으로 실행할 때 작업이 기대했던 대로 수행되는지 알기 어렵다. 이런 경우에 대비해 셰프는 핸들러^{handler}라는 기능을 제공하는데, 이를 바탕으로 셰프 클라이언트 런 동안 무슨 일이 일어나는지 알 수 있다.

예를 들어 셰프 클라이언트 런의 수행 결과를 IRC나 이메일, 캠프파이어^{Campfire}, 나기오스^{Nagios}, 그래파이트^{Graphite} 등으로 보낼 수 있는 다양한 커뮤니티 핸들러가 존재한다.

이번 절에서는 IRC 핸들러를 설치하는 방법을 살펴본다. 다른 핸들러도 동일한 방법으로 사용할 수 있다.

 아래 URL에서 커뮤니티 핸들러의 전체 목록을 볼 수 있다.

http://docs.opscode.com/essentials_handlers_available_handlers.html

---

준비

1. 커뮤니티 예외와 리포트 핸들러를 설치하려면 `chef_handler` 쿡북이 필요하다.

```
mma@laptop:~/chef-repo $ knife cookbook site install chef_handler
...출력 생략...
Cookbook chef_handler version 1.1.2 successfully installed
```

2. chef_handler 쿡북을 셰프 서버에 업로드한다.

```
mma@laptop:~/chef-repo $ knife cookbook upload chef_handler
```

```
Uploading chef_handler [1.1.2]
Uploaded 1 cookbook.
```

예제 구현

커뮤니티 핸들러 중 하나를 설치해 사용해보자.

1. 커뮤니티 예외와 리포트 핸들러를 적용할 쿡북을 만든다.

```
mma@laptop:~/chef-repo $ knife cookbook create my_handlers
```

```
** Creating cookbook my_handlers
** Creating README for cookbook: my_handlers
** Creating CHANGELOG for cookbook: my_handlers
** Creating metadata for cookbook: my_handlers
```

2. my_handlers 쿡북의 메타데이터에 의존성으로 chef_handler 쿡북을 추가해 해당 쿡북을 사용할 수 있도록 한다.

```
mma@laptop:~/chef-repo $ subl cookbooks/my_handlers/metadata.rb
```

```
...
depends 'chef_handler'
```

3. my_handlers 쿡북에 IRC 핸들러를 추가한다(irc_uri 인자에 여러분의 URI를 지정하자).

```
mma@laptop:~/chef-repo $ subl
  cookbooks/my_handlers/recipes/default.rb
```

```
include_recipe 'chef_handler'

chef_gem "chef-irc-snitch"
```

```
chef_handler 'Chef::Handler::IRCSnitch' do
  action :enable
  arguments :irc_uri => "irc://nick:password@irc.example.
    com:6667/#admins"
  source File.join(Gem::Specification.find{|s| s.name ==
    'chef-irc-snitch'}.gem_dir,
    'lib', 'chef-irc-snitch.rb')
end
```

4. my_handlers 쿡북을 셰프 서버에 업로드한다.

mma@laptop:~/chef-repo $ knife cookbook upload my_handlers

```
Uploading my_handlers [0.1.0]
Uploaded 1 cookbook.
```

5. 셰프 클라이언트를 실행해 노드에 핸들러를 설치한다.

user@server:~$ sudo chef-client

```
...출력 생략...
[2012-12-28T11:02:57+00:00] INFO: Enabling
  chef_handler[Chef::Handler::IRCSnitch] as a report handler
[2012-12-28T11:02:57+00:00] INFO: Enabling
  chef_handler[Chef::Handler::IRCSnitch] as a exception handler
[2012-12-28T11:02:58+00:00] INFO: Chef Run complete in 3.762220162
  seconds
[2012-12-28T11:02:58+00:00] INFO: Running report handlers
[2012-12-28T11:02:58+00:00] INFO: Report handlers complete
```

예제 분석

chef_handler 쿡북으로 설치한 경량 리소스 제공자[LWRP, Light Weight Resource Provider]인 chef_handler를 이용하면 모든 노드의 client.rb 파일을 수동으로 변경하지 않고도 맞춤형 핸들러를 활성화하고 설정할 수 있다.

필요한 커뮤니티 핸들러 젬이 있다면 `chef_gem` 리소스로 설치할 수 있다.

`Handler` 클래스의 속성 해시에 필요한 `Handler` 클래스의 위치를 넘겨줘 LWRP가 해당 클래스의 정의를 찾을 수 있게 한다. 기본적으로는 **chef/handlers/...**에 위치하지만, 그렇지 않은 경우도 많다. 여기서는 설치된 모든 루비 젬을 검색해 필요한 `Handler` 클래스가 정의된 .rb 파일의 경로를 추가했다.

속성 `enable`을 `true`로 설정하면 LWRP가 해당 핸들러를 활성화한다.

부연 설명

필요하다면 노드의 **client.rb** 파일을 수정해 핸들러를 수동으로 설치할 수 있다.

필요한 핸들러를 루비 젬 형태로 구할 수 없다면 /var/chef/handlers에 소스코드를 설치하고 `chef_handler` **LWRP**의 `source` 속성에 해당 디렉터리를 지정한다.

참고 사항

- http://docs.opscode.com/essentials_handlers.html에서 예외와 리포트 핸들러를 더 자세히 살펴보자.

맞춤형 핸들러 만들기

셰프를 여러분이 사용하는 도구 체인[tool chain]과 연동하고 싶을 때 셰프 핸들러를 유용하게 쓸 수 있다. 여러분이 사용하는 도구를 지원하는 핸들러가 없다면 쉽게 작성할 수 있다.

웹 기반 팀 메일과 채팅 도구인 플로우독^{Flowdock}에 셰프 클라이언트 런의 결과를 전송하는 예외 핸들러를 만드는 방법을 살펴보자.

웹 기반 팀 메일과 채팅 도구인 플로우독[Flowdock]에 셰프 클라이언트 런의 결과를 전송하는 예외 핸들러를 만드는 방법을 살펴보자.

준비

플로우독 받은 편지함에 정보를 전송하려면 http://www.flowdock.com에서 계정을 만든다. 그리고 셰프에서 정보를 보낼 때 사용할 API 클라이언트를 루비 젬으로 설치한다.

다음과 같이 개발 박스에 `flowdock` 젬을 설치한다.

```
mma@laptop:~/chef-repo $ subl Gemfile

...
gem 'flowdock'

mma@laptop:~/chef-repo $ bundle install

Fetching gem metadata from https://rubygems.org/
...출력 생략...
Installing flowdock (0.3.1)
```

예제 구현

다음과 같은 단계를 거쳐 셰프 클라이언트 런 실패 시 플로우독으로 정보를 전송하는 맞춤형 핸들러를 만든다.

1. 핸들러 클래스를 만든다.

```
mma@laptop:~/work/chef-handler-flowdock $ mkdir -p
  lib/chef/handler

mma@laptop:~/work/chef-handler-flowdock $ subl
  lib/chef/handler/flowdock_handler.rb
```

```ruby
require 'chef/handler'
require 'flowdock'

class Chef
  class Handler
    class FlowdockHandler < Chef::Handler

      def initialize(options = {})
        @from = options[:from] || nil
        @flow = Flowdock::Flow.new(:api_token =>
          options[:api_token],
          :source => options[:source] || "Chef Client")
      end

      def report
        if run_status.failed?
          content = "Chef Client raised an exception:<br/>"
          content << run_status.formatted_exception
          content << "<br/>"
          content << run_status.backtrace.join("<br/>")

          @from = {:name => "root", :address =>
            "root@#{run_status.node.fqdn}"} if @from.nil?
          @flow.push_to_team_inbox(:subject => "Chef Client
            run on #{run_status.node} failed!",
            :content => content,
            :tags => ["chef",
              run_status.node.chef_environment,
              run_status.node.name], :from => @from)
        end
      end
    end
  end
end
```

2. 핸들러를 노드로 복사한다.

```
user@server:~$ sudo mkdir -p /var/chef/handlers
```

```
mma@laptop:~/work/chef-handler-flowdock $ scp \
  lib/chef/handler/flowdock_handler.rb \
  user@server:/var/chef/handlers/flowdock_handler.rb
```

3. 노드의 client.rb에서 핸들러를 활성화한다. 다음 내용에서 `FLOWDOCK_API_TOKEN`을 여러분의 API 키로 변경한다.

```
user@server:~$ subl /etc/chef/client.rb
```

```
require '/var/chef/handlers/flowdock_handler'
exception_handlers <<
  Chef::Handler::FlowdockHandler.new(:api_token =>
  "FLOWDOCK_API_TOKEN")
```

노드에서 셰프 클라이언트 런이 실패하면 플로우독으로 알람이 보내진다.

예제 분석

셰프 핸들러를 만들려면 `Chef::Handler` 클래스를 상속하고 `initialize` 와 `report` 메소드를 구현한다. 셰프는 셰프 클라이언트 런 종료 시마다 `report`를 호출한다.

핸들러 클래스는 셰프 클라이언트 런의 `run_status`에 접근해서 런에 대한 정보를 조회한다. 예를 들어 현재 `node` 객체와 `success?`, `failure?`, 그리고 예외가 존재한다면 예외 객체를 조회한다. http://docs.opscode.com/essentials_handlers_properties.html에서 지원하는 속성 전체의 목록을 볼 수 있다.

여기서는 예외 상황만 보고하려고 하므로 셰프 런 실패 시에만 `report` 메소드의 내용을 실행한다.

모든 노드에 핸들러를 수동으로 설치하는 대신에 쿡북을 만들 수도 있다(2장의 '커뮤니티 예외와 리포트 핸들러 활용' 절 참고).

예제에서는 `initialize` 메소드에서 플로우독 API 클라이언트를 생성했다. LWRP를 이용해서 핸들러를 설치하면 `chef_handler` 제공자의 `attributes`로 지정한 속성 해시를 `initialize` 메소드에서 전달받는다.

참고 사항

- '커뮤니티 예외와 리포트 핸들러 활용' 절을 참고하라.

3

셰프 언어와 스타일

위대함과 훌륭함의 차이는 바로 스타일이다.
- 보치다르 바스토프(Bozhidar Batsov)

3장에서 다루는 내용은 다음과 같다.

- 커뮤니티 셰프 스타일 활용

- 속성을 이용해 레시피를 동적으로 설정

- 템플릿 활용

- 보통 루비 코드와 셰프 DSL 혼용

- 레시피 안에서 루비 젬 설치와 활용

- 라이브러리 활용

- 정의 활용

- 경량 리소스 제공자^{LWRP} 만들기

- 애플리케이션 랩퍼^{wrapper} 쿡북을 이용한 커뮤니티 쿡북 확장

- 맞춤형 오하이 플러그인 제작

- 맞춤형 나이프 플러그인 제작

소개

인프라스트럭처를 자동화하다 보면 결국 셰프 언어의 기능을 대부분 활용하게 된다. 3장에서는 셰프 도메인 특화 언어^{DSL}의 기초부터 고급 활용법까지 살펴본다. 3장의 끝부분에서는 맞춤형 오하이^{Ohai}와 나이프 플러그인을 제작한다.

커뮤니티 셰프 스타일 활용

코딩 스타일 규약을 잘 따르는 코드는 읽기 편하다. 특히 커뮤니티와 쿡북 코드를 공유하는 경우라면 일관적인 코딩 스타일을 유지하는 일이 매우 중요하다.

이제부터 (책 한 권 분량의 많은 코딩 스타일 중에) 가장 중요한 스타일 규약 몇 가지를 살펴보고, 쿡북 작성에 적용한다.

준비

쿡북은 루비 언어로 작성하므로 루비 언어에서 통용되는 가독성을 향상시키는 (더불어 관리도 용이하게 해주는) 규약을 따르는 편이 좋다.

옵스코드는 '쿡북 스타일 규약 초안(http://wiki.opscode.com/display/chef/Cookbook+Style+Guide+Draft)'에서 이안 맥도널드^{Ian Macdonald}의 '루비 스타일 규약(http://www.caliban.org/ruby/rubyguide.shtml#style)'을 권고하고 있다.

그러나 솔직히 말해 보치다르 바스토프의 '루비 스타일 규약(https://github.com/bbatsov/ruby-style-guide)'이 더 명확하므로, 이를 추천한다.

일반적인 루비와 쿡북에 특화된 스타일 규약 중 중요한 규약을 살펴보자.

예제 구현

셰프 스타일 규약 몇 가지를 살펴보자.

1. 들여쓰기 레벨당 띄워 쓰기 2번을 사용한다.

```
remote_directory node['nagios']['plugin_dir'] do
  source 'plugins'
end
```

2. 유닉스 스타일의 개행 문자를 사용한다. 깃 설정을 바탕으로 윈도우의
   개행 문자를 사용하지 않도록 한다.

```
mma@laptop:~/chef-repo $ git config --global core.autocrlf true
```

 아래 주소에서 깃이 개행 문자를 다루는 더 많은 옵션을 볼 수 있다.

https://help.github.com/articles/dealing-withline-endings

3. 파라미터 목록을 여러 줄로 나눈다.

```
variables(
  mon_host: 'monitoring.example.com',
  nrpe_directory: "#{node['nagios']['nrpe']['conf_dir']}/nrpe.d"
)
```

4. metadata.rb에 쿡북의 설명을 작성한다(JSON 버전이 자동 생성되도록 루비 DSL을
   사용하자).

5. 의미 있는 버전 부여 방법Semantic Versioning(http://semver.org)에 따라 쿡북 버전
   을 지정한다.

```
version        "1.1.0"
```

6. each 구문으로 배열을 훑어보는 방식으로, 지원하는 운영체제를 나열한다.

```
%w(redhat centos ubuntu debian).each do |os|
  supports os
end
```

7. metadata.rb에 의존성을 선언한다.

```
depends "apache2", ">= 1.0.4"
depends "build-essential"
```

8. 변수 값과 정적인 문자열을 섞어 결과 문자열을 만들 때에는 문자열 확장을 사용한다.

```
my_string = "This resource changed #{counter} files"
```

9. /tmp나 다른 로컬 디렉터리 대신 Chef::Config[:file_cache_path]에 임시 파일을 다운로드한다.

10. 루비 심볼 대신 문자열을 사용해 노드 속성에 접근한다.

```
node['nagios']['users_databag_group']
```

11. my_cookbook/attributes/default.rb에 default로 속성을 지정한다.

```
default['my_cookbook']['version'] = "3.0.11"
```

12. my_cookbook/attributes/default.rb에 쿡북 이름을 첫 번째 레벨로 활용한 속성 네임스페이스를 만든다.

```
default['my_cookbook']['version'] = "3.0.11"
default['my_cookbook']['name'] = "Mine"
```

커뮤니티 셰프 스타일 규약을 따르면 쿡북의 가독성이 높아지고, 가독성이 높아지면 그만큼 코드를 읽고 개선하려고 시도하는 사람도 많아진다. 따라서 쿡북을 작성할 때 스타일 규약을 엄격히 따르는 데 약간의 노력을 들일만한 가치가 있다.

의미 있는 버전 부여 방법(http://semver.org)을 따르면 의존성 관리가 용이하다. 뭔가를 변경했을 때 해당 쿡북에 의존하는 다른 부분에 문제가 생긴다면 이를 하위 호환성이 없는 API 변경으로 간주해야 한다. 의미 있는 버전 부여 방법에 따르면 이런 경우에는 쿡북의 주 버전^{major version} 번호를 변경해야 한다. 예를 들어 1.1.3에서 2.0.0으로 변경하면 모든 부 버전^{minor version}과 패치 버전 번호를 처음부터 다시 시작한다.

그리고 쿡북을 프리징할 때도 의미 있는 버전 부여 방법을 이용하면 프로덕션 시스템의 안정성에 도움을 준다(1장, '셰프 인프라스트럭처'의 '쿡북 프리징' 참고).

- 2장, '쿡북과 셰프 런 검토와 문제 해결'의 '셰프 쿡북의 문제점 찾기' 절을 참고하라.

속성을 이용해 레시피를 동적으로 설정

어떤 쿡북 개발자가 설정 파일의 위치를 하드 코딩했다고 하면 스타일 규약에 맞지 않는다. 쿡북을 패치하거나 처음부터 다시 작성할 수 있지만, 두 가지 모두 골치 아프고 만만치 않은 작업이다.

이런 고민을 해결하고자 속성이 존재한다. 쿠북 안에 값을 하드 코딩하는 대신 속성을 이용해 설정이 가능한^{configurable} 쿠북을 만들 수 있다. 쿠북의 기본 속성 값을 오버라이드해 사용자가 필요한 값을 지정할 수 있으며, 앞서 설명한 스타일 규칙에도 부합한다.

이제 쿠북에서 속성을 이용하는 방법을 살펴보자.

준비

1장. '셰프 인프라스트럭처'의 '쿠북 생성과 실행' 절에서 예로 들었던 my_cookbook 쿠북이 필요하며, 노드의 실행 목록에 my_cookbook을 포함시킨다.

예제 구현

간단한 속성을 정의하고 사용하는 방법을 살펴보자.

1. 쿠북 속성을 지정할 기본 파일을 만든다.

   mma@laptop:~/chef-repo $ subl cookbooks/my_cookbook/attributes/ default.rb

2. 기본 속성을 추가한다.

   ```
   default['my_cookbook']['message'] = 'hello world!'
   ```

3. 레시피 안에서 속성을 사용한다.

   mma@laptop:~/chef-repo $ subl cookbooks/my_cookbook/recipes/ default.rb

   ```
   message = node['my_cookbook']['message']
   Chef::Log.info("** Saying what I was told to say: #{message}")
   ```

4. 수정한 쿡북을 셰프 서버에 업로드한다.

```
mma@laptop:~/chef-repo $ knife cookbook upload my_cookbook

Uploading my_cookbook [0.1.0]
```

5. 노드에서 셰프 클라이언트를 실행한다.

```
user@server:~$ sudo chef-client

...출력 생략...
[2013-01-13T20:48:21+00:00] INFO: ** Saying what I was told to
say: hello world!
...출력 생략...
```

예제 분석

셰프는 레시피를 실행하기 전에 속성 파일에서 모든 속성을 불러들여 노드 객체에 저장한다. 레시피 안에서는 노드 객체에 저장한 모든 속성에 접근해 현재 값을 조회할 수 있다.

셰프는 속성의 우선순위를 엄격히 따른다. default의 우선순위가 가장 낮고, 다음으로 normal(set이라고도 함), override 순으로 우선순위가 높다. 그리고 같은 레벨의 속성이라면 레시피 안에서 지정한 속성이 속성 파일에서 지정한 속성보다 우선순위가 높다. 셰프 11부터는 롤과 인바이런먼트에서 지정한 속성의 우선순위가 가장 높다.

부연 설명

롤과 인바이런먼트의 속성도 지정하거나 오버라이드할 수 있다. 셰프 11부터는 (default, normal, override 등 동일한 레벨 안에서) 롤과 인바이런먼트에서 지정한 속성의 우선순위가 가장 높다.

1. 롤을 만든다.

   mma@laptop:~/chef-repo $ subl roles/german_hosts.rb

   ```
   name "german_hosts"
   description "This Role contains hosts, which should print out
   their messages in German"
   run_list "recipe[my_cookbook]"
   default_attributes "my_cookbook" => { "message" => "Hallo Welt!" }
   ```

2. 롤을 셰프 서버에 업로드한다.

   mma@laptop:~/chef-repo $ knife role from file german_hosts.rb

   ```
   Updated Role german_hosts!
   ```

3. server라는 노드에 해당 롤을 할당한다.

   mma@laptop:~/chef-repo $ knife node edit server

   ```
   "run_list": [
     "role[german_hosts]"
   ]
   ```

   ```
   Saving updated run_list on node server
   ```

4. 셰프 클라이언트를 실행한다.

   user@server:~$ sudo chef-client

   ```
   ...출력 생략...
   [2013-01-13T20:49:49+00:00] INFO: ** Saying what I was told to
   say: Hallo Welt!
   ...출력 생략...
   ```

속성 파일의 값 계산

(앞에서 봤듯이) 셰프 11부터는 롤과 인바이런먼트에서 지정한 속성의 우선순위가 가장 높으며, 속성 파일을 불러들인 시점부터 속성을 사용할 수 있다. 따라서 롤이나 인바이런먼트의 속성 값을 이용해 다른 속성의 값을 계산할 수 있다.

1. 롤에 속성을 지정한다.

   mma@laptop:~/chef-repo $ subl roles/german_hosts.rb

   ```
   name "german_hosts"
   description "This Role contains hosts, which should print out
   their messages in German"
   run_list "recipe[my_cookbook]"
   default_attributes "my_cookbook" => {
     "hi" => "Hallo",
     "world" => "Welt"
   }
   ```

2. 두 속성 hi와 world를 이용해서 message 속성을 계산한다.

   mma@laptop:~/chef-repo $ subl cookbooks/my_cookbook/attributes/default.rb

   ```
   default['my_cookbook']['message'] = "#{node['my_cookbook']['hi']}
   #{node['my_cookbook']['world']}!"
   ```

3. 수정한 쿡북을 셰프 서버에 업로드하고, 노드에서 셰프 클라이언트를 실행하면 앞의 예제와 동일하게 작동한다.

참고 사항

* http://docs.opscode.com/chef_overview_attributes.html에서 셰프의 속성을 더 자세히 살펴보자.

- http://www.opscode.com/blog/2013/02/05/chef-11-in-depthattributes-changes/에서 셰프 11부터 속성을 다루는 방법이 어떻게 달라졌는지 확인하자.

템플릿 활용

설정관리는 여러분의 호스트를 설정하는 모든 일을 포함한다. 일반적으로 설정 작업은 설정 파일을 바탕으로 이뤄지며, 셰프는 템플릿을 활용해 설정 파일에 동적으로 값을 채운다. 레시피 안에서는 `template` 리소스로 템플릿 기능을 이용할 수 있다.

준비

1장. '셰프 인프라스트럭처'의 '쿡북 생성과 실행' 절에서 예로 들었던 `my_cookbook` 쿡북이 필요하며, 노드의 실행 목록에 `my_cookbook`을 포함시킨다.

예제 구현

노드에 파일을 동적으로 생성할 수 있게 템플릿을 생성하고 사용하는 방법을 살펴보자.

1. 레시피에 템플릿을 추가한다.

```
mma@laptop:~/chef-repo $ subl cookbooks/my_cookbook/recipes/
default.rb

template '/tmp/message' do
  source 'message.erb'
  variables(
```

```
      hi: 'Hallo',
      world: 'Welt',
      from: node['fqdn']
    )
  end
```

2. ERB 템플릿 파일을 추가한다.

**mma@laptop:~/chef-repo $ subl cookbooks/my_cookbook/templates/
default/message.erb**

```
<%- 4.times do %>
<%= @hi %>, <%= @world %> from <%= @from %>!
<%- end %>
```

3. 수정한 쿡북을 셰프 서버에 업로드한다.

mma@laptop:~/chef-repo $ knife cookbook upload my_cookbook

```
Uploading my_cookbook [0.1.0]
```

4. 노드에서 셰프 클라이언트를 실행한다.

user@server:~$ sudo chef-client

```
...출력 생략...
[2013-01-14T20:41:21+00:00] INFO: Processing template[/tmp/
message] action create (my_cookbook::default line 9)
[2013-01-14T20:41:22+00:00] INFO: template[/tmp/
message] updated content
...출력 생략...
```

5. 생성된 파일의 내용을 확인한다.

user@server:~$ sudo cat /tmp/message

```
Hallo, Welt from vagrant.vm!
Hallo, Welt from vagrant.vm!
Hallo, Welt from vagrant.vm!
```

```
Hallo, Welt from vagrant.vm!
```

예제 분석

셰프는 템플릿 언어로 Erubis를 사용하는데, 템플릿의 특수 심볼 안에 루비 코드를 넣을 수 있다.

변수의 값을 출력하거나 (값을 리턴하는) 표현식을 생성될 파일에 넣고 싶다면 `<%= %>`를 사용한다.

템플릿 파일에 루비의 논리logic 구문을 넣으려면 `<%- %>`를 이용한다. 예제에서는 그 안에서 네 번을 반복하는 루프 구문을 삽입했다.

`template` 레시피를 사용하면 셰프가 인수로 전달되는 변수를 템플릿 렌더링 시에 인스턴스의 변수(멤버 변수)로 만든다. 예제에서는 `@hi`와 `@world`, `@from`을 사용했다.

부연 설명

노드 속성을 템플릿에서도 사용할 수 있다. 기술적인 관점에서 보면 다음과 같이 템플릿 안에서 노드 속성에 바로 접근할 수 있다.

```
<%= node['fqdn'] %>
```

그러나 이런 방법은 그다지 좋지 않다. 템플릿에 눈에 보이지 않는 의존성을 만들기 때문이다. 그보다 의존성을 명시하는 편이 낫다. 예를 들어 쿡북 안의 `template` 리소스에 FQDN을 변수로 추가하자.

```
template '/tmp/fqdn' do
  source 'fqdn.erb'
  variables(
    fqdn:node['fqdn']
```

```
    )
end
```

 템플릿과 노드 객체 간에 숨은 의존성이 생기지 않도록 템플릿 안에서 노드 객체에 직접 접근하지 않는다.

특정 호스트나 플랫폼별로 다른 템플릿이 필요하다면 template 디렉터리 밑에 하위 디렉터리를 여러 개 생성한다. 셰프는 가장 구체적인 조건(호스트)부터 시작해서 default까지 이 하위 디렉터리를 검색해 알맞은 템플릿을 찾는다.

호스트별로 템플릿을 다르게 하려면 cookbooks/my_cookbook/templates/host-server.vm("host-#{node[:fqdn]}") 디렉터리에 message.erb 파일을 저장한다. 템플릿이 플랫폼의 특정 버전별로 다르다면 cookbooks/my_cookbook/templates/ubuntu-12.04("#{node[:platform]}-#{node[:platorm_version]}")에 저장한다. 그렇지 않고 플랫폼별로 다른 템플릿이라면 cookbooks/my_cookbook/templates/ubuntu("#{node[:platform]}")에 저장한다. 템플릿이 호스트와 플랫폼별로 다르지 않은 경우에만 default 디렉터리에 저장한다.

 template/default 디렉터리는 템플릿이 호스트나 플랫폼에 상관없이 동일하다는 의미지, 기본(default) 레시피에 상응한다는 의미가 아니므로 주의하자.

● http://docs.opscode.com/essentials_cookbook_templates.html에서 템플릿
  에 대해 자세히 알아보자.

보통 루비 코드와 셰프 DSL 혼용

template과 remote_file, service 등의 리소스만으로도 간단한 레시피
는 만들 수 있다. 그러나 더 정교한 레시피를 만들다보면 조건에 따라 레시
피 일부분의 실행 여부를 정하거나, 루프를 돌거나, 매우 복잡한 계산을 하는
등의 고급 기능이 필요하다.

이름만 다른 젬을 설치하고자 gem_package 리소스를 10번 코딩하기보다는
젬의 이름을 배열에 넣고 루프 안에서 gem_package 리소스를 만드는 편이
훨씬 쉽다.

이처럼 일반적인 루비 코드와 셰프 도메인 특화 언어[DSL]를 혼용하면 강력한
효과를 얻을 수 있다. 이번 절에서는 이에 관련된 몇 가지 기법을 살펴보자.

준비

셰프 서버에 접근할 수 있는 노드 아무 곳에서나 셰프 셸을 클라이언트 모드
로 시작한다.

user@server:~$ sudo chef-shell --client

```
loading configuration: /etc/chef/client.rb
Session type: client
...출력 생략...
run `help' for help, `exit' or ^D to quit.
```

```
Ohai2u user@server!
chef >
```

예제 구현

셰프 셸에서 몇 가지 루비 구문을 실행해보고 어떤 일을 할 수 있는지 알아
보자.

1. 셰프 DSL의 search를 이용해 셰프 서버에 등록된 모든 노드를 조회한다.

   chef > nodes = search(:node, "hostname:[* TO *]")

   ```
   => [node[server],node[alice]]
   ```

2. 일반적인 루비 코드로 조회한 노드를 이름순으로 정렬한다.

   chef > nodes.sort! {|a,b| a.name <=> b.name }

   ```
   => [node[alice],node[server]]
   ```

3. 노드 목록에서 루프를 돌며 각 노드의 운영 체제를 출력해 본다.

   chef > nodes.each do |n|
   chef > puts n['os']
   chef ?> end

   ```
   linux
   windows
   => [node[server], node[alice]]
   ```

4. 노드가 없는 경우에만 로그를 남긴다.

   chef > Chef::Log.warn("No nodes found") if nodes.empty?

   ```
   => nil
   ```

5. 배열과 루프, 젬 이름을 만드는 문자열 확장을 이용해서 여러 개의 루비
   젬을 설치한다.

```
chef > %w{ec2 essentials}.each do |gem|
chef > gem_package "knife-#{gem}"
chef ?> end

=> ["ec2", "essentials"]
```

예제 분석

셰프 레시피는 결국 평범한 루비 파일로, 셰프가 실행되는 동안 루비 구문으로 변환돼 실행되며, if나 루프 같은 루비 코드는 물론 리소스(remote_file, service, template 등)를 비롯한 셰프 도메인 특화 언어DSL의 구성 요소를 포함할 수 있다.

레시피 안에서 루비 변수를 선언하고, 그 값을 다른 변수에 대입할 수 있다. 셰프 DSL 메소드인 search를 이용해 Chef::Node 객체의 배열을 조회해 배열 변수인 nodes에 저장했다.

nodes는 평범한 루비 배열이므로, sort!나 empty? 등을 비롯해 배열 클래스가 제공하는 모든 메소드를 사용할 수 있다.

그리고 세 번째 예제처럼 루비의 each를 이용해 배열의 요소를 하나씩 탐색iterate할 수 있다.

if나 else, case 등의 조건 실행문도 자주 쓴다. 네 번째 예제에서는 if를 이용해 nodes 배열이 빈 경우에만 로그를 출력하게 했다.

마지막 예제에서는 (젬 이름을 담은) 문자열의 배열과 each 반복자, 셰프 DSL의 gem_package 리소스를 혼용해 루비 젬 두 개를 설치했다. 한발 더 나아가 루비 문자열 확장을 이용해서 젬 이름(knife-ec2와 knife-essentials)을 동적으로 만들었다.

160

부연 설명

레시피에서 루비와 셰프 DSL을 혼용하면 매우 강력한 기능을 활용할 수 있다. 옵스코드의 `nagios` 쿡북에서 `server.rb` 내용 중 일부를 발췌해 어떤 일들이 가능한지 살펴보자.

```ruby
# Load search defined Nagios hostgroups from the nagios_hostgroups
data bag and find nodes
begin
  hostgroup_nodes= Hash.new
  hostgroup_list = Array.new
  search(:nagios_hostgroups, '*:*') do |hg|
    hostgroup_list << hg['hostgroup_name']
    temp_hostgroup_array= Array.new
    if node['nagios']['multi_environment_monitoring']
      search(:node, "#{hg['search_query']}") do |n|
        temp_hostgroup_array << n['hostname']
      end
    else
      search(:node, "#{hg['search_query']} AND chef_
environment:#{node.chef_environment}") do |n|
        temp_hostgroup_array << n['hostname']
      end
    end
    hostgroup_nodes[hg['hostgroup_name']] = temp_hostgroup_array.
join(",")
  end
rescue Net::HTTPServerException
  Chef::Log.info("Search for nagios_hostgroups data bag failed, so
we'll just move on.")
end
```

먼저 나중에 사용할 루비 변수를 선언한다.

다음으로 `nagios_hostgroups` 데이터 백에서 데이터 조회를 시도한다. 데이터 백을 사용할 수 없는 경우 레시피가 실패에 대비해서 해당 코드를 루비의 예외 처리 구문인 `begin`과 `rescue`, `end`로 둘러싼다.

예외 처리 블록 안에서는 일반적인 루비 코드인 `hostgroup_nodes = Hash.new`와 셰프 DSL인 속성과 `search`를 혼용하고 있다.

참고 사항

- 레시피 안에서 루비를 사용하는 방법을 http://docs.opscode.com/chef/dsl_recipe.html에서 자세히 살펴보자.
- '커뮤니티 셰프 스타일 활용' 절을 참고하라.
- '속성을 이용해 레시피를 동적으로 설정' 절을 참고하라.

레시피 안에서 루비 젬 설치와 활용

레시피도 결국 보통 루비 파일이기 때문에 레시피 안에서 루비 언어의 모든 기능을 사용할 수 있다. 대부분의 경우에는 루비 내장 기능으로 충분하지만 추가적인 루비 젬이 필요할 때가 있다. 예를 들어 API를 바탕으로 외부 애플리케이션에 연결하거나 레시피 안에서 MySQL 데이터베이스에 접근할 수 있다.

셰프는 레시피 안에서 루비 젬을 설치하고, 해당 레시피에서 젬을 사용할 수 있게 해준다.

준비

1장, '셰프 인프라스트럭처'의 '쿡북 생성과 실행'에서 예로 들었던 `my_cookbook` 쿡북이 필요하며, 노드의 실행 목록에 `my_cookbook`을 포함시킨다.

레시피 안에서 `ipaddress` 젬을 사용하는 방법을 알아보자.

1. 레시피 안에서 사용할 젬을 설치하게 쿡북의 기본 레시피를 편집한다.

   mma@laptop:~/chef-repo $ subl cookbooks/my_cookbook/recipes/
   default.rb

   ```
   chef_gem 'ipaddress'
   require 'ipaddress'
   ip = IPAddress("192.168.0.1/24")
   Chef::Log.info("Netmask of #{ip}: #{ip.netmask}")
   ```

2. 수정한 쿡북을 셰프 서버에 업로드한다.

   mma@laptop:~/chef-repo $ knife cookbook upload my_cookbook

   ```
   Uploading my_cookbook [0.1.0]
   ```

3. 노드에서 셰프 클라이언트를 구동해 쿡북이 잘 실행되는지 확인하자.

   user@server $ sudo chef-client

   ```
   ...출력 생략...
   [2013-01-18T14:02:02+00:00] INFO: Netmask of 192.168.0.1:
   255.255.255.0
   ...출력 생략...
   ```

예제 분석

셰프 런은 모든 리소스를 객체화하는 컴파일 단계와 리소스 제공자를 실행해 노드를 설정하는 실행 단계로 나눌 수 있다.

쿡북 안에서 루비 젬을 활용하려면 컴파일 단계에서 필요한 젬을 설치해야한다. 그렇지 않으면 실행 단계에서 젬에 접근할 수 없다.

`chef_gem` 리소스가 이러한 작업을 수행해준다. 셰프 옴니버스를 사용했다면 셰프에서 젬에 접근할 수 있는 방법은 이 길뿐이다.

반면에 `gem_package` 리소스는 셰프 런의 실행 단계에서 시스템에 설치된 루비에 젬을 설치한다. 즉, `gem_package`로 설치한 젬은 레시피에서 사용할 수 없다.

라이브러리 활용

레시피 안에서 루비 코드를 얼마든 사용할 수 있지만, 기존 인프라스트럭처를 통합하거나 복잡한 API 호출을 하는 등의 작업을 하다보면 코드가 금세 어지럽혀진다.

라이브러리를 사용하면 복잡한 로직을 캡슐화해 레시피를 깔끔하게 유지할 수 있다.

이제 간단한 라이브러리를 만들고, 동작 방식을 살펴보자.

준비

1장, '셰프 인프라스트럭처'의 '쿡북 생성과 실행' 절에서 예로 들었던 `my_cookbook` 쿡북이 필요하며, 노드의 실행 목록에 `my_cookbook`을 포함시킨다.

예제 구현

라이브러리를 만들고, 쿡북 안에서 활용해보자.

1. 쿡북의 라이브러리에 헬퍼 메소드를 만든다.

```
mma@laptop:~/chef-repo $ subl cookbooks/my_cookbook/libraries/
ipaddress.rb

class Chef::Recipe
  def netmask(ipaddress)
    IPAddress(ipaddress).netmask
  end
end
```

2. 헬퍼 메소드를 호출한다.

```
mma@laptop:~/chef-repo $ subl cookbooks/my_cookbook/recipes/
default.rb

ip = '10.10.0.0/24'
mask = netmask(ip) # here we use the library method
Chef::Log.info("Netmask of #{ip}: #{mask}")
```

3. 수정한 쿡북을 셰프 서버에 업로드한다.

```
mma@laptop:~/chef-repo $ knife cookbook upload my_cookbook

Uploading my_cookbook [0.1.0]
```

4. 노드에서 셰프 클라이언트를 구동해 쿡북이 잘 실행되는지 확인하자.

```
user@server $ sudo chef-client

...출력 생략...
[2013-01-18T14:38:26+00:00] INFO: Netmask of 10.10.0.0/24:
255.255.255.0
...출력 생략...
```

라이브러리 코드에서 Chef::Recipe 클래스에 새 메소드를 추가할 수 있다.

 이 방법이 간단하긴 하지만 가장 깔끔한 방법은 아니다. '부연 설명'에서 더 좋은 방법을 살펴보자.

```
class Chef::Recipe
   def netmask(ipaddress)
     ...
   end
end
```

셰프는 레시피 안에서 다음과 같이 미리 선언해 놓은 메소드를 사용할 수 있도록 컴파일 단계에서 라이브러리 코드를 자동으로 불러들인다.

```
mask = netmask(ip)
```

부연 설명

클래스를 열고 거기에 메소드를 추가하면 클래스의 네임스페이스가 더럽혀진다. 예를 들어 여러분의 쿡북에 함수를 추가한 후 다른 누군가가 다른 쿡북에 이름이 동일한 메소드를 정의하면 이름 충돌name clash이 발생한다. 그리고 여러분이 셰프가 Chef::Recipe 클래스에 이미 정의한 메소드 이름을 사용할 경우에도 충돌이 일어난다.

따라서 Chef::Recipe 네임스페이스가 오염되지 않도록 라이브러리 안에서 직접 자식 클래스subclass를 만들고, 거기에 메소드를 추가한다.

```
mma@laptop:~/chef-repo $ subl cookbooks/my_cookbook/libraries/
ipaddress..rb
```

```ruby
  class Chef::Recipe::IPAddress
    def self.netmask(ipaddress)
      IPAddress(ipaddress).netmask
    end
  end
```

이제 다음과 같이 레시피에서 메소드를 사용할 수 있다.

```ruby
IPAddress.netmask(ip)
```

셰프 셸의 최상위 모드에서 직접 라이브러리 메소드를 정의할 수도 있다.

```
user@server $ chef-shell --client
```

```
chef > class Chef::Recipe::IPAddress
chef ?>   def self.netmask(ipaddress)
chef ?>     IPAddress(ipaddress).netmask
chef ?>   end
chef ?> end
```

이제 레시피 모드에서 라이브러리 메소드를 사용할 수 있다.

```
chef > recipe
chef:recipe > IPAddress.netmask('10.10.0.0/24')
  => "255.255.255.0"
```

참고 사항

- 1장, '셰프 인프라스트럭처'의 '셰프 콘솔 활용' 절을 참고하라.
- '보통 루비 코드와 셰프 DSL 혼용' 절을 참고하라.

정의 활용

쿡북이 발전하면서 점점 길어지면 어느새 중복되는 부분이 많아지기 마련이고, 쿡북의 가독성을 높이고자 레시피를 그룹핑하고 이름을 붙일 필요가 생긴다. 그리고 일부 레시피를 반복적으로 사용한다면 '정의definition'를 이용해서 리소스를 그룹핑할 수 있다.

이제 리소스 집합을 정의로 묶어서 재활용하는 방법을 알아보자.

예제 구현

정의를 만들고 사용해보자.

1. 쿡북의 definition 디렉터리에 새 파일을 만들고 정의를 만든다.

   mma@laptop:~/chef-repo $ subl cookbooks/my_cookbook/
   definitions/capistrano_deploy_dirs.rb

   ```
   define :capistrano_deploy_dirs, :deploy_to => '' do
     directory "#{params[:deploy_to]}/releases"
     directory "#{params[:deploy_to]}/shared"
     directory "#{params[:deploy_to]}/shared/system"
   end
   ```

2. 쿡북의 기본 레시피에서 정의를 사용한다.

   mma@laptop:~/chef-repo $ subl cookbooks/my_cookbook/recipes/
   default.rb

   ```
   capistrano_deploy_dirs do
     deploy_to "/srv"
   end
   ```

3. 수정한 쿡북을 셰프 서버에 업로드한다.

```
mma@laptop:~/chef-repo $ knife cookbook upload my_cookbook
```

```
Uploading my_cookbook [0.1.0]
```

4. 노드에서 셰프 클라이언트를 구동해 쿡북이 잘 실행되는지 확인하자.

```
user@server $ sudo chef-client
```

```
...출력 생략...
[2013-01-18T16:31:11+00:00] INFO: Processing directory[/srv/
releases] action create (my_cookbook::default line 2)
[2013-01-18T16:31:11+00:00] INFO: directory[/srv/releases]
created directory /srv/releases
[2013-01-18T16:31:11+00:00] INFO: Processing directory[/srv/
shared] action create (my_cookbook::default line 3)
[2013-01-18T16:31:11+00:00] INFO: directory[/srv/shared] created
directory /srv/shared
[2013-01-18T16:31:11+00:00] INFO: Processing directory[/srv/
shared/system] action create (my_cookbook::default line 4)
[2013-01-18T16:31:11+00:00] INFO: directory[/srv/shared/system]
created directory /srv/shared/system
...출력 생략...
```

예제 분석

셰프의 정의는 여러 리소스를 하나로 묶어 이름을 붙인다는 점에서 매크로와 비슷하다. 셰프는 컴파일 단계에서 정의의 내용을 읽어 실제 리소스로 대체한다.

정의는 레시피에서 호출할 때 사용하는 이름(예, capistrano_deploy_dirs)과 파라미터 목록(예, deploy_to)을 포함한다.

```
define :capistrano_deploy_dirs, :deploy_to => '' do
    ...
end
```

정의 안에 코드에서는 정의 이름 다음에 나오는 모든 파라미터를 포함하는 `params` 해시에 접근할 수 있다. 예제에서는 실행 목록에 `directory` 리소스 세 개가 추가된다.

```
define ...
  directory "#{params[:deploy_to]}/releases"
  directory "#{params[:deploy_to]}/shared"
  directory "#{params[:deploy_to]}/shared/system"
end
```

이제 레시피 안에서 `directory` 리소스 세 개를 넣는 대신 정의 이름을 사용할 수 있다. 정의 볼록 안에 지정한 값은 자동 생성되는 메소드를 바탕으로 해당 파라미터로 할당된다.

```
capistrano_deploy_dirs do
  deploy_to "/srv"
end
```

부연 설명

정의는 최종적으로 그 안에 포함된 리소스들로 대체된다는 사실을 명심하자. 따라서 실행 단계에서는 접근할 수 없다. 즉, 정의를 호출[notify]할 수는 없지만, 그 안에 포함된 리소스는 호출할 수 있다.[1]

다음과 같이 정의에는 접근할 수 없다.

```
notifies :delete, 'capsitrano_deploy_dirs', :immediately
```

그러나 정의에 포함된 각 리소스에는 접근할 수 있다.

```
notifies :delete, 'directory[/srv/releases], :immediately
```

---

1. notifies를 이용하면 문자열을 셰프 리소스로 동적으로 해석해 사용한다. - 옮긴이

- http://docs.opscode.com/essentials_cookbook_definitions.html에서 정의에 대해 자세히 살펴보자.

경량 리소스 제공자(LWRP) 만들기

셰프는 맞춤형 경량 리소스 제공자[LWRP]를 바탕으로 더 다양한 리소스를 사용할 수 있게 해준다. 맞춤형 리소스를 만들어 셰프 DSL의 기능을 확장하고 코드의 표현력을 높이면 쿡북 작성을 더 쉽게 할 수 있다.

옵스코드 커뮤니티 쿡북에서 볼 수 있는 맞춤형 리소스는 LWRP를 이용해서 만드는 경우가 많은데, iptables_rule이나 apt_repository 등을 비롯해 실전에서 사용하는 맞춤형 리소스의 예를 쉽게 찾아볼 수 있다.

이번 절에서는 간단한 LWRP를 만들고 기본적인 동작 방식을 살펴보자.

준비

1장, '셰프 인프라스트럭처'의 '쿡북 생성과 실행' 절을 참고해 greeting이라는 쿡북을 만들고 노드의 실행 목록에 추가한다.

예제 구현

노드에 텍스트 파일을 생성하는 간단한 LWRP를 만드는 방법을 살펴보자.

1. greeting 쿡북에 맞춤형 리소스를 만든다.

```
mma@laptop:~/chef-repo $ subl cookbooks/greeting/resources/
default.rb
```

```
actions :create, :remove

attribute :title, kind_of: String, default: "World"
attribute :path, kind_of: String, default: "/tmp/greeting.txt"
```

2. greeting 쿡북에 맞춤형 리소스의 제공자를 만든다.

**mma@laptop:~/chef-repo $ subl cookbooks/greeting/providers/
default.rb**

```
action :create do
  log "Adding '#{new_resource.name}' greeting as #{new_resource.
path}"
  file new_resource.path do
    content "#{new_resource.name}, #{new_resource.title}!"
    action :create
  end
end

action :remove do
  Chef::Log.info "Removing '#{new_resource.name}' greeting #{new_
resource.path}"
  file new_resource.path do
    action :delete
  end
end
```

3. greeting 쿡북의 기본 레시피에서 새로 만든 리소스를 사용하게 수정
한다.

**mma@laptop:~/chef-repo $ subl cookbooks/greeting/recipes/
default.rb**

```
greeting "Ohai" do
  title "Chef"
  action :create
end
```

4. 수정한 쿡북을 셰프 서버에 업로드한다.

```
mma@laptop:~/chef-repo $ knife cookbook upload greeting

Uploading greeting [0.1.0]
```

5. 노드에서 셰프 클라이언트를 실행한다.

```
user@server:~$ sudo chef-client

...출력 생략...
2013-06-28T21:32:54+00:00] INFO: Processing greeting[Ohai]
action create (greeting::default line 9)
[2013-06-28T21:32:54+00:00] INFO: Adding 'Ohai' greeting as
/tmp/greeting.txt
[2013-06-28T21:32:54+00:00] INFO: Processing file[/tmp/
greeting.txt] action create (/srv/chef/file_store/cookbooks/
greeting/providers/default.rb line 7)
[2013-06-28T21:32:54+00:00] INFO: entered create
[2013-06-28T21:32:54+00:00] INFO: file[/tmp/greeting.txt]
created file /tmp/greeting.txt
...출력 생략...
```

6. 만들어진 파일의 내용을 확인한다.

```
user@server:~$ cat /tmp/greeting.txt

Ohai, Chef!
```

예제 분석

LWRP는 쿡북 안에 위치한다. 쿡북의 resources 디렉터리 안에 있는 default.rb 파일에 맞춤형 리소스를 정의하면 해당 쿡북 이름으로 맞춤형 리소스를 사용할 수 있다.

예제에서는 greeting/resources/default.rb 파일을 만들고, 다음과 같이 기본 레시피에서 맞춤형 리소스를 활용했다.

```
greeting "..." do
end
```

이제 greeting/resources/default.rb에서 리소스의 정의를 살펴보자.

먼저 리소스가 지원할 동작action을 정의한다.

```
actions :create, :remove
```

다음으로 쿡북에서 리소스를 호출할 때 넘겨줄 수 있는 속성을 정의한다. 예제에서는 문자열 속성 두 개를 정의하고, 각각의 기본 값을 지정한다.

```
attribute :title, kind_of: String, default: "World"
attribute :path, kind_of: String, default: "/tmp/greeting.txt"
```

이제 위에서 정의한 동작과 속성을 노드에서 사용할 수 있다.

```
greeting "Ohai" do
   title "Chef"
   action :create
end
```

지금까지 리소스를 정의했으니 실행해 볼 차례다. 리소스 구현은 하나 이상의 제공자에 위치할 수 있는데, 동일한 리소스에 운영체제별로 제공자를 여러 개 만들 수도 있다. 하지만 예제에서는 간단히 greeting/resources/default.rb에 제공자 하나만 만든다.

제공자는 리소스 정의에 포함된 모든 동작을 구현해야 하는데, 예제에서는 create와 remove 동작을 구현해야 한다.

```
action :create do
  ...
end

action :remove do
  ...
end
```

이제 일반 루비 코드와 기존 셰프 리소스를 이용해서 제공자의 동작을 구현한다. 먼저 로그 구문을 작성하고, 기존 file 리소스를 이용해서 환영 메시지를 포함한 텍스트 파일을 생성한다.

```
log "Adding '#{new_resource.name}' greeting as #{new_resource.path}"
file new_resource.path do
  ...
end
```

new_resource는 루비 변수로, 리소스를 사용하는 레시피에서 해당 리소스를 나타내는 객체를 가리킨다. 예제에서 new_resource.name은 "Ohai"이고, new_resource.path는 기본 속성 값과 같다(쿡북에서 greeting 리소스를 사용할 때 path 속성의 값을 지정하지 않았기 때문이다).

이제 file 리소스에 우리가 만든 리소스의 제목 속성 값(new_resource.title)을 넘겨줘 파일에 내용으로 쓰게 한다.

```
file new_resource.path do
  content "#{new_resource.name}, #{new_resource.title}!"
  action :create
end
```

remove는 create와 비슷한 방식으로 작동하지만, file 리소스의 (create 대신) delete 동작을 호출한다.

다음과 같이 default_action를 호출해 리소스에 기본 동작을 지정하면 사용 방법을 단순화할 수 있다.

```
default_action :create
```

이제 다음과 같이 리소스를 활용할 수 있다.

```
greeting "Ohai" do
    title "Chef"
end
```

> 제공자 안에서 일반 루비 코드를 쓸 때는 코드가 멱등성[2](idempotent)을 만족하는지 확인하자. 즉, 한 노드에서 같은 리소스를 여러 번 실행할 경우 불필요한 실행을 하지 않도록 실제로 시스템을 수정할 내용이 있을 때만 코드를 실행해야 한다.

리소스가 why-run을 지원하게 하려면 다음 코드를 추가한다.

```
def whyrun_supported?
    true
end
```

그리고 코드를 converge_by 블록으로 감싸면 why-run 모드에서 블록 안의 코드를 실행하는 대신 출력할 메시지만 생성한다.

```
converge_by("Doing something with #{ @new_resource }") do
    ...
end
```

---

2. 멱등성은 수학에서 같은 연산을 여러 번 적용해도 결과가 같은 성질을 말한다. 여기서는 한 노드에서 같은 리소스를 여러 번 실행해도 노드가 목표로 하는 상태를 유지한다는 말이다. – 옮긴이

- http://docs.opscode.com/lwrp.html에서 LWRP를 자세히 살펴보자.
- http://docs.opscode.com/lwrp_custom.html에서 LWRP 생성 방법을 자세히 설명한다.
- 2장, '쿡북과 셰프 런 검토와 문제 해결'의 'why-run 모드로 레시피 수행 내역 미리보기' 절을 참고하라.

애플리케이션 랩퍼 쿡북을 이용한 커뮤니티 쿡북 확장

커뮤니티 쿡북은 유용하지만, 여러분의 요구 사항에 딱 맞지 않는 경우에는 수정이 필요하다. 이때 knife cookbook site install로 만들어진 깃 벤더 브랜치를 사용하고 싶지 않다면 라이브러리와 응용 쿡북을 이용하는 방법도 있다.

이 방법에서는 커뮤니티 (라이브러리) 쿡북을 직접 수정하지 않고, 응용 쿡북에 라이브러리 쿡북을 포함시킨 후 응용 쿡북 안에서 라이브러리 쿡북의 리소스를 불러와 수정한다.

이제 직접 작성한 응용 쿡북으로 커뮤니티 쿡북을 확장하는 방법을 살펴보자.

준비

ntp 쿡북을 라이브러리 쿡북으로 활용해 ntp 쿡북이 설치하는 ntpdate 설정을 입맛에 맞게 바꿔보자.

1. ntp 쿡북을 설치한다.

```
mma@laptop:~/chef-repo $ knife cookbook site install ntp
```

```
Installing ntp to /Users/mma/work/chef-repo/cookbooks
...출력 생략...
Cookbook ntp version 1.3.2 successfully installed
```

2. ntp 쿡북을 셰프 서버에 업로드한다.

mma@laptop:~/chef-repo $ knife cookbook upload ntp

```
Uploading ntp [1.3.2]
```

3. 응응 쿡북을 만든다.

mma@laptop:~/chef-repo $ knife cookbook create my-ntp

```
** Creating cookbook my-ntp
** Creating README for cookbook: my-ntp
** Creating CHANGELOG for cookbook: my-ntp
** Creating metadata for cookbook: my-ntp
```

4. 새로 만든 my-ntp 쿡북을 노드의 실행 목록에 추가한다.

mma@laptop:~/chef-repo $ knife node edit server

```
"run_list": [
  "recipe[my-ntp]"
]
```

 1장, '셰프 인프라스트럭처'의 '버크셸프를 이용한 쿡북 의존성 관리'에서 봤듯이 버크셸프를 이용해 my-ntp 쿡북의 의존성에 ntp 쿡북을 추가할 수도 있다.

직접 만든 쿡북에서 ntp 쿡북의 동작을 바꾸는 방법을 살펴보자.

1. my-ntp 메타데이터의 의존성에 ntp 쿡북을 추가한다.

```
mma@laptop:~/chef-repo $ subl cookbooks/my-ntp/metadata.rb

version '0.1.0'
...
depends 'ntp'
```

2. 응용 쿡북에서 ntp 쿡북의 ntpdate 레시피를 수정해 /etc/default/ntpdate 템플릿에 여러분이 지정한 템플릿을 이용해보자.

```
mma@laptop:~/chef-repo $ subl cookbooks/my-ntp/recipes/
default.rb

...
include_recipe 'ntp::ntpdate'
resources("template[/etc/default/ntpdate]").cookbook "my-ntp"
```

3. 응용 쿡북에 여러분이 사용하고 싶은 ntpupdate 템플릿을 추가한다.

```
mma@laptop:~/chef-repo $ subl cookbooks/my-ntp/templates/
default/ntpdate.erb

<% if @disable %>exit 0<% end %>
...
NTPOPTIONS="-v"
```

4. 수정한 쿡북을 셰프 서버에 업로드한다.

```
mma@laptop:~/chef-repo $ knife cookbook upload my-ntp

Uploading my-ntp [0.1.0]
```

5. 노드에서 셰프 클라이언트를 추가한다.

user@server $ sudo chef-client

```
...출력 생략...
[2013-01-19T22:14:31+00:00] INFO: Processing template[/etc/
default/ntpdate] action create (ntp::ntpdate line 28)
[2013-01-19T22:14:32+00:00] INFO: template[/etc/default/
ntpdate] updated content
[2013-01-19T22:14:32+00:00] INFO: template[/etc/default/
ntpdate] owner changed to 0
[2013-01-19T22:14:32+00:00] INFO: template[/etc/default/
ntpdate] group changed to 0
[2013-01-19T22:14:32+00:00] INFO: template[/etc/default/
ntpdate] mode changed to 644
[2013-01-19T22:14:32+00:00] INFO: Chef Run complete in 2.251344614
seconds
...출력 생략...
```

6. /etc/default/ntpdate에 여러분이 지정한 템플릿이 설치됐는지 확인하자
   (NTPOPTIONS="" 대신 NTPOPTIONS="-v"로 돼야 한다).

user@server $ cat /etc/default/ntpdate

```
...출력 생략...
# Additional options to pass to ntpdate
NTPOPTIONS="-v"
```

예제 분석

`ntp` 쿡북에서 /etc/default/ntpdate 파일을 위한 `template` 리소스를 가져와 수정했다. 먼저 수정할 리소스가 정의된 쿡북을 포함시킨다. 셰프는 컴파일 단계에서 리소스를 만들므로 이 과정이 꼭 필요하다.

```
include_recipe 'ntp::ntpdate'
```

resources 메소드는 주어진 리소스를 찾아 반환하며, 해당 리소스에 정의한 모든 메소드를 호출할 수 있다. 예제에서는 template 리소스의 메소드를 호출해 쿡북을 ntp에서 여러분이 작성한 쿡북으로 바꾼다.

```
resources("template[/etc/default/ntpdate]").cookbook "my-ntp"
```

이러한 수정은 컴파일 단계에서 실행된다. 셰프는 컴파일 단계에서 모든 리소스를 컴파일한 후에만 레시피 안의 리소스를 실행한다.

부연 설명

librarian-chef나 berkshelf 등의 쿡북 의존성 관리 솔루션이나 깃을 사용하지 않는다면 지금으로서는 위에서 설명한 방법이 레시피의 일부만 변경하는 유일한 방법이다.

하지만 나는 이 방법을 자주 사용하지 않는다. 루비 클래스를 여러분의 소스 파일에 불러와서 임시로 뜯어 고치는 일과 다르지 않기 때문이다. 다른 클래스의 공개된 인터페이스(셰프 레시피의 경우에는 속성) 대신 내부 구현에 의존하는 코드는 매우 취약한 코드다.

따라서 이런 방법이 위험하다는 사실을 알아야 한다. 다른 쿡북을 수정한 내용은 따로 격리해 나중에 어디를 고쳤는지 찾기 쉽도록 하자. 다른 쿡북을 수정하는 부분을 복잡한 여러분의 쿡북 깊숙이 숨겨두면 나중에 골치 아픈 디버깅 문제가 발생하기 쉽다.

참고 사항

- 1장, '셰프 인프라스트럭처'의 '깃 저장소에서 쿡북을 다운로드하고 벤더 브랜치로 통합' 절을 참고하라.
- '템플릿 활용' 절을 참고하라.

맞춤형 오하이 플러그인 제작

오하이^{Ohai}는 셰프 클라이언트가 노드의 환경 정보를 수집할 때 사용하는 도구로, 셰프 클라이언트가 실행될 때 운영체제와 하드웨어를 비롯해 수집된 모든 환경 정보를 노드 객체에 채워 넣는다.

그리고 맞춤형 오하이 플러그인을 만들어 추가적인 노드 환경 정보를 조회할 수도 있다.

이번 예제에서는 `iptables`를 이용해 현재 활성화된 방화벽 규칙을 노드의 속성으로 접근할 수 있게 해보자.

준비

7장, '서버와 클라우드 인프라스트럭처'의 'iptables를 활용한 방화벽 관리' 절을 참고해 노드에 `iptables`를 설치한다.

그리고 노드에서 다음과 같은 단계를 거쳐 `chef-client` 쿡북을 설치한다.

1. `chef-client` 쿡북을 설치한다.

   mma@laptop:~/chef-repo $ knife cookbook site install chef-client

   Installing chef-client to /Users/mma/work/chef-repo/cookbooks

2. `chef-client` 쿡북을 셰프 서버에 설치한다.

   mma@laptop:~/chef-repo $ knife cookbook upload chef-client

   Uploading chef-client [3.0.4]

3. `chef-client` 쿡북을 노드의 실행 목록에 추가한다.

   mma@laptop:~/chef-repo $ knife node run_list add server 'chef-client::config'

   server:

```
run_list:
  recipe[chef-client::config]
```

예제 구현

현재 활성화된 모든 방화벽 규칙을 조회하는 간단한 오하이 플러그인을 작성해보자.

1. 오하이 쿡북을 설치한다.

   mma@laptop:~/chef-repo $ knife cookbook site install ohai

   Installing ohai to /Users/mma/work/chef-repo/cookbooks

2. 오하이 쿡북에 플러그인을 추가한다.

   mma@laptop:~/chef-repo $ subl cookbooks/ohai/files/
   default/plugins/iptables.rb

   ```
   provides "iptables"

   iptables Mash.new

   `iptables -S`.each_line.with_index do |line,i|
     iptables[i] = line
   end
   ```

3. 수정한 오하이 쿡북을 셰프 서버에 업로드한다.

   mma@laptop:~/chef-repo $ knife cookbook upload ohai

   Uploading ohai [1.1.8]

4. 노드의 실행 목록에 오하이 쿡북을 추가한다.

   mma@laptop:~/chef-repo $ knife node run_list add server ohai

   ```
   server:
     run_list:
   ```

```
recipe[chef-client::config]
recipe[ohai]
```

5. 노드에서 셰프 클라이언트를 실행한다.

user@server:~$ sudo chef-client

```
...출력 생략...
Recipe: ohai::default
  * ohai[custom_plugins] action reload
    - re-run ohai and merge results into node attributes
...출력 생략...
```

6. 셰프 서버 관리 콘솔 등을 이용해 노드 속성으로 iptables 규칙이 보이
   는지 확인하자. 다음과 같이 다른 노드 속성들 사이에 iptables 규칙이
   있어야 한다.

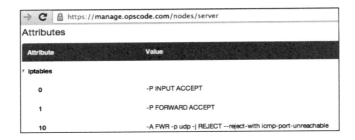

예제 분석

/etc/chef/client.rb에 다음과 같은 내용을 추가하면 chef-client 쿡북이 셰
프 클라이언트가 /etc/chef/ohai_plugins 디렉터리에서 추가적인 오하이 플러
그인을 찾도록 설정한다.

```
Ohai::Config[:plugin_path] << "/etc/chef/ohai_plugins"
```

그리고 ohai 쿡북을 설치한 후 cookbooks/ohai/files/default/plugins 디렉터리에 오하이 플러그인을 추가하면 ohai 쿡북이 플러그인을 노드에 업로드한다.

맞춤형 오하이 플러그인의 구성은 간단하다.

```
provides "iptables"
```

위의 코드는 iptables라는 키 값을 이용해 노드 속성에서 수집한 정보를 사용할 수 있게 한다.

노드 속성은 해시의 확장 버전인 매시[Mash]에 저장한다.

```
iptables Mash.new
```

위 코드에서 비어있는 노드 속성을 만들었다.

다음으로 iptables -S를 실행해 등록된 모든 방화벽 규칙을 한 줄씩 가져와서 각 행의 행 번호를 키로 해서 매시에 추가한다.

```
`sudo iptables -S`.each_line.with_index do |line,i|
   iptables[i] = line
end
```

오하이는 이 매시를 셰프 클라이언트가 실행되는 동안 노드 속성으로 추가한다. 이제 다음과 같이 레시피에서 iptables 노드 속성을 사용할 수 있다.

```
node['iptables']
```

부연 설명

오하이 플러그인을 라이브러리로 사용할 수도 있다. 이 방법을 이용하면 오하이 플러그인 기능을 일반 루비 스크립트에서 사용할 수 있다. /etc/chef/ohai_plugins 디렉터리에서 IRB를 실행하고 다음과 같은 명령어를 실행하자.

```
user@server:/etc/chef/ohai_plugins$ /opt/chef/embedded/bin/irb
    >> require 'ohai'
    >> Ohai::Config[:plugin_path] << '.'
    >> o = Ohai::System.new
    >> o.all_plugins
    >> o.iptables
    => {0=>"-P INPUT ACCEPT\n", 1=>"-P FORWARD ACCEPT\n", 2=>"-P OUTPUT
ACCEPT\n", 3=>"-N FWR\n", 4=>"-A INPUT -j FWR\n", 5=>"-A FWR -i lo -j
ACCEPT\n", 6=>"-A FWR -m state --state RELATED,ESTABLISHED -j
ACCEPT\n", 7=>"-A FWR -p icmp -j ACCEPT\n", 8=>"-A FWR -p tcp -m tcp
--dport 22 -j ACCEPT\n", 9=>"-A FWR -p tcp -m tcp --tcp-flags
SYN,RST,ACK SYN -j REJECT --reject-with icmp-port-unreachable\n",
10=>"-A FWR -p udp -j REJECT --reject-with icmp-port-unreachable\n"}
```

참고 사항

- http://docs.opscode.com/ohai.html에서 오하이를 자세히 살펴보자.

- http://docs.opscode.com/ohai.html#use-the-ohai-cookbook에서 오하이
  를 배포하는 방법을 자세히 살펴보자.

- https://github.com/opscode-cookbooks/ohai에서 오하이 쿡북의 소스코드
  를 볼 수 있다.

맞춤형 나이프 플러그인 제작

셰프 서버의 커맨드라인 클라이언트인 나이프는 플러그인 시스템을 지원한
다. 이를 이용해 나이프에 필요한 기능을 확장할 수 있다. 일반적인 예로
knife-ec2 플러그인을 들 수 있는데, 나이프에 ec2 server create 등의
명령어를 추가한다.

여기서는 아주 간단한 나이프 플러그인 작성을 바탕으로 나이프 플러그인의 기본 구성 요소를 살펴본다. 나이프 플러그인은 일반 루비 코드이므로 외부 라이브러리를 얼마든 사용할 수 있고, 나이프로 할 수 있는 일에는 제한이 없다. 이렇게 높은 자유도를 바탕으로, 필요하다면 개발과 운영에 걸친 전 과정의 의사소통(DevOps)을 나이프로 구성할 수도 있다.

이제 나이프가 여러분의 이름을 트윗하게 해보자.

준비

트위터^{twitter} 사용자 계정과 API 계정이 필요하다(https://dev.twitter.com/apps/new).

트위터 애플리케이션이 여러분의 이름으로 포스트를 올리게 하려면 OAuth 접근 권한을 '읽기/쓰기^{Read and write}'로 해야 한다.

애플리케이션을 트위터 계정에 연결해 접속 토큰을 만든다. 이를 이용해 트위터 애플리케이션(나이프 플러그인)이 해당 계정으로 트윗을 올릴 수 있다.

먼저 나이프 플러그인이 트위터와 통신할 수 있도록 twitter 젬을 설치한다.

1. Gemfile에 twitter를 추가한다.

   mma@laptop:~/chef-repo $ subl Gemfile

   ```
   source 'https://rubygems.org'

   gem 'twitter'
   ```

2. 번들러를 실행해 twitter 젬을 설치한다.

   mma@laptop:~/chef-repo $ bundle install

   ```
   Fetching gem metadata from https://rubygems.org/
   ...출력 생략...
   Installing twitter (4.8.1)
   ```

다음과 같은 나이프 명령어로 트윗을 할 수 있도록 나이프 플러그인을 만들자.

$ knife tweet "having fun building knife plugins"

1. 셰프 저장소에 나이프 플러그인 디렉터리를 만든다.

   mma@laptop:~/chef-repo $ mkdir -p .chef/plugins/knife

2. 나이프 플러그인을 만든다.

   **mma@laptop:~/chef-repo $ subl .chef/plugins/knife/
   knife_twitter.rb**

```ruby
require 'chef/knife'
module KnifePlugins
  class Tweet < Chef::Knife
    deps do
      require 'twitter'
    end

    banner "knife tweet MESSAGE"

    def run
      Twitter.configure do |config|
        config.consumer_key = "Your Twitter app consumer key"
        config.consumer_secret = "Your Twitter app consumer
secret"
        config.oauth_token = "Your OAuth token for your Twitter
app"
        config.oauth_token_secret = "Your OAuth token secret for
your Twitter app"
      end
      Twitter.update("#{name_args.first} #opschef")
```

```
        end
      end
    end
```

3. 첫 번째 트윗^{tweet}을 보내보자.

```
mma@laptop:~/chef-repo $ knife tweet "having fun with building
knife plugins"
```

4. 트윗이 제대로 올라갔는지 확인하자.

예제 분석

나이프 플러그인을 사용하는 방법에는 세 가지가 있다. 홈 디렉터리 아래의 ~/.chef/plugins/knife에 플러그인을 설치하면 여러분의 모든 셰프 저장소에서 사용할 수 있고, 셰프 저장소 아래의 .chef/plugins/knife에 플러그인을 설치하면 해당 저장소를 이용하는 모든 동료가 사용할 수 있다. 그리고 루비 젬으로 배포하면 셰프 커뮤니티 전체가 사용할 수 있다.

여기서는 두 번째 방법을 선택해 셰프 저장소에서 함께 작업하는 동료 모두가 트위터 나이프 플러그인을 설치하고 사용할 수 있게 한다.

먼저 나이프 플러그인을 만들려면 셰프의 나이프 라이브러리를 포함시킨다.

```
require 'chef/knife'
```

그리고 다음과 같이 플러그인을 정의한다.

```
module KnifePlugins
```

```
    class Tweet < Chef::Knife
      ...
    end
end
```

위의 코드는 새로운 나이프 명령어인 tweet에 대응하는데, 명령어는 플러그인 클래스의 이름으로 만들어지며 모든 나이프 플러그인은 Chef::Knife를 상속받는다.

다음으로 필요한 의존성을 불러들인다. 루비 파일의 앞부분에 require를 여러 번 사용하는 대신, 나이프는 deps 메소드를 이용(오버라이딩)해 필요할 때 의존성을 불러올 수 있다.

```
deps do
    require 'twitter'
end
```

require 'twitter'를 deps 메소드 안에 넣었으므로, 플러그인을 실행하면 twitter 젬을 불러온다. 이렇게 하지 않으면(루비 파일 앞부분에 require를 넣으면) tweet 명령어를 쓰지 않고 나이프만 실행해도 twitter 젬을 로드하게 된다.

의존성을 정의한 후에는 사용자에게 tweet 명령어가 하는 일과 사용법을 알려줘야 한다. Chef::Knife의 banner 메소드를 이용해서 사용자가 --help 파라미터를 입력할 때 보여줄 메시지를 정의할 수 있다.

```
banner "knife tweet MESSAGE"
```

위 코드는 다음과 같이 작동한다.

```
mma@laptop:~/chef-repo $ knife tweet --help
    knife tweet MESSAGE
```

마지막으로 실제 실행할 코드를 run 메소드에 구현한다. 여기서는 Twitter 클래스의 configure에 접속 정보를 넘겨줘 트위터 애플리케이션에 접속한다. 그리고 트윗을 보낸다.

```
Twitter.update("#{name_args.first} #opschef")
```

name_args 변수에는 커맨드라인 인수가 저장되며, 여기서는 첫 번째 인자를 트위터 메시지로 선택하고 플러그인에서 보내는 모든 메시지에 #opschef 해시 태그를 추가한다.

부연 설명

run 메소드의 앞부분에 다음과 같은 오류 처리 코드를 추가해 사용자가 내용이 없는 트윗을 보내지 않게 막을 수 있다.

```
run
  unless name_args.size == 1
    ui.fatal "You need to say something!"
    show_usage
    exit 1
  end
  ...
end
```

knife tweet에 전달된 인자가 하나뿐이면 위 코드가 실행돼 오류 메시지와 --help를 사용할 때 나오는 메시지를 출력한다. 그리고 마지막으로 오류 코드 1로 실행을 종료한다.

참고 사항

- http://docs.opscode.com/plugin_knife_custom.html에서 나이프 플러그인을 제작하는 방법을 더 자세히 살펴보자.

- https://github.com/sferik/twitter에서 트위터 젬을 찾을 수 있다.

4

더 나은 쿡북 만들기

더 잘 알면 더 잘 만든다.

– 마야 앵겔루(Maya Angelou)

4장에서 다루는 내용은 다음과 같다.

- 환경 변수 설정

- 셸 명령어에 파라미터 전달

- 속성 오버라이딩

- 노드 검색

- 데이터 백 활용

- 데이터 백 아이템 검색

- 데이터 백 아이템 암호화

- 외부 스크립트에서 데이터 백에 접근

- 시스템 환경 정보 수집

- 다중 플랫폼 호환 쿡북 작성

- 쿡북에서 사용할 수 있는 모든 운영체제 조회
- 조건부 실행을 바탕으로 레시피의 멱등성 구현

소개

4장에서는 실전에서 중요한 고급 주제를 다룬다. 검색[search]과 데이터 백[data bag]을 이용해 더 유연한 쿡북을 만들고, 서로 다른 운영체제에서도 잘 작동하는 쿡북을 만드는 방법을 살펴본다. 그 외에도 확장성이 좋고 관리하기 편리한 쿡북을 만드는 데 꼭 필요한 지식을 설명한다.

환경 변수 설정

노드의 셸에서 직접 입력하면 잘 동작하던 명령어가 셰프 레시피 안에서는 잘 돌아가지 않는 경험을 한 적이 있는가? 이런 문제의 원인 중 하나로 환경 변수를 들 수 있는데, 셸에서는 설정된 환경 변수가 셰프 런이 진행 중인 동안에는 설정되지 않았을 수 있다. 환경 변수를 수동으로 지정했거나 셸의 시작 스크립트에 환경 변수를 넣었을 텐데, 레시피에 환경 변수를 다시 지정하면 되므로 그리 큰 문제는 아니다.

이제 셰프 런에서 필요한 환경 변수를 지정하는 방법을 살펴보자.

준비

1장, '셰프 인프라스트럭처'의 '쿡북 생성과 실행' 절에서 예로 들었던 `my_cookbook` 쿡북이 필요하며, 노드의 실행 목록에 `my_cookbook`을 포함시킨다.

셰프 레시피 안에서 환경 변수를 지정하는 방법을 알아보자.

1. 셰프 클라이언트 실행 시 참고할 환경 변수를 지정한다.

**mma@laptop:~/chef-repo $ subl cookbooks/my_cookbook/recipes/
default.rb**

```
ENV['MESSAGE'] = 'Hello from Chef'

execute 'print value of environment variable $MESSAGE' do
  command 'echo $MESSAGE > /tmp/message'
end
```

2. 수정한 쿡북을 셰프 서버에 업로드한다.

mma@laptop:~/chef-repo $ knife cookbook upload my_cookbook

```
Uploading my_cookbook [0.1.0]
```

3. 셰프 클라이언트를 실행해 임시 파일을 만든다.

user@server:~$ sudo chef-client

```
...출력 생략...
[2013-01-25T15:01:57+00:00] INFO: Processing execute[print
  value of environment variable $MESSAGE] action run
  (my_cookbook::default line 11)
[2013-01-25T15:01:57+00:00] INFO: execute[print value of
  environment variable $MESSAGE] ran successfully
...출력 생략...
```

4. 잘 동작했는지 확인한다.

user@server:~$ cat /tmp/message

```
Hello from Chef
```

루비는 ENV 해시를 바탕으로 환경 변수를 읽거나 수정한다. 이 해시의 값은 셰프 클라이언트를 비롯한 루비 프로세스를 실행하는 동안은 물론이고 자식 프로세스에서도 유효하다.

execute 리소스는 셰프 클라이언트를 구동하는 루비 프로세스의 자식 프로세스를 생성하는데, execute 리소스가 실행하는 스크립트도 자식 프로세스이므로, 레시피에서 지정한 환경 변수를 사용할 수 있다.

$MESSAGE를 이용해서 커맨드라인에서 입력한 환경 변수에만 접근할 수도 있다.

execute 리소스로 실행하는 명령어에만 환경 변수를 지정할 수도 있다.

1. my_cookbook 쿡북의 기본 레시피를 수정한다.

   mma@laptop:~/chef-repo $ subl cookbooks/my_cookbook/recipes/default.rb

   ```
   execute 'print value of environment variable $MESSAGE' do
     command 'echo $MESSAGE > /tmp/message'
     environment 'MESSAGE' => 'Hello from the execute resource'
   end
   ```

2. 예제 구현 부분을 참고해 수정한 쿡북을 셰프 서버에 업로드하고 셰프 클라이언트를 실행한다.

3. 임시 파일의 내용을 확인한다.

   user@server:~$ cat /tmp/message

   ```
   Hello from the execute resource
   ```

ENV에 환경 변수를 지정하면 해당 셰프 런 전체에서 접근할 수 있지만, execute 리소스에 환경 변수를 전달하면 해당 리소스가 실행하는 명령어 안에서만 그 환경 변수에 접근할 수 있다.

참고 사항

- http://docs.opscode.com/essentials_environment_variables.html에서 셰프를 이용해 유닉스 환경 변수를 조작하는 방법을 자세히 살펴보자.

셸 명령어에 인수 전달

셰프 클라이언트에서 execute 리소스로 셸 명령어를 실행할 때 명령어에 인수를 전달할 수 있을까? 예를 들어 어떤 숫자를 넘겨주어 계산해야 한다면 어떻게 할까? 여기서 그 해답을 알아보자.

준비

1장, '셰프 인프라스트럭처'의 '쿡북 생성과 실행' 절에서 예로 들었던 my_cookbook 쿡북이 필요하며, 노드의 실행 목록에 my_cookbook을 포함시킨다.

예제 구현

루비 변수를 셸 명령어에 전달해보자.

1. execute 리소스로 실행하는 셸 명령어에 인수를 전달하게 기본 레시피를 수정한다.

```
mma@laptop:~/chef-repo $ subl cookbooks/my_cookbook/recipes/
default.rb

max_mem = node['memory']['total'].to_i * 0.8

execute 'echo max memory value into tmp file' do
  command "echo #{max_mem} > /tmp/max_mem"
end
```

2. 수정한 쿡북을 셰프 서버로 업로드한다.

```
mma@laptop:~/chef-repo $ knife cookbook upload my_cookbook

Uploading my_cookbook [0.1.0]
```

3. 노드에서 셰프 클라이언트를 실행해 임시 파일을 만든다.

```
user@server:~$ sudo chef-client

...출력 생략...
[2013-01-25T15:01:57+00:00] INFO: Processing execute[echo max
memory value into tmp file] action run (my_cookbook::default line
11)
[2013-01-25T15:01:57+00:00] INFO: execute[echo max memory value
into tmp file] ran successfully
...출력 생략...
```

4. 동작 여부를 확인한다.

```
user@server:~$ cat /tmp/max_mem

299523.2
```

예제 분석

먼저 실행할 명령어로 넘겨줄 값을 계산한다. node['memory']['total']
이 반환하는 문자열을 to_i를 호출해 정수로 바꾸고 0.8을 곱했다.

레시피도 루비 파일이므로 필요할 때는 언제나 문자열 확장을 사용할 수 있다. execute 리소스의 셸 명령어로 인수를 전달하는 방법 중 하나로, 다음과 같이 command에 문자열 확장을 이용할 수 있다.

```
command "echo #{max_mem} > /tmp/max_mem"
```

루비는 위 코드에서 #{max_mem}를 max_mem 변수의 값으로 치환한다. 따라서 (node['memory']['total']의 값이 1000이라면) execute 리소스로 전달된 최종 command는 다음과 같다.

```
command "echo 800 > /tmp/max_mem"
```

 루비에서 문자열 확장을 수행하려면 큰따옴표를 사용한다.

부연 설명

다음과 같이 여러 줄에 걸친 문자열 확장도 가능하다.

```
    command <<EOC
    echo #{message} > /tmp/message
EOC
```

 EOC는 문자열의 시작과 끝을 알리는 구분자(delimiter)이며, EOF나 EOH, STRING, FOO 등 원하는 무엇이든 사용할 수 있다. 단, 여러 줄에 걸친 문자열의 시작과 끝에서 동일한 구분자를 사용한다.

앞 절에서 살펴본 대로 환경 변수를 이용해 셸 명령어에 인수를 전달할 수도 있다.

- 3장, '셰프 언어와 스타일'의 '보통 루비 코드와 셰프 DSL 혼용' 절을 참고하라.
- '환경 변수 설정' 절을 참고하라.

속성 오버라이딩

속성 값은 속성 파일에 지정하며, 일반적으로 쿡북의 기본 속성 값은 적당한 값으로 자동 설정된다. 하지만 이 설정 값이 여러분의 필요에 맞지 않다면 필요한 속성 값을 오버라이딩할 수 있다.

이제 레시피와 롤에서 속성을 오버라이딩하는 방법을 살펴보자.

준비

1장, '셰프 인프라스트럭처'의 '쿡북 생성과 실행' 절에서 예로 들었던 my_cookbook 쿡북이 필요하며, 노드의 실행 목록에 my_cookbook을 포함시킨다.

예제 구현

속성 값을 오버라이딩하는 방법을 살펴보자.

1. 기본 속성 파일을 편집해 속성을 추가한다.

```
mma@laptop:~/chef-repo $ subl cookbooks/my_cookbook/attributes/
default.rb

default['my_cookbook']['version'] = '1.2.6'
```

2. 이제 기본 레시피를 편집해 version 속성의 값을 수정하고 콘솔에 출력한다.

mma@laptop:~/chef-repo $ subl cookbooks/my_cookbook/recipes/default.rb

```
node.override['my_cookbook']['version'] = '1.5'
  execute 'echo the path attribute' do
  command "echo #{node['my_cookbook']['version']}"
end
```

3. 수정한 쿡북을 셰프 서버에 업로드한다.

mma@laptop:~/chef-repo $ knife cookbook upload my_cookbook

```
Uploading my_cookbook [0.1.0]
```

4. 노드에서 셰프 클라이언트를 실행해 임시 파일을 생성한다.

user@server:~$ sudo chef-client

```
...출력 생략...
* execute[echo the path attribute into a temp file]
  action run[2013-02-08T11:27:19+00:00] INFO: Processing
  execute[echo the path attribute into a temp file]
  action run (my_cookbook::default line 9)
1.5
[2013-02-08T11:27:19+00:00] INFO: execute[echo the path
  attribute into a temp file] ran successfully

    - execute echo 1.5
```

예제 분석

쿡북의 기본 속성 파일에 version 속성의 기본 값을 설정했다. 셰프는 셰프 런 초기에 이 값을 처리해 node 객체를 바탕으로 파일에 정의된 모든 속성 값에 접근할 수 있게 한다.

세프 DSL에는 속성 값을 변경하는 여러 가지 방법이 있는데, 레시피 안에서 override 메소드를 호출해 속성의 값을 변경하는 방법도 그 중 하나다. 이 함수를 호출하고 나면 처음에 파일로 지정한 값 대신 새로 지정한 값을 노드 속성으로 사용한다.

부연 설명

롤과 인바이런먼트의 속성도 오버라이딩할 수 있다. 다음 예에서 version 속성을 기본 값인 1.2.6 대신 2.0.0으로 변경하자.

1. 기본 속성 파일을 편집해 속성을 추가하자.

   mma@laptop:~/chef-repo $ subl cookbooks/my_cookbook/attributes/ default.rb

   ```
   default['my_cookbook']['version'] = '1.2.6'
   ```

2. 새로 추가한 속성을 기본 레시피에서 사용한다.

   mma@laptop:~/chef-repo $ subl cookbooks/my_cookbook/recipes/ default.rb

   ```
   execute 'echo the path attribute' do
     command "echo #{node['my_cookbook']['version']}"
   end
   ```

3. roles/upgraded_hosts.rb 파일을 새로 만들어서 upgraded_hosts 롤을 생성한다.

   mma@laptop:~/chef-repo $ subl roles/upgraded_hosts.rb

   ```
   name "upgraded_hosts"

   run_list "recipe[my_cookbook]"
   ```

```
default_attributes 'my_cookbook' => { 'version' => '2.0.0' }
```

4. 새로운 롤은 셰프 서버에 업로드한다.

mma@laptop:~/chef-repo $ knife role from file upgraded_hosts.rb

```
Updated Role upgraded_hosts!
```

5. 노드의 실행 목록을 변경한다.

mma@laptop:~/chef-repo $ knife node edit server

```
"run_list": [
  "role[upgraded_hosts]"
]
```

```
Saving updated run_list on node server
```

6. 노드에서 셰프를 실행한다.

user@server:~$ sudo chef-client

```
...출력 생략...
Recipe: my_cookbook::default
  * execute[echo the path attribute into a temp file]
    action run[2013-02-08T10:23:48+00:00] INFO: Processing
    execute[echo the path attribute into a temp file]
    action run (my_cookbook::default line 9)
/opt/my_cookbook-2.0.0
[2013-02-08T10:23:48+00:00] INFO: execute[echo the path
  attribute into a temp file] ran successfully

    - execute echo /opt/my_cookbook-2.0.0

[2013-02-08T10:23:49+00:00] INFO: Chef Run complete in
  2.483312728 seconds
```

참고 사항

- http://docs.opscode.com/essentials_roles.html에서 롤에 대해 자세히 알아보자.
- http://docs.opscode.com/essentials_cookbook_attribute_files.html에서 속성 파일과 속성의 우선순위를 자세히 살펴보자.

노드 검색

공개 클라우드나 비공개 클라우드를 비롯한 가상화 환경에서 인프라스트럭처를 운영하면 사용 중인 서버 인스턴스는 지속적으로 변화하게 마련이다. 즉, 사전에 알려진 서버군을 이용하지 않고, 가상 서버를 계속해서 생성하고 삭제한다.

모니터링할 서버 목록을 관리하거나 방화벽 규칙을 만들 때 가용한 서버 목록이 필요한데, 이런 가상화 환경에서는 쿡북이 가용한 서버 목록을 조회할 때 고정된 목록을 사용할 수 없다.

셰프는 롤을 비롯한 노드 속성을 근거로 노드를 검색할 수 있다. 이번 절에서는 레시피 안에서 사용할 노드 목록을 조회하는 방법을 살펴보자.

준비

1장, '셰프 인프라스트럭처'의 '쿡북 생성과 실행' 절에서 예로 들었던 my_cookbook 쿡북이 필요하며, 노드의 실행 목록에 my_cookbook을 포함시킨다.

예제 구현

특정 롤에 포함되는 노드를 검색해보자.

1. web이라는 롤을 만들고, 실행 목록에 my_cookbook를 포함시킨다.

   mma@laptop:~/chef-repo $ knife role create web

   ```
   "run_list": [
     "recipe[my_cookbook]"
   ],
   Created role[web]
   ```

2. 새로 만든 롤에 포함되는 노드를 하나 이상 만든다.

   mma@laptop:~/chef-repo $ knife node create webserver

   ```
   "run_list": [
     "role[web]"
   ],
   Created node[webserver]
   ```

3. web 롤에 포함되는 모든 노드를 검색하게 기본 레시피를 수정한다.

   mma@laptop:~/chef-repo $ subl cookbooks/my_cookbook/recipes/default.rb

   ```
   servers = search(:node, "role:web")

   servers.each do |srv|
     log srv.name
   end
   ```

4. 수정한 쿡북을 셰프 서버에 업로드한다.

   mma@laptop:~/chef-repo $ knife cookbook upload my_cookbook

   ```
   Uploading my_cookbook [0.1.0]
   ```

5. 노드에서 셰프 클라이언트를 실행한다.

```
user@server:~$ sudo chef-client

...출력 생략...
[2013-02-19T21:32:00+00:00] INFO: webserver
...출력 생략...
```

예제 분석

셰프는 모든 노드와 그 속성을 저장한다. 그중 어떤 속성(이름과 IP 주소, CPU 등)은 ohai로 자동 수집하고, 일부 속성(실행 목록 등)은 여러분이 직접 지정한다. 셰프 DSL은 검색 조건으로 노드를 찾을 수 있는 search를 제공한다. 예제에서는 롤을 조건으로 사용했지만, 필요한 노드 속성을 마음대로 조합해 검색 조건을 만들 수 있다.

search 메소드는 레시피에서 사용할 수 있는 노드 객체의 리스트를 반환한다. 예제에서는 루비 표준 반복자인 each로 리스트를 탐색했는데, 현재 탐색 중인 요소는 do 다음에 나오는 | 사이에 선언한 변수로 얻어올 수 있다. 여기서는 전체 노드 객체를 얻어오므로, 노드 속성을 조회하거나 수정할 수 있다.

부연 설명

검색은 노드를 동적으로 찾을 수 있는 강력한 도구로, 롤을 비롯한 노드의 모든 속성을 검색할 수 있으며, 불리언^boolean 연산을 이용해 더 복잡한 검색 식을 만들 수 있다. 그리고 쿡북은 물론 나이프에서도 검색을 수행할 수 있다. 이제 검색을 더 자세히 살펴보자.

나이프를 이용한 노드 검색

레시피 안에서 사용한 search 메소드와 동일한 검색식으로 나이프 커맨드 라인에서도 노드를 검색할 수 있다.

```
mma@laptop:~/chef-repo $ knife search node "role:web"

  3 items found
  Node Name:   web
  ...출력 생략...
  Node Name:   web1
  ...출력 생략...
  Node Name:   web2
  ...출력 생략...
```

임의의 노드 속성 검색

롤뿐만 아니라 다른 속성으로 노드를 검색할 수도 있다. platform 속성의 값이 ubuntu인 노드를 찾는 방법은 다음과 같다.

```
mma@laptop:~/chef-repo $ knife search node "platform:ubuntu"

  3 items found
  Node Name:   web
  ...출력 생략...
  Node Name:   vagrant
  ...출력 생략...
  Node Name:   db
  ...출력 생략...
```

불리언 연산을 활용한 검색

검색식에서 여러 조건을 함께 쓰고 싶다면 NOT과 AND, OR 등의 불리언 연산을 사용할 수 있다.

```
mma@laptop:~/chef-repo $ knife search node 'platform:ubuntu AND
   name:v*'

   1 items found
   Node Name:    vagrant
   ...출력 생략...
```

참고 사항

- http://docs.opscode.com/essentials_search.html에서 검색에 대해 더 자세히 알아보자.
- http://docs.opscode.com/dsl_recipe_method_search.html에서는 레시피 안에서 검색을 활용하는 방법을 자세히 설명한다.

데이터 백 활용

사용자 정보나 외부 서버 목록, 데이터베이스 연결 정보 등 하드 코딩하거나 속성으로 저장하기에 적합하지 않은 정보가 있다면 셰프에서 제공하는 데이터 백에 임의의 정보를 저장하고 쿡북 안에서 불러와 사용할 수 있다.

데이터 백과 데이터 백의 아이템을 생성하고 사용하는 방법을 알아보자.

준비

앞으로의 예제에서 HTTP 요청을 보내야 하므로, HTTP 종단점(HTTP 요청을 받고 처리할 부분. 예, 웹 서버 – 옮긴이)이 필요하다.

HTTP 종단점을 생성하는 방법 중 하나는 노드에서 접근 가능한 서버에서 nc -l 80 명령을 실행하고, 해당 서버의 IP 주소로 접속하는 방법이다.

다른 방법으로 무료 서비스인 리퀘스트빈^{RequestBin}을 이용하면 HTTP 종단점에 요청을 보내고, 그 요청 내용을 볼 수도 있다. 사용 방법은 다음과 같다.

1. 브라우저에서 http://requestb.in을 열고, 새로운 리퀘스트빈을 만든다.

2. 새로 만든 리퀘스트빈의 url을 기록해두고, 추후에 레시피 안에서 사용한다.

예제 구현

HTTP 종단점의 URL을 저장할 데이터 백을 만들고, 레시피 안에서 해당 데이터 백을 사용해보자.

1. 데이터 백 디렉터리를 만든다.

```
mma@laptop:~/chef-repo $ mkdir data_bags/hooks
```

2. 리퀘스트빈을 저장할 데이터 백 아이템을 만들고, 준비 단계에서 적어둔 리퀘스트빈 URL을 지정한다.

```
mma@laptop:~/chef-repo $ subl data_bags/hooks/request_bin.json
```

```
{
  "id": "request_bin",
  "url": "http://requestb.in/1abd0kf1"
}
```

3. 셰프 서버에 데이터 백을 만든다.

```
mma@laptop:~/chef-repo $ knife data bag create hooks
```

```
Created data_bag[hooks]
```

4. 앞에서 정의한 데이터 백 아이템을 셰프 서버에 업로드한다.

```
mma@laptop:~/chef-repo $ knife data bag from file hooks
  requestbin.json
```

```
Updated data_bag_item[hooks::RequestBin]
```

5. 데이터 백에서 리퀘스트빈의 URL을 조회하도록 my_cookbook의 기본
   레시피를 수정한다.

```
mma@laptop:~/chef-repo $ subl cookbooks/my_cookbook/recipes/
default.rb
```

```
hook = data_bag_item('hooks', 'request_bin')
http_request 'callback' do
  url hook['url']
end
```

6. 수정한 쿡북을 셰프 서버에 업로드한다.

```
mma@laptop:~/chef-repo $ knife cookbook upload my_cookbook
```

```
Uploading my_cookbook [0.1.0]
```

7. 노드에서 셰프 클라이언트를 실행하고 해당 리퀘스트빈에 요청을 보냈는
   지 확인한다.

```
user@server:~$ sudo chef-client
```

...출력 생략...

[2013-02-22T20:37:35+00:00] INFO: http_request[callback]
  GET to http://requestb.in/1abd0kf1 successful

...출력 생략...

8. 이제 리퀘스트빈을 확인하면 요청 내용이 보여야 한다.

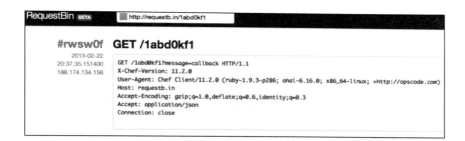

예제 분석

데이터 백은 이름이 있는 데이터의 집합^{named collection}을 저장하는 구조화된
데이터 저장소로, 데이터 백의 각 항목(아이템)은 JSON 파일에 정의할 수 있
다. 레시피 안에서는 데이터 백 아이템을 조회해 데이터 백 안의 데이터를
사용할 수 있다.

예제에서는 hooks라는 데이터 백을 만들었다. 각 데이터 백은 셰프 서버상
의 디렉터리에 비유할 수 있고, 나이프를 이용해 만들 수 있다.

다음으로 데이터 백 디렉터리에 request_bin.json 파일을 만들고, 그 안에
request_bin이라는 이름으로 데이터 백 아이템을 만든 후 셰프 서버에 업
로드했다.

레시피 안에서는 `data_bag_item` 메소드의 첫 번째 파라미터에 데이터 백이름을 전달하고, 두 번째 파라미터에 아이템 이름을 전달해 필요한 데이터 백 아이템을 조회했다.

마지막으로 `http_request` 리소스의 `url` 속성에 데이터 백 아이템의 값을 지정했다. 모든 데이터 백 아이템은 해시 구문(`hook['url']`)을 이용해 접근할 수 있다.

참고 사항

- http://docs.opscode.com/essentials_data_bags.html에서 데이터 백을 자세히 설명한다.

데이터 백 아이템 검색

사용자 정보나 HTTP 종단점 등 데이터 백에 저장된 아이템에 대해 레시피 코드를 반복해 실행할 수 있을까?

이럴 때 데이터 백 아이템을 검색하고, 검색한 결과에 대해 루프를 돌며 코드를 반복 실행할 수 있다.

이제 데이터 백 검색을 이용해 한층 더 동적인 레시피를 만들어보자.

준비

'데이터 백 활용' 절의 준비 단계와 예제 구현의 1~4 단계를 미리 실행한다.

데이터 백 아이템을 조회해 각 사용자별로 `http_request` 리소스를 호출하는 레시피를 작성하자.

1. `http_request` 리소스를 호출할 모든 HTTP 종단점을 데이터 백에서 조회하도록 레시피를 수정한다.

   mma@laptop:~/chef-repo $ subl cookbooks/my_cookbook/recipes/default.rb

   ```ruby
   search(:hooks, '*:*').each do |hook|
     http_request 'callback' do
       url hook['url']
     end
   end
   ```

2. '데이터 백 활용' 절의 6~8 단계에서 했듯이 수정한 쿡북을 셰프 서버에 업로드하고 노드에서 셰프 클라이언트를 실행한다. 그리고 HTTP 종단점에 요청에 제대로 도착했는지 확인한다.

예제 레시피에서 `search` 메소드로 데이터 백의 모든 내용을 조회했다. `search` 메소드의 첫 번째 인자는 데이터 백의 이름(루비 심벌 형태)이고, 두 번째 인자는 아이템을 조회할 때 사용할 검색식(예제에서는 *:*)이다. 그리고 `each` 반복자로 조회된 모든 데이터 백 아이템을 탐색하며, 루비 블록 안에서 `hook` 변수로 각 아이템에 접근했다.

마지막으로 각 데이터 백 아이템에 저장된 URL을 `http_request` 리소스의 `url` 속성에 지정했다. 이 과정에서 해시 구문을 이용해 데이터 백 아이템의 속성 값을 가져왔다.

부연 설명

다음의 두 예와 같이 다양한 검색 패턴을 이용해 데이터 백 아이템을 조회할
수 있다.

```
search(:hooks, "id:request_bin")
```

또는

```
search(:hooks, "url:*request*")
```

참고 사항

- '데이터 백 활용' 절을 참고하라.
- '노드 검색' 절을 참고하라.
- http://docs.opscode.com/chef/essentials_data_bags.html#using-search에
  서 데이터 백 검색으로 수행할 수 있는 기타 다양한 예를 볼 수 있다.

데이터 백 아이템 암호화

데이터 백은 사용자 정보나 애플리케이션에서 필요한 데이터를 저장하기에
유용하다. 그러나 사용자 패스워드나 비밀 키 등의 기밀 정보를 셰프 서버에
저장할 때에는 조심해야 한다.

셰프는 이럴 때에 대비해서 데이터 백에 비밀 정보를 암호화해 저장함으로
써 보안 위협을 줄일 수 있게 해준다.

준비

셰프 저장소를 준비하고 셰프 서버에 접속할 수 있도록 한다.

암호화된 데이터 백 아이템을 만들고, 그 사용법을 알아보자.

1. 암호화된 데이터 백용 디렉터리를 만든다.

```
mma@laptop:~/chef-repo $ mkdir data_bags/accounts
```

2. 구글 계정을 저장할 데이터 백 아이템을 만든다.

```
mma@laptop:~/chef-repo $ subl data_bags/accounts/google.json

{
  "id": "google",
  "email": "some.one@gmail.com",
  "password": "Oh! So secret?"
}
```

3. 셰프 서버에 데이터 백을 만든다.

```
mma@laptop:~/chef-repo $ knife data bag create accounts

Created data_bag[accounts]
```

4. 데이터 백 아이템을 셰프 서버에 업로드함과 동시에 암호화한다.

 커맨드라인에서 --secret 옵션을 사용할 때 지정한 키가 셸의 히스토리와 로그 파일에 남을 수 있으니 조심하자. '부연 설명'에서 보통 문자열 대신에 비밀 키 파일을 사용하는 방법을 알아본다.

```
mma@laptop:~/chef-repo $ knife data bag from file accounts \
        google.json --secret 'Open sesame!'

Updated data_bag_item[accounts::google]
```

5. 데이터 백 아이템이 암호화됐는지 확인한다.

mma@laptop:~/chef-repo $ knife data bag show accounts google

```
email:
  cipher:
    aes-256-cbc
  encrypted_data:
    DqYu8DnI8E1XQ5I/
    jNyaFZ7LVXIzRUzuFjDHJGHymgxd9cbUJQ48nYJ3QHxi
    3xyE

  iv:              B+eQ1hD35PfadjUwe+e18g==
  version:         1
id:       google
password:
  cipher:          aes-256-cbc
  encrypted_data:
    m3bGPmp6cObnmHQpGipZYHNAcxJYkIfx4udsM8GPt7cT1ec0w+
    IuLZk0Q9F8
  2pX0

  iv:              Bp5jEZG/cPYMRWiUX1UPQA==
  version:         1
```

6. 이제 암호를 입력하면 복호화된 데이터 백 내용을 볼 수 있다.

**mma@laptop:~/chef-repo $ knife data bag show accounts google \
    --secret 'Open sesame!'**

```
email:    some.one@gmail.com
id:       google
password: Oh! So secret?
```

데이터 백 아이템을 생성하는 나이프 명령어에서 --secret 옵션을 이용하면 데이터 백의 내용을 암호화한다.

 셰프 서버에서 데이터 백 아이템을 처리할 때 아이템의 ID가 필요하므로, ID는 암호화하지 않는다.

셰프는 공유 키 방식으로 데이터 백 아이템을 암호화/복호화하므로, 공유 키를 알고 있는 사람 누구나 암호화된 데이터 백 아이템을 복호화할 수 있다.

부연 설명

보통의 경우에 암호화된 데이터 백 아이템을 나이프 커맨드라인에서 사용하는 경우는 많지 않다. 이제 실전에서 암호화된 데이터 백 아이템을 활용하는 방법을 살펴보자.

레시피 안에서 암호화된 데이터 백 아이템에 접근

다음과 같은 코드를 이용해서 레시피 안에서 암호화된 데이터 백 아이템을 사용할 수 있다.

```
google_account = Chef::EncryptedDataBagItem.load("accounts",
  "google", "Open sesame!")
google_account["password"] # will give you the decrypted password
```

비밀 키 파일 사용

커맨드라인에서 공유 키를 입력하거나 레시피에 하드 코딩하는 대신 openssl 형식의 비밀 키 파일을 만들고 knife 명령어에 파일의 위치를 지정할 수 있다.

> openssl 형식의 비밀 키는 아래와 같이 만들 수 있다.
>
> ```
> $ openssl genrsa -out data_bag_secret_key.pem 1024
> ```

```
mma@laptop:~/chef-repo $ knife data bag from file accounts \
  google.json --secret-file .chef/data_bag_secret_key.pem
```

.chef 디렉터리에 data_bag_secret_key.pem 파일이 있다고 가정했을 때의 명령어는 위와 같다.

다른 노드에서 데이터 백 아이템을 복호화하려면 scp를 이용해 비밀 키를 해당 노드의 /etc/chef 디렉터리로 복사한다.

> 셰프 저장소에 키 파일이 이미 존재한다면 셰프를 시작하는 과정에서 해당 키를 알맞은 장소로 옮긴다.

그리고 /etc/chef/client.rb 파일에 data_bag_secret_key.pem의 위치를 지정한다.

```
encrypted_data_bag_secret "/etc/chef/data_bag_secret_key.pem"
```

이제 레시피 안에서 load 메소드를 실행할 때 암호를 지정하지 않아도 데이터 백 아이템을 복호화할 수 있다.

```
google_account = Chef::EncryptedDataBagItem.load("accounts",
  "google")
```

셰프는 client.rb 파일에 지정된 비밀 키 파일을 이용해서 데이터 백 아이템을 복호화한다.

참고 사항

- '데이터 백 활용' 절을 참고하라.

- http://docs.opscode.com/essentials_data_bags_encrypt.html에서 암호화된 데이터 백 아이템을 자세히 설명한다.

외부 스크립트에서 데이터 백에 접근

서버를 셰프로 온전히 제어할 수 없는 경우에는 외부 스크립트에서 셰프의 데이터 백에 저장된 값에 접근해야 하는 경우도 있다. 이럴 때는 데이터 백 (혹은 노드 속성)의 값을 JSON 파일로 덤프^{dump}하고, 외부 스크립트에서 그 파일을 읽는 방법이 가장 간단하다.

준비

1장, '셰프 인프라스트럭처'의 '쿡북 생성과 활용' 절을 참고해 my_cookbook 쿡북을 만들고 노드의 실행 목록에 등록한다.

그리고 추후에 그 값을 사용할 수 있게 데이터 백을 만든다.

1. 데이터 백을 생성한다.

```
mma@laptop:~/chef-repo $ mkdir data_bags/servers
mma@laptop:~/chef-repo $ knife data bag create servers

Created data_bag[severs]
```

2. 첫 번째 데이터 백 아이템을 만든다.

```
mma@laptop:~/chef-repo $ subl data_bags/servers/backup.json
{
  "id": "backup",
```

```
    "host": "10.0.0.12"
  }
```

```
mma@laptop:~/chef-repo $ knife data bag from file servers
  backup.json
```

```
Updated data_bag_item[severs::backup]
```

예제 구현

외부 스크립트에서 사용할 수 있게 데이터 백의 내용을 JSON 파일로 내보내는 쿡북을 만들자.

1. 쿡북의 기본 레시피를 수정한다.

   ```
   mma@laptop:~/chef-repo $ subl cookbooks/my_cookbook/recipes/
   default.rb
   ```

   ```
   file "/etc/backup_config.json" do
     owner "root"
     group "root"
     mode 0644
     content data_bag_item('servers', 'backup')['host'].to_json
   end
   ```

2. 수정한 쿡북을 셰프 서버에 업로드한다.

   ```
   mma@laptop:~/chef-repo $ knife cookbook upload my_cookbook
   ```

   ```
   Uploading my_cookbook [0.1.0]
   ```

3. 노드에서 셰프 클라이언트를 실행한다.

   ```
   user@server:~$ sudo chef-client
   ```

   ```
   ...출력 생략...
   [2013-03-14T20:30:33+00:00] INFO: Processing
   ```

```
  file[/etc/backup_config.json] action create
  (my_cookbook::default line 9)
 [2013-03-14T20:30:34+00:00] INFO: entered create
 [2013-03-14T20:30:34+00:00] INFO:
  file[/etc/backup_config.json] owner changed to 0
 [2013-03-14T20:30:34+00:00] INFO:
  file[/etc/backup_config.json] group changed to 0
 [2013-03-14T20:30:34+00:00] INFO:
  file[/etc/backup_config.json] mode changed to 644
 [2013-03-14T20:30:34+00:00] INFO:
  file[/etc/backup_config.json] created file
  /etc/backup_config.json
  ...출력 생략...
```

4. 생성된 파일의 내용을 확인하자.

user@server:~$ cat /etc/backup_config.json

```
"10.0.0.12"
```

5. 이제 셰프로 관리하지 않는 외부 스크립트에서도 backup_config.json 파일에 접근할 수 있다.

예제 분석

파일 리소스는 data_bag_item 메소드를 호출해 데이터 백의 내용을 가져온 후 /etc 디렉터리에 JSON 파일로 저장한다. data_bag_item 메소드의 첫 번째 인자는 데이터 백의 이름이며, 두 번째 인자는 데이터 백 아이템의 이름이다. 이렇게 조회한 데이터 백 아이템에서 host 속성을 가져와 JSON 형식으로 변환해 파일에 저장했다.

파일 리소스는 이렇게 JSON으로 변환한 값을 디스크에 쓴다.

이제 어떤 외부 스크립트에서나 이 파일을 읽을 수 있다.

노드에서 실행되는 셰프 클라이언트가 데이터 백에 저장한 값을 변경하지
않는다면 스크립트 안에서 셰프 API를 직접 호출할 수도 있다.

- http://stackoverflow.com/questions/10318919/how-to-accesscurrent-
  values-from-a-chef-data-bag에서 더 자세한 설명을 볼 수 있다.
- '데이터 백 활용' 절을 참고하라.

시스템 환경 정보 수집

현재 작업 중인 환경 정보를 알아야 할 경우가 있다. 참고로 여기서 말하는
환경은 셰프의 인바이런먼트가 아니라 리눅스 커널 버전이나 현재 사용자
목록, 네트워크 인터페이스 정보 등의 환경 정보를 말한다.

셰프는 이런 모든 정보를 node 객체로 제공한다. 이제 그 사용법을 알아
보자.

셰프로 관리 중인 노드 아무 곳이나 로그인한 후 셰프 셸을 시작한다.

```
user@server:~$ sudo chef-shell --client

chef >
```

노드 객체를 사용해보고, 그 안에 어떤 정보가 들어있는지 확인하자.

1. 먼저 어떤 정보가 있는지 목록을 조회한다. 다음 예에서는 베이그런트 가상 머신에서 사용할 수 있는 해시 키 목록을 보여주는데, 작업 중인 서버의 종류에 따라 목록은 다를 수 있다.

```
chef > node.keys.sort
```

```
=> ["block_device", "chef_packages", "command", "counters",
"cpu", "current_user", "dmi", "domain", "etc", "filesystem",
"fqdn", "hostname", "idletime", "idletime_seconds", "ip6address",
"ipaddress", "kernel", "keys", "languages", "lsb", "macaddress",
"memory", "network", "ntp", "ohai_time", "os", "os_version",
"platform", "platform_family", "platform_version", "recipes",
"roles", "root_group", "tags", "uptime", "uptime_seconds",
"virtualization"]
```

2. 다음으로 사용 가능한 네트워크 인터페이스를 조회한다.

```
chef > node['network']['interfaces'].keys.sort
```

```
=> ["lo", "eth0"]
```

3. 모든 사용자를 조회한다.

```
chef > node['etc']['passwd'].keys.sort
```

```
=> ["backup", "bin", "daemon", "games", "gnats", "irc", "libuuid",
"list", "lp", "mail", "man", "messagebus", "news", "nobody",
"ntp", "proxy", "root", "sshd", "sync", "sys", "syslog", "uucp",
"vagrant", "vboxadd", "www-data"]
```

4. 루트 사용자의 상세 정보를 조회한다.

```
chef > node['etc']['passwd']['root']
```

```
=> {"dir"=>"/root", "gid"=>0, "uid"=>0, "shell"=>"/bin/bash",
"gecos"=>"root"}
```

5. 설치된 우분투 배포판의 코드명을 조회한다.

   chef > node['lsb']['codename']

   ```
   => "precise"
   ```

6. 사용할 수 있는 커널 모듈을 조회한다.

   chef > node['kernel']['modules'].keys.sort

   ```
   => ["dm_crypt", "drm", "e1000", "ext2", "i2c_piix4", "lp", "mac_
   hid", "microcode", "parport", "parport_pc", "ppdev", "psmouse",
   "serio_raw", "vboxguest", "vboxsf", "vboxvideo", "vesafb"]
   ```

예제 분석

셰프는 오하이를 이용해 노드의 환경 정보를 수집하며, 수집한 정보를 node 객체에 해시와 비슷한 자료 구조인 매시 형태로 저장한다. 매시를 이용하면 키-값 쌍은 물론이고, 키의 이름에 기반을 둔 검색 메소드가 node 객체에 추가된다.

즉, node['lsb']['codename'] 대신 node.lsb.codename을 사용할 수 있다.

부연 설명

셰프 셸에서 사용한 메소드를 레시피에서 동일하게 사용할 수 있다.

참고 사항

오하이는 노드 정보 수집을 담당한다. 오하이에 대해 자세히 알고 싶다면 http://docs.opscode.com/ohai.html을 참고하라.

다중 플랫폼 호환 쿡북 작성

우분투 노드에서 완벽하게 작동하던 쿡북을 CentOS 노드에서 실행해야 한다고 생각해보자. 십중팔구는 실패할 것이다. 패키지 이름이 다르고, YUM 대신 APT를 사용해야 하며, 설정 파일의 위치도 다르다. 이 쿡북을 윈도우에서 실행해야 한다면 문제는 더 심각해진다.

다행히 셰프는 플랫폼 호환성을 갖춘 쿡북을 만드는 데 필요한 여러 가지 기능을 제공한다. 몇 가지 명령어만으로도 현재 실행 중인 노드의 플랫폼에 적응하는 쿡북을 만들 수 있다.

준비

1장, '셰프 인프라스트럭처'의 '쿡북 생성과 활용' 절을 참고해 my_cookbook 쿡북을 만들고 노드의 실행 목록에 등록한다.

예제 구현

노드의 플랫폼이 무엇인지 조회하고, 플랫폼에 따라 알맞은 로직을 실행하는 쿡북을 작성한다.

1. 노드의 플랫폼이 ubuntu일 때만 로그를 남긴다.

```
mma@laptop:~/chef-repo $ subl cookbooks/my_cookbook/recipes/
default.rb
```

```
Log.info("Running on ubuntu") if node.platform['ubuntu']
```

2. 셰프 서버에 수정한 쿡북을 업로드한다.

**mma@laptop:~/chef-repo $ subl cookbooks/my_cookbook/recipes/
default.rb**

```
Uploading my_cookbook [0.1.0]

Uploaded 1 cookbook.
```

3. 노드에 로그인한 후 셰프 클라이언트를 실행해 쿡북이 잘 동작하는지 확
   인한다.

user@server:~$ sudo chef-client

```
...출력 생략...
[2013-03-03T20:07:39+00:00] INFO: Running on Ubuntu
...출력 생략...
```

특정 배포판에 상관없이 현재 플랫폼이 데비안^{Debian} 계열인지 알고 싶다면
기본 레시피에 다음과 같은 코드를 넣자.

```
Log.info("Running on a debian derivative") if
   platform_family?('debian')
```

쿡북을 업로드한 후 우분투 노드에서 쿡북을 실행하면 다음과 같은 결과를
볼 수 있다.

```
[2013-03-03T20:16:14+00:00] INFO: Running on a debian
   derivative
```

예제 분석

오하이는 현재 노드의 플랫폼을 조사해 노드 객체의 `platform` 속성에 저장하며, 다른 속성과 마찬가지로 해시 문법으로 접근할 수 있다.

```
node['platform']
```

다음과 같이 메소드 방식으로 접근할 수도 있다.

```
node.platform
```

셰프는 운영체제가 어느 계열에 속하는지도 알 수 있는데, 셰프 DSL에서 `platform_family` 메소드로 이 정보에 접근할 수 있다.

이처럼 쿡북 안에서 플랫폼에 의존적인 작업을 할 경우에 루비 조건문인 `if`와 `unless`, `case`를 사용한다.

부연 설명

그 외의 몇 가지를 자세히 살펴보자.

case 구문을 쓰지 않고 플랫폼별로 값 지정

셰프 DSL에서 제공하는 `value_for_platform`과 `value_for_platform_family` 메소드를 이용하면 복잡한 `case` 구문을 간단한 해시로 대체할 수 있다. `runit` 쿡북을 예로 들면 `runit` 서비스를 시작할 때 `value_for_platform`을 이용해서 `execute` 리소스에 시작 명령어를 지정한다.

```
execute "start-runsvdir" do
  command value_for_platform(
    "debian" => { "default" => "runsvdir-start" },
    "ubuntu" => { "default" => "start runsvdir" },
    "gentoo" => { "default" => "/etc/init.d/runit-start start" }
```

```
    )
    action :nothing
end
```

데비안에서는 `runsvdir-start`, 우분투에서는 `start runsvdir` 명령어를 실행하고, 젠투^{Gentoo}에서는 `init.d` 스크립트를 사용한다.

 일부 내장 리소스는 플랫폼별 제공자를 이용한다. 예를 들어 group 리소스는 다음과 같이 플랫폼에 따라 다른 제공자를 사용한다.
- 맥 OS X: `Chef::Provider::Group::Dscl`
- FreeBSD: `Chef::Provider::Group::Pw`
- 솔라리스(Solaris): `Chef::Provider::Group::Usermod`

쿡북 인프라스트럭처에 지원하는 운영체제 명시

쿡북이 몇 가지 특정 운영체제를 지원하게 만든 경우라면 쿡북 인프라스트 럭처에 지원하는 플랫폼 목록을 명시하자.

mma@laptop:~/chef-repo $ subl
cookbooks/my_cookbook/recipes/metadata.rb

```
supports 'ubuntu'
```

쿡북이 여러 플랫폼을 지원한다면 루비의 `%w` 숏컷^{shortcut}을 이용해서 지원하 는 모든 플랫폼 목록을 문자열의 배열로 나타내고, 이 배열을 탐색하면서 각 플랫폼마다 `supports`를 호출할 수 있다.

```
%w(debian ubuntu redhat centos fedora scientific amazon oracle).each
do |os|
    supports os
end
```

참고 사항

- 3장, '셰프 언어와 스타일'의 '보통 루비 코드와 셰프 DSL 혼용하기' 절을 참고하라.
- https://github.com/opscode-cookbooks/runit/blob/master/recipes/default. rb에서 `runit` 쿡북을 찾을 수 있다.

쿡북에서 사용할 수 있는 모든 운영체제 조회

우분투나 레드햇, 데비안, 윈도우 등 다양한 운영체제를 지원하는 쿡북을 만든다고 가정하자.

쿡북 안에서 각 플랫폼을 구별해야 하고, 어떤 플랫폼을 지원하는지 쿡북에 알려야 한다. 하지만 metadata.rb나 레시피 안에서 어떤 플랫폼 값을 사용할 수 있는지 아직 모른다.

여기서는 셰프 안에 정의된 플랫폼 종류를 알아보자.

예제 구현

보통의 루비 구문을 이용해서 `platform` 속성에 지정할 수 있는 값의 전체 목록을 살펴보고, 그 중 일부를 metadata.rb에서 지원하는 플랫폼 목록에 사용해보자.

1. `Chef::Platform` 클래스를 질의해 셰프가 지원할 수 있는 모든 플랫폼 목록을 알아보자.

```
mma@laptop:~/chef-repo/cookbooks $ ruby -rubygems -rchef -e \
    'puts Chef::Platform.platforms.keys.sort.join(", ")'

aix, amazon, arch, centos, debian, default, fedora,
```

```
...출력 생략...
ubuntu, windows, xenserver
```

2. 쿡북이 지원하는 플랫폼을 사용자가 알 수 있게 지정한다.

```
mma@laptop:~/chef-repo/cookbooks $ subl my_cookbook/metadata.rb

...
%w(debian ubuntu mac_os_x).each do |os|
  supports os
end
```

예제 분석

셰프는 지원 가능한 운영체제 목록을 `Chef::Platform` 클래스에 저장하는데, 루비 커맨드라인에서 이 클래스를 질의해 플랫폼 목록을 살펴봤다.

`ruby`를 호출할 때 `-r` 옵션에 `rubygems`와 `chef`를 지정해야 한다.

`-e`에는 실행할 루비 코드를 지정하는데, 여기서는 `puts`를 이용해서 조회 결과를 콘솔에 출력했다.

`Chef::Platform` 클래스는 `platforms`라는 컬렉션collection을 포함하는데, 그 컬렉션의 키를 정렬해 루비 배열로 만들고, 그 배열을 콤마로 분리된 문자열로 변환했다.

```
Chef::Platform.platforms.keys.sort.join(", ")
```

부연 설명

`Chef::Platform` 내의 컬렉션에는 앞서 지원 가능한 운영체제를 출력할 때 사용했던 플랫폼 이름을 키로 저장함은 물론, 플랫폼별 기본 제공자도 저장된다.

제공자는 각 리소스의 구현에서 플랫폼 의존적인 부분을 포함하는데, 예를 들어 package 리소스는 우분투에서 Apt, 레드햇에서 Yum을 제공자로 사용한다.

 커맨드라인에서 루비를 사용하는 대신, 반응형 루비 셸(IRB) 안에서 셰프 클래스를 이용할 수 있다.

mma@laptop:~/chef_helpster $ irb

```
1.9.3p194 :001 > require 'chef'
 => true
1.9.3p194 :002 > Chef::Platform.platforms[:ubuntu]
 => {:default=>{:package=>Chef::Provider::Package::Apt,
  :service=>Chef::Provider::Service::Debian,
  :cron=>Chef::Provider::Cron, :mdadm=>Chef::Provider::Mdadm}}
```

다음과 같은 방법으로도 실행 중인 플랫폼에 따라 레시피의 동작을 변경할 수 있다(다음 예는 옵스코드의 apache 쿡북에서 발췌했다).

```
service "apache2" do
  case node[:platform]
  when "centos","redhat","fedora","suse"
    service_name "httpd"
  ...출력 생략...
when "arch"
    service_name "httpd"
  end
  supports value_for_platform(
    "debian" => { ... },
    "ubuntu" => { ... },
  ...출력 생략...
```

```
"default" => { ... }
    )
    action :enable
end
```

위에서 예로 든 apache 쿡북에서는 플랫폼에 따라 아파치 서비스의 이름과
실행할 명령어를 다르게 지정하고, 아파치 서비스를 관리할 때 어떤 동작을
취할지 셰프에 알려준다.

셰프가 :platform 노드 속성에 현재 운영체제를 지정하면 여러분이 이 값
을 이용해서 레시피 안에서 플랫폼에 적합한 작동을 하게 할 수 있다.

참고 사항

- http://docs.opscode.com/dsl_recipe.html에서 플랫폼 값을 이용하는 기타
  예제를 볼 수 있다.

조건부 실행을 바탕으로 레시피의 멱등성 구현

셰프는 노드의 설정을 관리한다. 여기서 말하는 설정관리는 새로운 노드에
새로운 소프트웨어를 설치하는 일뿐만 아니라 기존 노드에서 셰프 클라이언
트를 실행하는 경우도 포함한다.

따라서 기존 노드에서 셰프 클라이언트를 실행하는 경우에는 레시피 안에서
이미 목표 상태에 도달한 리소스를 다시 실행하지 않도록 해야 한다.

같은 리소스를 반복해서 실행하면 성능이 떨어짐은 물론이고, 심각한 경우
에는 서버에 장애가 발생할 수 있다. 이런 경우에 대비해서 셰프는 특정 조
전을 만족하는 경우에만 리소스를 실행할 수 있다. 이제 조건부로 리소스를
실행하는 방법을 살펴보자.

1장, '셰프 인프라스트럭처'의 '쿡북 생성과 활용' 절을 참고해 my_
cookbook 쿡북을 만들고 노드의 실행 목록에 등록한다.

예제 구현

쿡북에서 조건부 실행을 활용해보자.

1. 콜백callback URL이 활성화된 경우에만 콜백 요청을 보내도록 기본 레시피
   를 수정한다.

   **mma@laptop:~/chef-repo $ subl cookbooks/my_cookbook/recipes/
   default.rb**

   ```
   http_request 'callback' do
     url node['my_cookbook']['callback']['url']
     only_if { node['my_cookbook']['callback']['enabled'] }
   end
   ```

2. 쿡북에 속성을 추가하자.

   **mma@laptop:~/chef-repo $ subl cookbooks/my_cookbook/attributes/
   default.rb**

   ```
   default['my_cookbook']['callback']['url'] =
     'http://www.opscode.com'
   default['my_cookbook']['callback']['enabled'] = true
   ```

3. 수정한 쿡북을 셰프 서버에 업로드한다.

   mma@laptop:~/chef-repo $ knife cookbook upload my_cookbook

   ```
   Uploading my_cookbook [0.1.0]
   ```

4. 셰프 클라이언트를 실행해 HTTP 요청이 보내지는지 확인한다.

user@server:~$ sudo chef-client

```
...출력 생략...
[2013-03-04T20:28:01+00:00] INFO: Processing http_
request[callback] action get (my_cookbook::default line 9)
[2013-03-04T20:28:02+00:00] INFO: http_request[callback] GET to
http://www.opscode.com successful
...출력 생략...
```

예제 분석

모든 리소스에서 only_if와 not_if를 사용할 수 있다. 예제에서는 노드 속성을 조회하는 루비 블록을 조건문에 지정했다. 앞서 enabled 속성을 true로 설정했기 때문에 루비 블록의 값은 true로 평가된다. 결국 only_if 의 조건이 참이므로 리소스를 실행한다.

리소스의 실행 여부를 결정할 때 루비의 모든 기능을 이용할 수 있다. 루비 코드가 여러 줄이라면 중괄호 대신 do ... end로 코드를 감싼다.

부연 설명

루비 블록 대신 셸 명령어를 조건문에 지정할 수도 있다.

```
http_request 'callback' do
  url node['my_cookbook']['callback']['url']
  only_if "test -f /etc/passwd"
end
```

위의 예에서는 셸에서 test 명령어를 실행하고, 명령어의 종료 코드가 0인 경우 리소스를 실행한다.

참고 사항

- 3장, '셰프 언어와 스타일'의 '속성을 이용해 레시피를 동적으로 설정' 절을 참고하라.

- http://docs.opscode.com/resource_common_conditionals.html에서 조건부 실행을 자세히 설명한다.

5

파일과 패키지 다루기

이 파일은 그저 압축 파일에 지나지 않는다.
브라우저는 이 파일로 속임수를 부려서 똑똑한 척 할 뿐이다.
- 라스무스 러도프(Rasmus Lerdorf)

5장에서 다루는 내용은 다음과 같다.

- 템플릿을 이용한 설정 파일 생성

- 루비 조건문과 반복문을 활용한 템플릿 작성

- 서드파티third-party 저장소의 패키지 설치

- 소스코드를 이용한 소프트웨어 설치

- 파일이 변경될 때 명령어 수행

- 디렉터리 트리 배포

- 오래된 파일 정리

- 목적 플랫폼에 알맞은 파일 배포

소개

파일을 옮기고 소프트웨어를 설치하는 일은 노드를 설정할 때 가장 빈번한 작업 중 하나다. 5장에서는 셰프를 이용해서 파일과 패키지를 다루는 방법을 살펴본다.

템플릿을 이용한 설정 파일 생성

설정관리라는 단어 자체로도 명확히 알 수 있듯이 레시피는 노드의 설정을 관리하는 역할을 하며, 그 말은 대부분의 경우에 설정 파일을 관리한다는 말과 같다. 셰프는 설정에 지정할 값을 데이터 백이나 속성에서 가져오거나 즉시 계산해 그 값을 템플릿에 넘겨줘 설정 파일에 넣음으로써 동적으로 설정 파일을 생성한다.

이제 템플릿을 이용해서 설정 파일을 생성하는 방법을 살펴보자.

준비

1장, '셰프 인프라스트럭처'의 '쿡북 생성과 활용' 절을 참고해 my_cookbook 쿡북을 만들고 노드의 실행 목록에 등록한다.

예제 구현

템플릿 리소스를 이용해 설정 파일을 생성해보자.

1. 쿡북의 기본 레시피를 수정한다.

```
mma@laptop:~/chef-repo $ subl cookbooks/my_cookbook/recipes/
default.rb
```

```
template "/etc/logrotate.conf" do
```

```
  source "logrotate.conf.erb"
  variables(
    how_often: "daily",
    keep: "31"
  )
end
```

2. 템플릿의 default 폴더에 임베디드 루비[ERB]를 이용한 템플릿 파일을 추가한다.

mma@laptop:~/chef-repo $ subl cookbooks/my_cookbook/templates/default/logrotate.conf.erb

```
<%= @how_often -%>
rotate <%= @keep -%>
create
```

3. 수정한 쿡북을 셰프 서버에 업로드한다.

mma@laptop:~/chef-repo $ knife cookbook upload my_cookbook

```
Uploading my_cookbook [0.1.0]
```

4. 노드에서 셰프 클라이언트를 실행한다.

user@server:~$ sudo chef-client

```
...출력 생략...
[2013-03-05T21:40:58+00:00] INFO: Processing template[/etc/
logrotate.conf] action create (my_cookbook::default line 9)
[2013-03-05T21:41:04+00:00] INFO: template[/etc/logrotate.
conf] backed up to /srv/chef/cache/etc/logrotate.conf.chef-
20130305214104
[2013-03-05T21:41:04+00:00] INFO: template[/etc/logrotate.conf]
updated content
...출력 생략...
```

5. 생성된 파일의 내용을 확인한다.

```
user@server:~$ cat /etc/logrotate.conf

daily
rotate 31
create
```

예제 분석

셰프로 설정 파일을 관리하는 과정은 다음과 같다.

1. 필요한 설정 파일을 노드에서 쿡북의 templates/default 폴더에 복사한다.

2. 복사본에 .erb 확장자를 추가한다.

3. 쿡북으로 관리할 설정 값을 변수 값을 출력하는 ERB 구문으로 대체한다. 셰프는 템플릿 리소스의 variables에 전달한 모든 파라미터를 변수로 정의한다.

```
<%= @variable_name -%>
```

4. 레시피에 템플릿 리소스를 만들고, 앞에서 만든 템플릿을 source로 지정한다. 그리고 ERB 파일에서 사용하는 모든 변수를 variables에 전달한다.

5. 노드에서 레시피를 실행하면 원본 설정 파일을 백업한 후 동적으로 생성한 파일로 대체한다.

 가능하면 변수 값을 레시피에 하드 코딩하는 대신 속성을 이용하자.

패키지가 업데이트되면서 설정 파일의 내용을 변경할 수 있으니 조심하자.
이런 경우에는 바뀐 내용을 직접 설정 파일 템플릿에 통합해야 한다.

그렇지 않으면 셰프로 설정한 모든 내용이 사라지게 된다.

 설정 파일 상단에 셰프로 관리하는 파일이라는 사실을 주석으로 명시하자. 실수로
파일을 변경하는 실수를 피할 수 있다.

참고 사항

- http://docs.opscode.com/essentials_cookbook_templates.html에서 템플릿
  에 대한 모든 내용을 볼 수 있다.
- 3장, '셰프 언어와 스타일'의 '템플릿 활용' 절을 참고하라.

루비 조건문과 반복문을 활용한 템플릿 작성

설정 파일에서 조건에 따라 설정을 활성화/비활성화하는 일이 자주 있다.
셰프에서는 ERB를 템플릿 언어로 사용하기 때문에 조건문과 반복문 등의
루비 제어 구조를 이용한 논리 흐름 제어가 가능하다.

준비

1장, '셰프 인프라스트럭처'의 '쿡북 생성과 활용' 절을 참고해 my_cookbook
쿡북을 만들고 노드의 실행 목록에 등록한다.

enabled라는 변수가 true일 때만 주어진 백엔드^{backend} 서버군의 IP 주소를
나열하는 가상의 설정 파일을 만들어보자.

1. 쿡북의 기본 레시피를 수정한다.

   **mma@laptop:~/chef-repo $ subl cookbooks/my_cookbook/recipes/
   default.rb**

   ```
   template "/tmp/backends.conf" do
     mode "0444"
     owner "root"
     group "root"
     variables({
       :enabled => true,
       :backends => ["10.0.0.10", "10.0.0.11", "10.0.0.12"]
     })
   end
   ```

2. 템플릿을 만든다.

   **mma@laptop:~/chef-repo $ subl cookbooks/my_cookbook/templates/
   default/backends.conf.erb**

   ```
   <%- if @enabled %>
     <%- @backends.each do |backend| %>
       <%= backend %>
     <%- end %>
   <%- else %>
     No backends defined!
   <%- end %>
   ```

3. 수정한 쿡북을 셰프 서버에 업로드한다.

   mma@laptop:~/chef-repo $ knife cookbook upload my_cookbook

```
Uploading my_cookbook [0.1.0]
```

4. 노드에서 셰프 클라이언트를 실행한다.

user@server:~$ sudo chef-client

```
...출력 생략...
[2013-03-18T20:40:43+00:00] INFO: Processing template[/tmp/
backends.conf] action create (my_cookbook::default line 9)
[2013-03-18T20:40:44+00:00] INFO: template[/tmp/backends.conf]
updated content
[2013-03-18T20:40:44+00:00] INFO: template[/tmp/backends.conf]
owner changed to 0
[2013-03-18T20:40:44+00:00] INFO: template[/tmp/backends.conf]
group changed to 0
[2013-03-18T20:40:44+00:00] INFO: template[/tmp/backends.conf]
mode changed to 444
...출력 생략...
```

5. 생성된 파일의 내용을 확인한다.

user@server:~$ cat /tmp/backends.conf

```
10.0.0.10
10.0.0.11
10.0.0.12
```

예제 분석

템플릿에서 보통 루비 코드를 사용할 수 있는데, 예제에서는 두 가지 개념을 이용했다. 첫 번째로 if-else 블록으로 IP 주소를 표시할지, 메시지만 표시 할지를 결정했다. 두 번째로 반복문으로 서버 목록을 반복하며 IP 주소를 표시했다.

조건문은 다음과 같다.

```
<%- if @enabled %>
    ...
<%- else %>
   No backends defined!
<%- end %>
```

변수 enabled에 true나 false를 지정하고 템플릿에서 그 값에 접근할 수 있다. 이 값이 true이면 첫 번째 블록 안의 루비 코드를 실행해 파일을 렌더링하고, false이면 파일의 내용으로 No backends defined!를 출력한다.

 템플릿에 루비 논리 구문을 포함시키려면 <%- %>를 사용한다.

이제 IP 목록을 탐색하는 방법을 살펴보자.

```
<%- @backends.each do |backend| %>
   <%= backend %>
<%- end %>
```

문자열의 배열을 backend 변수로 전달했다. 템플릿에서는 each 반복자로 배열을 탐색하며, + 문자 사이에 지정한 변수에 각 요소의 값을 저장하며, 반복문 안에서 이 변수의 값을 출력한다.

템플릿 안에서 루비의 모든 기능을 이용할 수 있지만, 되도록 간단하게 사용하는 편이 좋다. 더 복잡한 논리는 레시피에 넣고, 이미 계산한 값만 템플릿에 넘겨주자. 조건문과 반복문만 사용해서 템플릿을 단순하게 만들자.

부연 설명

문자열을 출력할 때 다음과 같은 조건문을 이용할 수도 있다.

```
<%= "Hello world!" if @enabled -%>
```

템플릿에서 위와 같은 코드를 사용하면 enabled의 값이 true일 때만 Hello world!라는 문자열을 출력한다.

참고 사항

- 3장, '셰프 언어와 스타일'의 '템플릿 활용' 절을 참고하라.
- http://docs.opscode.com/essentials_cookbook_templates.html에서 더 많은 설명과 예를 볼 수 있다.

서드파티 저장소의 패키지 설치

우분투 패키지 저장소가 많은 최신 패키지를 포함하고 있지만, 필요한 패키지를 찾을 수 없거나 오래된 버전인 경우도 있다. 이럴 때는 서드파티 저장소를 이용하거나 여러분 스스로 (직접 만든 패키지를 포함하는) 저장소를 만들 수 있다. 우분투나 데비안을 사용한다면 셰프와 apt 쿡북으로 추가적인 저장소를 쉽게 이용할 수 있다.

 레드햇/CentOs/페도라(Fedora)/사이언티픽(Scientific) 리눅스에서는 셰프의 yum 리소스를 이용할 수 있다.

1장, '셰프 인프라스트럭처'의 '쿡북 생성과 활용' 절을 참고해 `my_cookbook` 쿡북을 만들고 노드의 실행 목록에 등록한다.

그리고 apt 쿡북을 설치한다.

```
mma@laptop:~/chef-repo $ knife cookbook site install apt
```

```
...출력 생략...
Cookbook apt version 1.9.0 successfully installed
```

예제 구현

s3tools.org의 저장소로부터 s3cmd 도구를 설치하는 방법을 살펴보자.

1. 쿡북의 기본 레시피를 편집한다.

```
mma@laptop:~/chef-repo $ subl cookbooks/my_cookbook/recipes/
default.rb
```

```
include_recipe "apt"
apt_repository "s3tools" do
  uri "http://s3tools.org/repo/deb-all"
  components ["stable/"]
  key "http://s3tools.org/repo/deb-all/stable/s3tools.key"
  action :add
end
package "s3cmd"
```

2. 쿡북의 메타데이터를 수정해 apt 쿡북에 대한 의존성을 추가한다.

```
mma@laptop:~/chef-repo $ subl cookbooks/my_cookbook/metadata.rb
```

```
...
depends "apt"
```

3. apt 쿡북을 셰프 서버에 업로드한다.

```
mma@laptop:~/chef-repo $ knife cookbook upload apt

Uploading apt [1.9.0]
Uploaded 1 cookbook.
```

4. 수정한 my_cookbook을 셰프 서버에 업로드한다.

```
mma@laptop:~/chef-repo $ knife cookbook upload my_cookbook

Uploading my_cookbook [0.1.0]
```

5. s3cmd 패키지가 아직 설치돼지 않았음을 확인한다.

```
user@server:~$ dpkg -l s3cmd

No packages found matching s3cmd.
```

6. 기존 저장소에 예전 버전 s3cmd(1.0.0-1)이 포함됐음을 확인한다.

```
user@server:~$ apt-cache showpkg s3cmd

Package: s3cmd
Versions:
1.0.0-1 (/var/lib/apt/lists/us.archive.ubuntu.com_ubuntu_dists_
precise_universe_binary-amd64_Packages)
```

7. 노드에서 셰프 클라이언트를 실행한다.

```
user@server:~$ sudo chef-client

...출력 생략...
[2013-03-18T21:07:14+00:00] INFO: Processing apt_
repository[s3tools] action add (my_cookbook::default line 11)
[2013-03-18T21:07:14+00:00] INFO: Processing remote_file[/srv/
chef/file_store/s3tools.key] action create (/srv/chef/file_store/
cookbooks/apt/providers/repository.rb line 53)
...출력 생략...
[2013-03-18T21:07:19+00:00] INFO: execute[apt-get update] ran
```

```
successfully
[2013-03-18T21:07:19+00:00] INFO: Processing package[s3cmd] action
install (my_cookbook::default line 18)
...출력 생략...
```

8. s3tools 저장소가 새로운 버전(1.0.0-1이 아닌 1.0.0-4)을 제공함을 확인한다.

user@server:~$ apt-cache showpkg s3cmd

```
Package: s3cmd
Versions:
1.0.0-4 (/var/lib/apt/lists/s3tools.org_repo_deb-all_stable_
Packages) (/var/lib/dpkg/status)
```

9. s3cmd 패키지가 설치됐는지 확인한다.

user@server:~$ dpkg -l

```
...출력 생략...
ii s3cmd 1.0.0-4 The ultimate Amazon S3 and CloudFront command
line client
```

예제 분석

예제를 시작하기 전에 나이프를 이용해 커뮤니티 쿡북 사이트로부터 추가적인 APT 저장소를 쉽게 다룰 수 있는 apt 쿡북을 설치했다.

 1장, '셰프 인프라스트럭처'의 '버크셸프를 이용한 쿡북 의존성 관리' 절을 참고해 knife cookbook site install 대신에 버크셸프를 이용할 수도 있다.

쿡북의 **metadata.rb**에 depends 호출을 추가해 (apt 쿡북에 대한) 의존성을 셰프에게 알려야 한다.

그리고 apt 쿡북에 정의된 apt_repository 리소스를 사용하려면 기본 레시피에 apt 레시피를 포함시킨다.

```
include_recipe "apt"
```

이제 apt 쿡북을 사용할 수 있으니, apt_repository 리소스로 서드파티 저장소를 추가한다.

```
apt_repository "s3tools" do
  uri "http://s3tools.org/repo/deb-all"
  components ["stable/"]
  key "http://s3tools.org/repo/deb-all/stable/s3tools.key"
  action :add
end
```

예제에서는 안정화된stable 브랜치만 선택했다.

서드파티 저장소를 추가한 후에 다음과 같이 필요한 패키지를 설치할 수 있다.

```
package "s3cmd"
```

참고 사항

- http://s3tools.org/debian-ubuntu-repository-for-s3cmd에서 s3cmd 패키지에 대해 자세히 설명한다.

소스코드를 이용한 소프트웨어 설치

필요한 플랫폼의 패키지 형태로 제공되지 않는 소프트웨어를 설치하려면 소스코드를 직접 컴파일해야 한다.

셰프에서는 script 리소스를 이용해 소스코드를 쉽게 빌드할 수 있지만, 멱등성을 만족하는 스크립트를 만들기란 쉽지 않다.

이번 절에서는 이 두 가지를 알아보자.

준비

1장, '셰프 인프라스트럭처'의 '쿡북 생성과 활용' 절을 참고해 my_cookbook 쿡북을 만들고 노드의 실행 목록에 등록한다.

예제 구현

대표적인 예인 nginx의 소스를 빌드해보자.

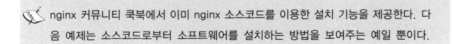

nginx 커뮤니티 쿡북에서 이미 nginx 소스코드를 이용한 설치 기능을 제공한다. 다음 예제는 소스코드로부터 소프트웨어를 설치하는 방법을 보여주는 예일 뿐이다.

1. 쿡북의 기본 레시피를 편집한다.

```
mma@laptop:~/chef-repo $ subl cookbooks/my_cookbook/recipes/
default.rb

version = "1.3.9"
bash "install_nginx_from_source" do
  cwd Chef::Config['file_cache_path']
  code <<-EOH
```

```
        wget http://nginx.org/download/nginx-#{version}.tar.gz
        tar zxf nginx-#{version}.tar.gz &&
        cd nginx-#{version} &&
        ./configure && make && make install
     EOH
     not_if "test -f /usr/local/nginx/sbin/nginx"
  end
```

2. 수정한 쿡북을 셰프 서버에 업로드한다.

mma@laptop:~/chef-repo $ knife cookbook upload my_cookbook

```
Uploading my_cookbook [0.1.0]
```

3. 노드에서 셰프 클라이언트를 실행한다.

user@server:~$ sudo chef-client

```
...출력 생략...
[2013-03-19T21:21:18+00:00] INFO: Processing bash[compile_nginx_
source] action run (my_cookbook::default line 15)
[2013-03-19T21:21:44+00:00] INFO: bash[compile_nginx_source] ran
successfully
...출력 생략...
```

4. nginx가 설치됐는지 확인하자.

user@server:~$ /usr/local/nginx/sbin/nginx -v

```
nginx version: nginx/1.3.9
```


예제 분석

bash 리소스의 not_if 블록에서 테스트한 대로 /usr/local/nginx/sbin 디
렉터리에서 nginx 실행 파일을 찾을 수 없는 경우에만 bash 리소스를 실
행한다.

그리고 code 블록에 주어진 스크립트를 실행하기 전에 cwd 블록에 지정된 디렉터리로 작업 디렉터리를 변경한다. 여기서는 재부팅 시에 파일이 사라지지 않게 /tmp 대신 셰프의 파일 캐시 디렉터리를 작업 디렉터리로 지정했다. 소스코드 타르볼을 계속해서 다운로드하지 않도록 영구적인 위치를 지정한다.

 여기서는 version을 my_cookbook/attributes/default.rb에 변수로 정의했지만, 보통은 속성을 이용한다.

스크립트에서는 타르볼의 압축을 해제하고, 빌드 설정과 준비를 한 후 nginx를 설치하는 작업을 수행하는데, 앞선 명령어가 실패하면 다음 명령어를 실행하지 않도록 명령어를 &&로 연결했다.

 다음 코드는 루비에서 여러 줄로 이뤄진 문자열을 나타낸다.

```
<<-EOH
...
EOH
```

부연 설명

현재 레시피는 nginx 실행 파일을 찾지 못하는 경우에 소스코드 타르볼이 이미 존재해도 파일을 계속 다운로드한다. 배시 스크립트 안에서 wget를 사용하는 대신 remote_file 리소스를 사용하면 이를 막을 수 있다. remote_file 리소스는 멱등성을 만족하는데, 필요할 때만 파일을 다운로드한다.

기본 레시피에서 `remote_file` 리소스를 사용하도록 다음과 같이 수정하자.

```
version = "1.3.9"

remote_file "fetch_nginx_source" do
  source "http://nginx.org/download/nginx-#{version}.tar.gz"
  path "#{Chef::Config['file_cache_path']}/nginx-#{version}.tar.gz"
end

bash "install_nginx_from_source" do
  cwd Chef::Config['file_cache_path']
  code <<-EOH
    wget http://nginx.org/download/nginx-#{version}.tar.gz
    tar zxf nginx-#{version}.tar.gz &&
    cd nginx-#{version} &&
    ./configure --without-http_rewrite_module &&
    make && make install
  EOH
  not_if "test -f /usr/local/nginx/sbin/nginx"
end
```

참고 사항

- https://github.com/opscode-cookbooks/nginx/blob/master/recipes/source.rb에서 GitHub의 nginx::source 레시피를 찾을 수 있다.

- http://stackoverflow.com/questions/8530593/chef-install-and-update-programs-from-source에서 더 자세한 설명을 볼 수 있다.

파일이 변경될 때 명령어 수행

노드에 셰프로 관리하지 않는 부분이 있다면 셰프가 파일을 변경할 때 명령어를 수행해야 할 필요가 있다. 예를 들어 셰프가 설정 파일을 변경할 때 셰프로 관리하지 않던 서비스를 다시 시작해야 할 수도 있다. 셰프로 이런 작업을 수행하는 방법을 살펴보자.

준비

1장, '셰프 인프라스트럭처'의 '쿡북 생성과 활용' 절을 참고해 my_cookbook 쿡북을 만들고 노드의 실행 목록에 등록한다.

예제 구현

빈 파일을 하나 만들고, 그 파일을 변경할 때 배시 명령어를 실행하도록 해보자.

1. 쿡북의 기본 레시피를 편집한다.

```
mma@laptop:~/chef-repo $ subl cookbooks/my_cookbook/recipes/
default.rb

template "/tmp/trigger" do
  notifies :run, "bash[run_on_trigger]", :immediately
end

bash "run_on_trigger" do
  user "root"
  cwd "/tmp"
  code "echo 'Triggered'"
  action :nothing
end
```

2. 빈 템플릿을 만든다.

```
mma@laptop:~/chef-repo $ touch \
    cookbooks/my_cookbook/templates/default/trigger.erb
```

3. 수정한 쿡북을 셰프 서버에 업로드한다.

```
mma@laptop:~/chef-repo $ knife cookbook upload my_cookbook

Uploading my_cookbook [0.1.0]
```

4. 노드에서 셰프 클라이언트를 실행한다.

```
user@server:~$ sudo chef-client

...출력 생략...
[2013-03-20T20:29:32+00:00] INFO: Processing template[/tmp/
trigger] action create (my_cookbook::default line 9)
[2013-03-20T20:29:33+00:00] INFO: template[/tmp/trigger] updated
content
[2013-03-20T20:29:33+00:00] INFO: template[/tmp/trigger] sending
run action to bash[run_on_trigger] (immediate)
[2013-03-20T20:29:33+00:00] INFO: Processing
bash[run_on_trigger] action run (my_cookbook::default line 13)
[2013-03-20T20:29:33+00:00] INFO: bash[run_on_trigger] ran
successfully
...출력 생략...
```

5. 셰프 클라이언트를 다시 실행해서 run_on_trigger 스크립트가 또 수행
   되지 않음을 확인하자.

```
user@server:~$ sudo chef-client

...출력 생략...
[2013-03-20T20:29:58+00:00] INFO: Processing template[/tmp/
trigger] action create (my_cookbook::default line 9)
[2013-03-20T20:29:58+00:00] INFO: Processing
bash[run_on_trigger]
```

```
action nothing (my_cookbook::default line 13)
...출력 생략...
```

template 리소스를 정의하고 즉시 bash 리소스에 통보하게 했다. 셰프는 template 리소스가 파일 내용을 변경한 경우에만 bash 리소스에 통보한다. 그리고 통보를 받은 경우에만 bash 리소스를 실행하도록 동작을 nothing 으로 설정한다.

셰프 클라이언트를 처음 실행할 때 출력 내용을 살펴보면 트리거 역할을 하는 파일이 만들어지면서 배시 스크립트가 실행됨을 알 수 있다.

```
bash[run_on_trigger] ran successfully
```

반대로 두 번째로 셰프 클라이언트를 실행할 때 셰프가 트리거 파일의 내용을 변경하지 않았기 때문에 스크립트를 실행하지 않았고, 출력 내용에서도 위의 메시지를 찾을 수 없다.

부연 설명

템플릿 외에도 파일이나 remote_file 리소스가 트리거 역할을 할 수도 있다. 소스코드로부터 프로그램을 컴파일할 때, 우선 트리거 역할을 하는 remote_file 리소스로 소스 타르볼을 다운로드하고, 다운로드가 완료된 후 압축을 풀고 프로그램을 컴파일/설치하는 bash 리소스를 실행하게 할 수도 있다.

참고 사항

- '소스코드를 이용한 소프트웨어 설치' 절을 참고하라.

디렉터리 트리 배포

정적인 웹사이트나 백업 데이터 등 디렉터리 구조를 통째로 노드에 업로드 해야 한다면 어떨까? 셰프의 remote_directory 리소스를 이용하면 모든 파일과 디렉터리를 노드로 복사할 수 있다. 이제 그 사용법을 알아보자.

준비

1장, '셰프 인프라스트럭처'의 '쿡북 생성과 활용' 절을 참고해 my_cookbook 쿡북을 만들고 노드의 실행 목록에 등록한다.

예제 구현

여러 개의 파일을 포함한 디렉터리를 노드에 업로드해보자.

1. 쿡북의 기본 레시피를 수정한다.

mma@laptop:~/chef-repo $ subl cookbooks/my_cookbook/recipes/default.rb

```
remote_directory "/tmp/chef.github.com" do
  files_backup 10
  files_owner "root"
  files_group "root"
  files_mode 00644
  owner "root"
  group "root"
  mode 00755
end
```

2. 노드에 업로드할 디렉터리 구조를 만든다. 여기서는 깃허브의 웹 페이지 디렉터리를 사용한다.

```
mma@laptop:~/chef-repo $ mv chef.github.com cookbooks/my_
cookbook/files/default
```

3. 수정한 쿡북을 셰프 서버에 업로드한다.

```
mma@laptop:~/chef-repo $ knife cookbook upload my_cookbook

Uploading my_cookbook [0.1.0]
```

4. 노드에서 셰프 클라이언트를 실행한다.

```
user@server:~$ sudo chef-client

...출력 생략...
[2013-03-22T08:36:45+00:00] INFO: Processing remote_directory[/
tmp/chef.github.com] action create (my_cookbook::default line 9)
[2013-03-22T08:36:45+00:00] INFO: remote_directory[/tmp/chef.
github.com] created directory /tmp/chef.github.com
[2013-03-22T08:36:45+00:00] INFO: remote_directory[/tmp/chef.
github.com] owner changed to 0
[2013-03-22T08:36:45+00:00] INFO: remote_directory[/tmp/chef.
github.com] group changed to 0
[2013-03-22T08:36:45+00:00] INFO: remote_directory[/tmp/chef.
github.com] mode changed to 755
...출력 생략...
[2013-03-22T08:36:46+00:00] INFO: Processing cookbook_file[/tmp/
chef.github.com/images/body-bg.png] action create (dynamically
defined)
[2013-03-22T08:36:46+00:00] INFO: cookbook_file[/tmp/chef.github.
com/images/body-bg.png] owner changed to 0
[2013-03-22T08:36:46+00:00] INFO: cookbook_file[/tmp/chef.github.
com/images/body-bg.png] group changed to 0
[2013-03-22T08:36:46+00:00] INFO: cookbook_file[/tmp/chef.github.
```

```
com/images/body-bg.png] mode changed to 644
[2013-03-22T08:36:46+00:00] INFO: cookbook_file[/tmp/chef.github.
com/images/body-bg.png] created file /tmp/chef.github.com/
images/body-bg.png
...출력 생략...
```

5. 디렉터리와 그 안의 파일들이 노드에 업로드 됐는지 확인한다.

user@server:~$ ls -l /tmp/chef.github.com

```
total 16
4 drwxr-xr-x 2 root root 4096 Mar 22 08:36 images
4 -rw-r--r-- 1 root root 3383 Mar 22 08:36 index.html
4 drwxr-xr-x 2 root root 4096 Mar 22 08:36 javascripts
4 drwxr-xr-x 2 root root 4096 Mar 22 08:36 stylesheets
...출력 생략...
```

예제 분석

먼저 노드에 배포할 디렉터리를 쿡북의 files/default 디렉터리에 넣는다. 그러면 remote_directory 리소스가 해당 디렉터리를 골라 노드로 복사한다. 기본적으로 리소스 이름이 목적 디렉터리(예제의 /tmp/chef.github.com) 역할을 한다.

 너무 무거운 디렉터리 구조를 쿡북에 담지는 말자. 쿡북에 디렉터리를 포함시키면 셰프 서버는 물론이고 모든 노드에 디렉터리가 배포된다.

`remote_directory` 리소스를 이용해서 애플리케이션을 배포하는 방법보다 더 좋은 방법이 있다. 예를 들어 루비나 PHP 애플리케이션용으로 만들어진 셰프 응용 쿡북을 이용하거나, 카피스트라노^{Capistrano}나 미나^{Mina} 등의 도구로 배포할 수도 있다.

- '목적 플랫폼에 알맞은 파일 배포' 절을 참고하라.
- http://pages.github.com/에서 깃허브 웹 페이지를 볼 수 있다.
- http://docs.opscode.com/chef/resources.html#remote-directory에서 `remote_directory` 리소스의 문서를 볼 수 있다.
- http://www.capistranorb.com/에서 카피스트라노를 자세히 살펴볼 수 있다.
- http://nadarei.co/mina/에서 미나를 자세히 살펴볼 수 있다.

오래된 파일 정리

노드에서 패키지를 삭제하려면 어떻게 해야 할까? 셰프가 자동으로 파일을 지워주지는 않는다. 쿡북에서 리소스를 지운다고해서 셰프가 노드에서 해당 리소스를 실제로 삭제하지는 않는다는 말이다. 따라서 여러분이 직접 삭제해야 한다.

1장, '셰프 인프라스트럭처'의 '쿡북 생성과 활용' 절을 참고해 `my_cookbook` 쿡북을 만들고 노드의 실행 목록에 등록한다.

그리고 '디렉터리 트리 배포' 절에서 설명한대로 my_cookbook에 remote_directory 리소스를 포함시킨다.

예제 구현

my_cookbook에서 remote_directory 리소스를 지우고 무슨 일이 벌어지는지 살펴보자.

1. 쿡북의 기본 레시피에서 remote_directory 리소스를 삭제한다.

   mma@laptop:~/chef-repo $ subl cookbooks/my_cookbook/recipes/default.rb

   # remote_directory 리소스가 있던 자리

2. 수정한 쿡북을 셰프 서버에 업로드한다.

   mma@laptop:~/chef-repo $ knife cookbook upload my_cookbook

   Uploading my_cookbook [0.1.0]

3. 노드에서 셰프 클라이언트를 실행한다.

   user@server:~$ sudo chef-client

   ...출력 생략...

   ...출력 생략...

4. 해당 디렉터리와 그 안의 파일이 아직 노드에 존재함을 확인한다.

   user@server:~$ ls -l /tmp/chef.github.com

   total 16
   4 drwxr-xr-x 2 root root 4096 Mar 22 08:36 images
   4 -rw-r--r-- 1 root root 3383 Mar 22 08:36 index.html
   4 drwxr-xr-x 2 root root 4096 Mar 22 08:36 javascripts
   4 drwxr-xr-x 2 root root 4096 Mar 22 08:36 stylesheets

이제 디렉터리 구조를 명시적으로 삭제한다.

1. 쿡북의 기본 레시피를 수정한다.

**mma@laptop:~/chef-repo $ subl cookbooks/my_cookbook/recipes/
default.rb**

```
directory "/tmp/chef.github.com" do
  action :delete
  recursive true
end
```

2. 수정한 쿡북을 셰프 서버에 업로드한다.

mma@laptop:~/chef-repo $ knife cookbook upload my_cookbook

```
Uploading my_cookbook [0.1.0]
```

3. 노드에서 셰프 클라이언트를 실행한다.

user@server:~$ sudo chef-client

```
...출력 생략...
2013-03-25T21:05:20+00:00] INFO: Removing cookbooks/my_cookbook/
files/default/chef.github.com/javascripts/main.js from the cache;
it is no longer needed by chef-client.
[2013-03-25T21:05:20+00:00] INFO: Removing cookbooks/my_cookbook/
files/default/chef.github.com/stylesheets/print.css from the
cache; it is no longer needed by chef-client.
...출력 생략...
```

4. 이제 해당 디렉터리와 그 안의 파일이 노드에서 삭제됐음을 확인한다.

user@server:~$ ls -l /tmp/chef.github.com

```
ls: cannot access /tmp/chef.github.com: No such file or directory
```

리소스를 쿡북에서 삭제하면 셰프는 더 이상 관여하지 않는다. 설사 예전에 셰프가 리소스를 노드에 생성한 후에도, 쿡북에 정의하지 않은 자원은 건드리지 않는다.

따라서 셰프로 생성한 무언가를 삭제하려면 반대되는 동작은 쿡북에 지정해야 한다. 예를 들어 셰프로 생성한 디렉터리를 삭제하려면 쿡북에서 `directory` 리소스의 `action`을 `:delete`로 지정한다.

디렉터리 리소스는 멱등성을 만족하므로 디렉터리가 이미 삭제된 경우 아무 일도 하지 않는다.

부연 설명

예전에 `remote_directory` 리소스로 디렉터리 구조를 노드에 업로드했다면 `purge` 파라미터를 이용해서 쿡북에 더 이상 포함되지 않은 디렉터리 구조를 삭제할 수 있다. 이렇게 하면 파일 리소스에 `delete` 동작으로 일일이 파일을 삭제하지 않아도 된다.

```
remote_directory "/tmp/chef.github.com" do
    ...
    purge true
end
```

참고 사항

- '디렉터리 트리 배포' 절을 참고하라.

- http://docs.opscode.com/resource_directory.html에서 directory 리소스를 자세히 설명한다.

- http://docs.opscode.com/chef/resources.html#remote-directory에서 remote_directory 리소스를 자세히 설명한다.

목적 플랫폼에 알맞은 파일 배포

우분투와 CentOS 등 서로 다른 운영체제가 설치된 노드가 있다면 각 운영체제별로 다른 파일을 배포해야 할 때가 있다. 운영체제별로 설정 파일에 필요한 옵션 등이 다를 수 있기 때문이다. 셰프에서는 노드의 플랫폼에 따라 알맞은 파일이나 템플릿을 선택할 수 있는 방법을 제공한다.

준비

1장, '셰프 인프라스트럭처'의 '쿡북 생성과 활용' 절을 참고해 `my_cookbook` 쿡북을 만들고 노드의 실행 목록에 등록한다.

예제 구현

쿡북에 템플릿 두 개를 추가하고, 그 중에서 하나를 사용해보자.

1. 쿡북의 기본 레시피를 수정한다.

   mma@laptop:~/chef-repo $ subl cookbooks/my_cookbook/recipes/default.rb

   ```
   template "/tmp/message" do
     source "message.erb"
   end
   ```

2. 기본으로 사용할 템플릿을 만든다.

   **mma@laptop:~/chef-repo $ subl \
       cookbooks/my_cookbook/templates/default/message.erb**

```
Hello from default template!
```

3. 우분투 12.04 노드에서만 사용할 템플릿을 만든다.

```
mma@laptop:~/chef-repo $ subl \
    cookbooks/my_cookbook/templates/ubuntu-12.04/message.erb
```

```
Hello from Ubuntu 12.04!
```

4. 수정한 쿡북을 셰프 서버에 업로드한다.

```
mma@laptop:~/chef-repo $ knife cookbook upload my_cookbook
```

```
Uploading my_cookbook [0.1.0]
```

5. 노드에서 셰프 클라이언트를 실행한다.

```
user@server:~$ sudo chef-client
```

```
...출력 생략...
[2013-03-25T21:31:02+00:00] INFO: template[/tmp/message] updated
content
...출력 생략...
```

6. 셰프가 플랫폼에 알맞은 템플릿을 사용했는지 확인한다.

```
user@server:~$ sudo cat /tmp/message
```

```
Hello from Ubuntu 12.04!
```

예제 분석

셰프는 현재 플랫폼에 가장 잘 맞는 템플릿을 우선적으로 선택한다. 예를 들어 플랫폼이 우분투 12.04인 경우 템플릿을 찾는 순서는 다음과 같다.

```
my_cookbook/templates/my_node.example.com/message.erb
my_cookbook/templates/ubuntu-12.04/message.erb
my_cookbook/templates/ubuntu-12/message.erb
```

```
my_cookbook/templates/ubuntu/message.erb
my_cookbook/templates/default/message.erb
```

셰프는 노드의 전체 도메인명FQDN, Fully Qualified Domain Name과 이름이 동일한 디렉터리의 파일을 가장 우선적으로 찾는다.

FQDN과 이름이 동일한 디렉터리에서 파일을 찾을 수 없다면 위의 순서대로(ubuntu-12.04, ubntu-12, …) 파일을 찾는다.

그리고 다른 곳에서 파일을 찾지 못한 경우에 default 디렉터리를 찾기 때문에 default 디렉터리는 반드시 존재해야 한다.

참고 사항

- 4장, '더 나은 쿡북 만들기'의 '템플릿 활용' 절을 참고하라.
- http://docs.opscode.com/resource_template.html#file-specificity에서 플랫폼에 따른 파일 선택의 우선순위를 자세히 살펴볼 수 있다.

6

사용자와 애플리케이션

시스템은 사용자의 모든 입력을 신성하게 다뤄야 한다.

— 제프 라스킨(Jef Raskin)

6장에서 다루는 내용은 다음과 같다.

- 데이터 백으로부터 사용자 생성
- 시큐어 셸 데몬SSHD, Secure Shell Daemon 보안 설정
- 패스워드 없는 슈퍼유저 모드(sudo) 설정
- NTP 관리
- nginx 관리
- nginx 사이트 생성
- MySQL 데이터베이스와 사용자 생성
- 워드프레스WordPress 사이트 관리
- 루비 온 레일스Ruby On Rails 애플리케이션 관리
- 바니쉬Varnish 관리

- 로컬 워크스테이션 관리

소개

6장에서는 셰프를 이용해서 인프라스트럭처 자동화의 기본이자 첫걸음이라할 수 있는 사용자 계정을 관리하는 방법을 살펴본다.

사용자 관리를 알아본 후에는 몇 가지 고급 애플리케이션을 설치하고 관리하는 방법을 설명한다. 예제에서는 주로 웹 서버인 nginx와 데이터베이스인 MySQL, 웹 애플리케이션을 지원하는 워드프레스와 루비 온 레일스를 비롯한 웹 애플리케이션 스택stack을 다룬다.

마지막으로 셰프를 이용한 로컬 워크스테이션 관리를 알아본다.

데이터 백으로부터 사용자 생성

서버를 관리하다 보면 적절한 권한을 가진 사람만 서버에 접근할 수 있도록하는 일이 중요하다. 모두가 패스워드를 알고 있는 공유 계정을 원하지는않을 테니 말이다. 그리고 로직과 데이터를 분리하려면 사용자 정보를 레시피에 하드 코딩할 수도 없는 노릇이다.

셰프에서는 각 노드의 사용자 정보를 데이터 백을 이용해서 관리하고, 레시피에서는 그에 따라 사용자를 생성하고 삭제할 수 있다.

이제 그 방법을 살펴보자.

준비

1장, '셰프 인프라스트럭처'의 '쿡북 생성과 활용' 절을 참고해 my_cookbook 쿡북을 만들고 노드의 실행 목록에 등록한다.

그리고 1장의 '버크셸프를 이용한 쿡북 의존성 관리' 절에서 봤던 바와 같이 berkshelf 젬을 설치했는지 확인한다.

셰프 저장소에서 my_cookbook을 포함하는 Berksfile을 생성한다.

mma@laptop:~/chef-repo $ subl Berksfile

```
cookbook 'my_cookbook', path: './cookbooks/my_cookbook'
```

마지막으로 다음 URL에서 설명하는 대로 사용자가 쓸 수 있는 SSH 공개 키가 있는지 확인한다.

http://git-scm.com/book/en/Git-on-the-Server-Generating-Your-SSH-Public-Key

예제 구현

먼저 데이터 백을 만들고 첫 번째 사용자 정보를 담을 아이템을 비롯해서 아이템을 하나 이상 만든다.

1. 사용자 정보를 담을 데이터 백을 만든다.

   mma@laptop:~/chef-repo $ knife data bag create users

   ```
   Created data_bag[users]
   ```

2. 데이터 백 아이템의 JSON 파일을 저장할 디렉터리를 만든다.

   mma@laptop:~/chef-repo $ mkdir data_bags/users

3. 첫 번째 사용자 정보를 저장할 아이템을 생성한다. 사용자명(예, mma)은 파일명과 같게 만든다.

   mma@laptop:~/chef-repo $ subl data_bags/users/mma.json

   ```
   {
   ```

```
"id": "mma",
"ssh_keys": [
  "ssh-rsa AAA345...bla== mma@laptop"
],
"groups": [ "staff"],
"shell": "\/bin\/bash"
}
```

4. 데이터 백 아이템을 셰프 서버에 업로드한다.

mma@laptop:~/chef-repo $ knife data bag from file users mma.json

```
Updated data_bag_item[users::mma]
```

이제 사용자 관리용 레시피를 만들 차례다.

 셰프 서버는 데이터 백의 내용을 인덱싱하기 때문에 새로 추가한 아이템을 사용할 수 있을 때까지는 약간의 시간이 걸린다. 오류가 발생한다면 잠시 후에 다시 시도해보자.

1. 쿡북의 metadata.rb에 users 쿡북에 대한 의존성을 추가한다.

mma@laptop:~/chef-repo $ subl cookbooks/my_cookbook/metadata.rb

```
depends "users"
```

2. 의존성 쿡북을 설치한다.

mma@laptop:~/chef-repo $ berks install

```
Using my_cookbook (0.1.0) at './cookbooks/my_cookbook'
...출력 생략...
```

3. 쿡북의 기본 레시피를 수정한다.

mma@laptop:~/chef-repo $ subl cookbooks/my_cookbook/recipes/
default.rb

```
include_recipe "users"
users_manage "staff" do
  group_id 50
  action [ :remove, :create ]
end
```

4. 수정한 쿡북을 셰프 서버에 업로드한다.

mma@laptop:~/chef-repo $ berks upload

...출력 생략...
Uploading my_cookbook (0.1.0) to: 'https://api.opscode.com:443/
organizations/agilewebops'
...출력 생략...

5. 노드에서 셰프 클라이언트를 실행한다.

user@server:~$ sudo chef-client

...출력 생략...
- create user user[mma]
...출력 생략...
- alter group group[staff]
- replace group members with new list of members
...출력 생략...

6. 사용자 mma가 존재하는지 확인한다.

user@server:~$ fgrep mma /etc/passwd

mma:x:1000:1001::/home/mma:/bin/bash

7. 사용자 mma가 staff 그룹에 속하는지 확인한다.

user@server:~$ fgrep staff /etc/group

staff:x:50:mma

예제 분석

users 쿡북을 사용하려면 먼저 users라는 데이터 백을 만들고, 각 사용자의 정보를 담는 아이템을 만들어야 한다. 이 데이터 백 아이템에는 그룹과 셸 등 사용자의 속성을 정의한다. 추가적으로 action 속성도 넣을 수 있는데, 기본적으로는 create이지만 remove를 지정할 수도 있다.

사용자를 관리하려면 쿡북의 메타데이터에 users 쿡북을 의존성에 추가해야 하며, 레시피에서는 users 쿡북을 포함시켜야 users 쿡북에서 제공하는 manage_users 경량 리소스 제공자를 사용할 수 있다.

manage_users LWRP는 리소스 이름으로 지정한 staff를 관리해야 할 그룹의 이름으로 사용한다. 이렇게 지정된 그룹 이름과 데이터 백 아이템의 groups 속성이 동일한 아이템을 검색해 사용자와 그룹을 생성한다.

 manage_users LWRP는 그룹의 멤버를 교체한다. 즉, 셰프로 관리하지 않는 기존 사용자의 경우 해당 그룹에서 제외될 수도 있다(베이그런트로 sudo 그룹을 관리하는 경우라면 문제가 생길 수 있다).

manage_users 리소스에 :create와 :remove를 모두 지정하면 생성할 사용자와 삭제할 사용자를 모두 검색한다.

부연 설명

사용자를 삭제하는 방법을 살펴보자.

1. 데이터 백의 첫 번째 사용자의 action 속성을 remove로 변경한다.

   mma@laptop:~/chef-repo $ subl data_bags/users/mma.json

   {

```
  "id": "mma",
  "ssh_keys": [
    "ssh-rsa AAA345...bla== mma@laptop"
  ],
  "groups": [ "staff"],
  "shell": "\/bin\/bash",
  "action": "remove"
}
```

2. 수정한 데이터 백 아이템을 셰프 서버에 업로드한다.

mma@laptop:~/chef-repo $ knife data bag from file users mma.json

```
Updated data_bag_item[users::mma]
```

3. 노드에서 셰프 클라이언트를 실행한다.

user@server:~$ sudo chef-client

```
...출력 생략...
- remove user user[mma]
...출력 생략...
- alter group group[staff]
- replace group members with new list of members
...출력 생략...
```

4. 사용자 mma가 존재하지 않음을 확인한다.

user@server:~$ fgrep mma /etc/passwd

```
...출력 없음...
```

 현재 로그인한 사용자를 삭제하려고 하면 운영체제 내부 명령어인 userdel이 사용자
를 삭제할 수 없으므로 오류가 발생한다(종료 코드는 8이다).

```
Chef::Exceptions::Exec
----------------------
userdel mma returned 8, expected 0
```

참고 사항

- users 쿡북의 깃허브 주소: https://github.com/opscode-cookbooks/users
- 4장, '더 나은 쿡북 만들기'의 '데이터 백 활용' 절을 참고하라.

시큐어 셸 데몬(SSHD) 보안 설정

선호하는 리눅스 배포판에 따라 ssh 데몬은 모든 네트워크 인터페이스의 기본 포트로부터 접속을 받아들이거나, 패스워드를 이용해서 로그인하거나, 루트 사용자의 로그인을 허용할 수도 있다.

그러나 이러한 기본 설정은 루트 사용자 패스워드의 복잡성에 전적으로 의존하며, 안전하다고 말할 수 없다.

따라서 더 엄격한 설정을 적용하는 편이 낫다. 이제 그 방법을 살펴보자.

준비

'데이터 백으로부터 사용자 생성' 절을 참고해서 패스워드 대신 ssh 키로 로그인할 수 있는 사용자를 만들자.

1장, '셰프 인프라스트럭처'의 '쿡북 생성과 활용' 절을 참고해 my_cookbook 쿡북을 만들고 노드의 실행 목록에 등록한다.

그리고 1장의 '버크셸프를 이용한 쿡북 의존성 관리' 절에서 설명한 대로 berkshelf 젬을 설치했는지 확인하자.

다음으로 셰프 저장소에서 my_cookbook을 포함하는 Berksfile을 만든다.

```
mma@laptop:~/chef-repo $ subl Berksfile
```

```
cookbook 'my_cookbook', path: './cookbooks/my_cookbook'
```

 sshd를 설정하다가 시스템에 접속할 수 없는 경우가 발생할 수도 있다. 쿡북 실행 중에 생기는 문제를 고칠 수 있도록 루트 사용자로 미리 로그인해두자.

예제 구현

패스워드 로그인과 루트 로그인(대신 sudo를 사용해야 한다)을 막고, 사용자가 ssh 키로만 로그인할 수 있게 함으로서 sshd 보안을 향상시켜보자.

1. 쿡북의 metadata.rb에 openssh 쿡북에 대한 의존성을 추가한다.

```
mma@laptop:~/chef-repo $ subl cookbooks/my_cookbook/metadata.rb
```

```
...
depends "openssh"
```

2. 모든 의존성 쿡북을 설치한다.

```
mma@laptop:~/chef-repo $ berks install
```

```
Using my_cookbook (0.1.0) at './cookbooks/my_cookbook'
...출력 생략...
```

3. 쿡북의 기본 레시피를 수정한다.

```
mma@laptop:~/chef-repo $ subl cookbooks/my_cookbook/recipes/
default.rb
```

```
node.default['openssh']['server']['permit_root_login'] = "no"
```

```
node.default['openssh']['server']['password_authentication'] =
"no"

include_recipe 'openssh'
```

4. 수정한 쿡북을 셰프 서버에 업로드한다.

mma@laptop:~/chef-repo $ berks upload

...출력 생략...
Uploading my_cookbook (0.1.0) to: 'https://api.opscode.com:443/
organizations/agilewebops'
...출력 생략...

5. 노드에서 셰프 클라이언트를 실행한다.

user@server:~$ sudo chef-client

...출력 생략...
* template[/etc/ssh/sshd_config] action create[2013-03-
29T19:42:38+00:00] INFO: Processing template[/etc/ssh/sshd_config]
action create (openssh::default line 66)
...출력 생략...
[2013-03-29T19:42:38+00:00] INFO: service[ssh] restarted
...출력 생략...

6. 생성된 파일 내용을 확인한다.

user@server:~$ cat /etc/ssh/sshd_config

Generated by Chef for server

AuthorizedKeysFile %h/.ssh/authorized_keys
ChallengeResponseAuthentication no
PermitRootLogin no
PasswordAuthentication no
UsePAM yes
...출력 생략...

openssh 쿡북은 ssh_config와 sshd_config의 설정 대부분을 속성으로
지정할 수 있게 해주며, 예제 쿡북에서는 기본 속성을 다른 값으로 지정한
후 openssh의 기본 레시피를 포함시켰다.

반드시 위에서 명시한 순서대로 해야 openssh 레시피의 기본 속성 대신 우
리가 지정한 값을 사용한다.

다음으로 openssh 레시피는 /etc/ssh/sshd_config 파일에 설정 내용을 기록
한 후 sshd를 다시 시작한다. 이제 레시피를 실행하고 나면 더 이상 패스워
드로 **SSH** 접속을 할 수 없다.

노드가 보조 네트워크 인터페이스를 사용해서 가상 사설망<sup>VPN, Virtual Private
Network</sup>에 연결된 경우라면 sshd가 해당 보안 네트워크로부터 들어오는 연결
만 받아들일 수 있게 하는 편이 좋다. 이렇게 함으로써 공개된 인터넷을 통
해 sshd를 해킹하려는 시도를 막을 수 있다.

쿡북에서 listen_address 속성을 다른 값으로 덮어써보자.

node.default['openssh']['server']['listen_address']

노드에 인터넷 접근이 필요한 경우 sshd가 사용하는 포트 번호를 높여서
자동화된 공격으로부터 보호한다.

node.default['openssh']['server']['port'] = '6222'

위와 같이 했다면 ssh 명령어에 -p 6222 옵션을 사용해야 노드에 접속할
수 있다.

sshd를 비특권 포트^{non-privileged port}로 옮기면 보안이 향상되긴 하지만, 특권 포트를 비 특권 포트로 옮기면 다른 사용자가 해당 포트를 가로챌^{hijacking} 수 있는 위험이 있다. 이 문제에 대해서는 다음 문서를 참고하자.

http://www.adayinthelifeof.nl/2012/03/12/why-putting-ssh-on-another-port-than-22-is-bad-idea/

참고 사항

- ssh 쿡북은 깃허브 https://github.com/opscode-cookbooks/openssh에서 찾을 수 있다.

- https://github.com/opscode-cookbooks/openssh/blob/master/attributes/default.rb에서 openssh 쿡북이 제공하는 sshd 설정용 속성을 모두 볼 수 있다.

패스워드 없는 슈퍼유저 모드(sudo) 설정

sshd 보안 설정을 바탕으로 모든 사용자가 각자에게 할당된 계정으로만 로그인할 수 있게 했다. 그리고 로그인 시에 반드시 패스워드가 아닌 비밀 키로 인증을 하도록 강제했다.

그러나 사용자가 로그인 후에 시스템 관리 작업을 하려면 루트 권한이 필요하므로, 모든 노드에 sudo를 설치해야 한다. sudo를 이용하면 허가받은 일반 사용자가 루트 권한으로 명령어를 실행할 수 있으며, sudo로 실행한 모든 명령어의 로그를 남긴다.

허가받은 사용자가 패스워드 없이 sudo를 이용할 수 있도록 설정하는 방법을 알아보자.

1장, '셰프 인프라스트럭처'의 '쿡북 생성과 활용' 절을 참고해 my_cookbook 쿡북을 만들고 노드의 실행 목록에 등록한다.

그리고 1장의 '버크셀프를 이용한 쿡북 의존성 관리' 절에서 설명한 대로 berkshelf 젬을 설치했는지 확인하자.

다음으로 셰프 저장소에서 my_cookbook을 포함하는 Berksfile을 만든다.

mma@laptop:~/chef-repo $ subl Berksfile

```
cookbook 'my_cookbook', path: './cookbooks/my_cookbook'
```

예제 구현

staff 그룹에 속하는 사용자가 패스워드 없이 sudo를 사용할 수 있게 셰프를 이용해서 sudo를 설정하자.

1. 쿡북의 metadata.rb에 sudo 쿡북에 대한 의존성을 추가한다.

   mma@laptop:~/chef-repo $ subl cookbooks/my_cookbook/metadata.rb

   ```
   ...
   depends "sudo"
   ```

2. 모든 의존성 쿡북을 설치한다.

   mma@laptop:~/chef-repo $ berks install

   ```
   Using my_cookbook (0.1.0) at './cookbooks/my_cookbook'
   ...출력 생략...
   ```

3. 쿡북의 기본 레시피를 수정한다.

가상 머신을 베이그런트로 관리하는 경우에는 베이그런트 사용자가 sudo를 사용할
수 있도록 vagrant 그룹도 sudo 설정에 포함시키자.

```
mma@laptop:~/chef-repo $ subl cookbooks/my_cookbook/recipes/
default.rb
```

```
node.default['authorization']['sudo']['passwordless'] = true
node.default['authorization']['sudo']['groups'] = ['staff',
'vagrant']

include_recipe 'sudo'
```

4. 수정한 쿡북을 셰프 서버에 업로드한다.

```
mma@laptop:~/chef-repo $ berks upload
```

```
...출력 생략...
Uploading my_cookbook (0.1.0) to: 'https://api.opscode.com:443/
organizations/agilewebops'
...출력 생략...
```

5. 노드에서 셰프 클라이언트를 실행한다.

```
user@server:~$ sudo chef-client
```

```
...출력 생략...
[2013-04-12T19:48:51+00:00] INFO: Processing template[/etc/
sudoers] action create (sudo::default line 41)
[2013-04-12T19:48:51+00:00] INFO: template[/etc/sudoers] backed up
to /srv/chef/cache/etc/sudoers.chef-20130412194851
[2013-04-12T19:48:51+00:00] INFO: template[/etc/sudoers] updated
content
[2013-04-12T19:48:51+00:00] INFO: template[/etc/sudoers] owner
changed to 0
[2013-04-12T19:48:51+00:00] INFO: template[/etc/sudoers] group
```

```
changed to 0
[2013-04-12T19:48:51+00:00] INFO: template[/etc/sudoers] mode
changed to 440
...출력 생략...
```

6. 생성된 sudoers 파일의 내용을 확인한다.

`user@server:~$ sudo cat /etc/sudoers`

```
...
# Members of the group 'staff' may gain root privileges
%staff ALL=(ALL) NOPASSWD:ALL
# Members of the group 'vagrant' may gain root privileges
%vagrant ALL=(ALL) NOPASSWD:ALL
```

예제 분석

sudo 쿡북은 노드의 속성에 지정된 값을 바탕으로 /etc/sudoers 파일을 덮어
쓴다.

```
node.default['authorization']['sudo']['passwordless'] = true
```

위 코드는 사용자가 패스워드 없이 sudo를 사용할 수 있게 만든다.

다음으로 패스워드 없이 sudo를 사용하는 권한을 부여할 그룹을 지정한다.

```
node.default['authorization']['sudo']['groups'] = ['staff', 'vagrant']
```

마지막으로 sudo 쿡북의 기본 레시피를 포함시켜서 노드에 sudo를 설치하
고 설정한다.

```
include_recipe 'sudo'
```

sudo 쿡북에서 제공하는 LWRP를 이용하면 각 그룹이나 사용자별로 관리할 수 있다. 해당 LWRP는 설정 내용을 /etc/sudoers.d에 반영하는데, 여러분이 직접 작성한 템플릿을 이용해 sudo 설정을 할 수도 있다.

```
sudo 'mma' do
    template    'staff_member.erb' # local cookbook template
    variables   :cmds => ['/etc/init.d/ssh restart']
end
```

위 코드가 작동하려면 my_cookbook/templates/default/staff_member.erb 템플릿이 있어야 한다.

- '데이터 백으로부터 사용자 생성하기' 절을 참고하자.
- sudo 쿡북은 GitHub https://github.com/opscode-cookbooks/sudo에서 찾을 수 있다.

NTP 관리

노드에는 항상 동기화된 클록clock이 필요하다. 다른 이유는 차치하더라도 셰프 서버에서 클라이언트와 동기화된 클록이 필요하기 때문이다. 셰프 서버는 중간자 공격man in the middle attack을 막고자 현재 클록으로부터 특정 시간time window 내의 인증 요청만 받아들인다.

NTP는 상위 서버upstream peers를 이용해서 노드 간의 클록을 동기화하는데, 보통의 경우에는 신뢰할 수 있는 상위 서버로부터 시간을 동기화한다.

클록 때문에 발생한 오류는 찾아내기 어려우므로, 처음부터 이런 일이 발생하지 않게 모든 노드에 NTP를 설치하길 바란다. 즉, NTP 설치를 롤로 만들고, 모든 노드에 이 롤을 할당하자.

준비

1장, '셰프 인프라스트럭처'의 '버크셸프를 이용한 쿡북 의존성 관리' 절에서 설명한 대로 berkshelf 젬을 설치했는지 확인하자.

다음으로 셰프 저장소에서 ntp 쿡북을 포함하는 Berksfile을 만든다.

mma@laptop:~/chef-repo $ subl Berksfile

```
cookbook 'ntp'
```

ntp 쿡북을 설치한다.

mma@laptop:~/chef-repo $ berks install --path cookbooks/

```
Using ntp (1.3.2)
...출력 생략...
```

ntp 쿡북을 셰프 서버에 업로드한다.

mma@laptop:~/chef-repo $ berks upload

```
...출력 생략...
Uploading ntp (1.3.2) to:
'https://api.opscode.com:443/organizations/agilewebops'
...출력 생략...
```

NTP를 이용해서 노드의 클록을 동기화하는 base라는 이름의 롤을 만들어
보자.

1. 롤 디렉터리에 base.rb 파일을 만든다.

```
mma@laptop:~/chef-repo $ subl roles/base.rb

name "base"

run_list "recipe[ntp]"

default_attributes ("ntp" => {
  "servers" => ["0.pool.ntp.org", "1.pool.ntp.org", "2.pool.ntp.
org"]
})
```

2. 새로운 롤을 셰프 서버에 업로드한다.

```
mma@laptop:~/chef-repo $ knife role from file base.rb

Updated Role base!
```

3. base 롤은 노드의 실행 목록에 추가한다.

```
mma@laptop:~/chef-repo $ knife node edit server

...
"run_list": [
  "role[base]"
]
...
```

4. 노드에서 셰프 클라이언트를 실행한다.

```
user@server:~$ sudo chef-client

...출력 생략...
```

```
[2013-04-16T18:22:36+00:00] INFO: service[ntp] restarted
...출력 생략...
```

5. ntp를 제대로 설치했는지 확인하자.

```
user@server:~$ /etc/init.d/ntp status

* NTP server is running
```

예제 분석

ntp 쿡북은 현재 노드의 플랫폼에 맞는 필요 패키지를 설치하고, 설정 파일을 작성한다. ntp 네임스페이스의 기본 속성을 덮어쓰면 설정을 변경할 수 있다. 위의 예에서는 우리 노드에서 시각을 질의할 상위 서버를 지정했다.

 데비안이나 우분투에서는 ntp 쿡북이 ntpdate도 설치한다. ntpdate는 빠른 동기화를 수행하고 노드의 날짜와 시각을 설정한다.

부연 설명

ntp 쿡북은 ntp::disable 레시피와 ntp::undo 레시피를 포함한다. 노드의 실행 목록에 ntp::disable을 추가하면 NTP 서비스를 비활성화할 수 있고, ntp:undo 레시피를 이용하면 NTP 서비스를 노드에서 완전히 삭제할 수 있다.

참고 사항

• ntp 쿡북은 깃허브 https://github.com/opscode-cookbooks/ntp에서 찾을 수 있다.

• 4장, '더 나은 쿡북 만들기'의 '속성 오버라이딩' 절을 참고하라.

nginx 관리

많은 수의 웹 트래픽을 동시에 처리해야 하는 경우라면 페이스북[Facebook]과 드롭박스[Dropbox], 워드프레스[WordPress] 등의 웹 서비스 기업에서 사용하는 고성능 웹 서버인 nginx를 이용하자.

주요 리눅스 배포판용으로 nginx 패키지를 제공하지만, 모듈[module]을 이용해서 nginx를 확장하고 싶다면 nginx 소스코드를 컴파일해야 한다.

이제 nginx 커뮤니티 쿡북으로 앞에서 말한 작업을 수행해보자.

준비

1장, '셰프 인프라스트럭쳐'의 '버크셸프를 이용한 쿡북 의존성 관리' 절에서 설명한 대로 berkshelf 젬을 설치했는지 확인하자.

다음으로 셰프 저장소에서 nginx 쿡북을 포함하는 Berksfile을 만든다.

mma@laptop:~/chef-repo $ subl Berksfile

```
cookbook 'nginx'
```

nginx 쿡북을 설치한다.

mma@laptop:~/chef-repo $ berks install --path cookbooks/

```
Using nginx (1.7.0)
...출력 생략...
```

nginx 쿡북을 셰프 서버에 업로드한다.

mma@laptop:~/chef-repo $ berks upload

```
...출력 생략...
```

```
Uploading nginx (1.7.0) to:
'https://api.opscode.com:443/organizations/agilewebops'
...출력 생략...
```

예제 구현

롤을 구성하고 nginx를 빌드하는 방법을 살펴보자.

1. 다음과 같이 web_server라는 새로운 롤을 만든다.

   mma@laptop:~/chef-repo $ subl roles/web_server.rb

   ```
   name "web_server"
   run_list "recipe[nginx::source]"

   default_attributes ("nginx" => {
     "init_style" => "init",
     "enable_default_site" => false,
     "upload_progress" => {
       "url" => "https://github.com/masterzen/nginx-upload-
   progress-module/tarball/v0.9.0"
     },
     "source" => {
       "modules" => ["upload_progress_module"]
     }
   })
   ```

2. 롤을 셰프 서버에 업로드한다.

   mma@laptop:~/chef-repo $ knife role from file web_server.rb

   ```
   Updated Role web_server!
   ```

3. web_server 롤을 노드의 실행 목록에 추가한다.

   mma@laptop:~/chef-repo $ knife node edit server

```
...
"run_list": [
  "role[web_server]"
]
...
```

4. 노드에서 셰프 클라이언트를 실행한다.

`user@server:~$ sudo chef-client`

```
...출력 생략...
[2013-04-19T07:40:35+00:00] INFO: Loading cookbooks [apt,
build-essential, nginx, ohai, yum]
...출력 생략...
[2013-04-19T07:41:47+00:00] INFO: service[nginx] restarted
...출력 생략...
```

5. nginx와 upload_progress_module이 잘 설치됐는지 확인하자.

`user@server:~$ sudo nginx -V`

```
nginx version: nginx/1.2.6
built by gcc 4.6.3 (Ubuntu/Linaro 4.6.3-1ubuntu5)
TLS SNI support enabled
configure arguments: --prefix=/opt/nginx-1.2.6 --conf-path=/etc/
nginx/nginx.conf --with-http_ssl_module --with-http_gzip_static_
module --add-module=/srv/chef/file_store/nginx_upload_progress/7b3
f81d30cd3e8af2c343b73d8518d2373b95aeb3d0243790991873a3d91d0c5
```

예제 분석

web_server라는 새로운 롤에 **nginx**를 어떻게 사용할지 설정했다. 추가 모듈을 설치하려면 nginx::source 레시피를 실행 목록에 추가해 소스코드를 이용해서 **nginx**를 빌드해야 한다.

```
run_list "recipe[nginx::source]"
```

그리고 소스코드 빌드에 필요한 속성을 지정한다. 필요한 모든 속성은 nginx 네임스페이스에 들어있다.

```
default_attributes ("nginx" => {
    ...
})
```

우분투에서는 기본적인 방법으로 **nginx** 서비스를 시작할 수 있도록 init_style을 init으로 지정한다. 이렇게 하면 init.d 시작 스크립트가 생성된다.

```
"init_style" => "init",
```

다른 방법으로는 runit이나 bluepill 등을 이용할 수 있다.

다음으로 nginx 레시피가 upload_progress 모듈의 소스코드를 찾을 수 있게 위치를 지정한다.

```
"upload_progress" => {
    "url" => "https://github.com/masterzen/nginx-upload-progress-module/tarball/v0.9.0"
},
```

마지막으로 nginx 레시피가 upload_progress_module을 포함해 빌드하게 설정한다.

```
"source" => {
    "modules" => ["upload_progress_module"]
}
```

이렇게 정의한 롤을 셰프 서버에 업로드하고, 노드의 실행 목록에 추가한다. 이제 노드에서 셰프 클라이언트를 실행하면 필요한 디렉터리를 만들고 소스를 다운로드한 후 지정된 모듈이 활성화된 nginx를 빌드한다.

nginx 쿡북은 기본 사이트를 자동으로 만드는데, 다음과 같이 설정을 확인할 수 있다.

```
user@server:~$ sudo nginx -V
```

부연 설명

모듈 없이 현재 사용 중인 리눅스 배포판용 **nginx** 패키지만 사용한다면 노드의 실행 목록에 nginx::source 대신 nginx 쿡북의 기본 레시피를 추가해도 좋다.

```
run_list "recipe[nginx]"
```

그리고 기본 사이트가 필요 없다면 다음과 같이 속성을 지정한다.

```
"default_site_enabled" => false
```

nginx 쿡북은 모든 설정 옵션을 속성으로 제공하며, 앞의 예와 같이 필요한 속성을 지정하자.

 nginx 쿡북이 사이트를 생성하고 설정하는 방식은 데비안에서 아파치2를 설정하는 방법과 비슷하다. nxdissite와 nxensite를 이용해서 사이트를 활성화/비활성화할 수 있으며, 각각의 위치는 /etc/nginx/sites-available과 /etc/nginx/sites-enabled이다.

마지막으로 nginx를 역프록시reverse proxy로 설정하고 싶다면 application_nginx 쿡북을 이용하자.

- nginx 쿡북은 깃허브 https://github.com/opscode-cookbooks/nginx에서 찾을 수 있다.
- application_nginx 쿡북은 깃허브 https://github.com/opscode-cookbooks/application_nginx에서 찾을 수 있다.
- HTTP 업로드 상태 표시 모듈HTTP Upload Progress Module은 http://wiki.nginx.org/HttpUploadProgressModule에서 찾을 수 있다.
- 4장, '더 나은 쿡북 만들기'의 '속성 오버라이딩' 절을 참고하라.

nginx 사이트 생성

nginx를 설치했으니 셰프로 웹 사이트를 관리하자. 웹사이트에 적용할 nginx 설정 파일을 생성하고 HTML 파일을 업로드하는 방법을 살펴본다.

1장, '셰프 인프라스트럭처'의 '쿡북 생성과 활용' 절을 참고해 my_cookbook 쿡북을 만든다.

그리고 1장의 '버크셸프를 이용한 쿡북 의존성 관리' 절에서 설명한 대로 berkshelf 젬을 설치했는지 확인하자.

1. 다음으로 셰프 저장소에서 my_cookbook을 포함하는 Berksfile을 만든다.

   mma@laptop:~/chef-repo $ subl Berksfile

   cookbook 'my_cookbook', path: './cookbooks/my_cookbook'

2. 다음과 같이 `web_server` 롤을 만든다.

mma@laptop:~/chef-repo $ subl roles/web_server.rb

```
name "web_server"
run_list "recipe[my_cookbook]"

default_attributes "nginx" => {
  "init_style" => "init",
  "enable_default_site" => false
}
```

3. 롤을 셰프 서버에 업로드한다.

mma@laptop:~/chef-repo $ knife role from file web_server.rb

```
Updated Role web_server!
```

4. `web_server` 롤을 노드의 실행 목록에 추가한다.

mma@laptop:~/chef-repo $ knife node edit server

```
...
"run_list": [
  "role[web_server]"
]
...
```

예제 구현

nginx 사이트를 설정하고 inndex.html을 업로드하는 데 필요한 코드를 작성해보자.

1. 쿡북의 metadata.rb에 `nginx` 쿡북의 의존성을 추가한다.

mma@laptop:~/chef-repo $ subl cookbooks/my_cookbook/metadata.rb

```
...
```

```
depends "nginx"
```

2. 모든 의존성 쿡북을 설치한다.

mma@laptop:~/chef-repo $ berks install

```
Using my_cookbook (0.1.0) at './cookbooks/my_cookbook'
...출력 생략...
```

3. 쿡북의 기본 레시피를 수정한다.

mma@laptop:~/chef-repo $ subl cookbooks/my_cookbook/recipes/
default.rb

```
include_recipe "nginx::source"

app_name = "my_app"
app_home = "/srv/#{app_name}"

template "#{node[:nginx][:dir]}/sites-available/#{app_name}" do
  source "nginx-site-#{app_name}.erb"
  owner "root"
  group "root"
  mode "0644"
  variables :app_home => app_home
  notifies :restart, resources(:service => "nginx")
end

directory "#{app_home}/public" do
  recursive true
end

file "#{app_home}/public/index.html" do
  content "<h1>Hello World!</h1>"
end

nginx_site "#{app_name}"
```

4. nginx 설정 템플릿을 만든다.

```
mma@laptop:~/chef-repo $ subl cookbooks/my_cookbook/templates/
default/nginx-site-my_app.erb

server {
  listen 80;
  server_name _;
  root <%= @app_home %>/public;
}
```

5. 수정한 쿡북을 셰프 서버에 업로드한다.

```
mma@laptop:~/chef-repo $ berks upload

...출력 생략...
Uploading my_cookbook (0.1.0) to: 'https://api.opscode.com:443/
organizations/agilewebops'
...출력 생략...
```

6. 노드에서 셰프 클라이언트를 실행한다.

```
user@server:~$ sudo chef-client

...출력 생략...
[2013-04-22T20:18:46+00:00] INFO: Processing execute[nxensite
my_app] action run (my_cookbook::default line 23)
...출력 생략...
```

7. index.html을 웹 서버에 요청해서 nginx 사이트가 제대로 구성됐는지 확인하자.

```
user@server:~$ wget localhost

--2013-04-22 20:18:59-- http://localhost/
Resolving localhost (localhost)... 127.0.0.1
Connecting to localhost (localhost)|127.0.0.1|:80... connected.
HTTP request sent, awaiting response... 200 OK
```

```
Length: 21 [text/html]
Saving to: `index.html'
100%[=====================================================
======================================================
===========>] 21               --.-K/s   in 0s

2013-04-22 20:18:59 (1.47 MB/s) - `index.html' saved [21/21]
```

8. 다운로드한 index.html이 우리가 지정한 텍스트와 같은지 확인하자.

user@server:~$ cat index.html

```
<h1>Hello World!</h1>
```

예제 분석

레시피에서 두 가지 변수를 지정한 후에 nginx 설정 템플릿을 /etc/nginx/sites-enabled/my_app에 설치한다.

다음으로 /srv/my_app/public 디렉터리를 만들고 index.html을 생성한다. 앞에서 만든 nginx 설정 템플릿에서 이 디렉터리를 최상위 위치로 지정했다.

마지막으로 nginx 쿡북에 정의된 nginx_site 리소스로 사이트를 활성화한다.

정리하자면 nginx-site-my_app.erb 설정 템플릿에서 nginx는 80번 포트에서 접속을 기다리며, 사이트의 최상위 디렉터리를 /srv/my_app/public으로 지정했다.

부연 설명

다음과 같이 사이트를 활성화하는 코드를

```
nginx_site "#{app_name}"
```

다음 코드로 대체하면 사이트를 비활성화할 수 있다.

```
nginx_site "#{app_name}" do
    enable false
end
```

수정한 쿡북을 업로드한 후 셰프 클라이언트를 다시 실행하면 index.html 파일을 조회할 수 없다.

user@server:~$ wget localhost

```
--2013-04-22 20:50:44-- http://localhost/
Resolving localhost (localhost)... 127.0.0.1
Connecting to localhost (localhost)|127.0.0.1|:80... failed:
Connection refused.
```

참고 사항

- 'nginx 관리' 절을 참고하라.

- https://github.com/opscode-cookbooks/nginx/blob/master/definitions/nginx_site.rb에서 `nginx_site` 리소스를 자세히 설명한다.

MySQL 데이터베이스와 사용자 생성

MySQL을 포함한 데이터베이스를 관리하려면 두 가지 쿡북(공통적인 내용을 담은 database 쿡북과 mysql 쿡북)을 사용한다.

database 쿡북은 MySQL과 PostgreSQL, 마이크로소프트 SQL 서버 등에서 데이터베이스와 데이터베이스 사용자를 관리하는 리소스를 제공한다. `mysql` 쿡북은 MySQL 서버와 클라이언트를 설치한다.

MySQL 서버를 설치한 후 데이터베이스와 데이터베이스 사용자를 생성하는 방법을 살펴보자.

1장, '셰프 인프라스트럭처'의 '쿡북 생성과 활용' 절을 참고해 my_cookbook 쿡북을 만들고 노드의 실행 목록에 등록한다.

그리고 1장의 '버크셸프를 이용한 쿡북 의존성 관리' 절에서 봤던 바와 같이 berkshelf 젬을 설치했는지 확인한다.

셰프 저장소에서 my_cookbook을 포함하는 Berksfile을 생성한다.

mma@laptop:~/chef-repo $ subl Berksfile

```
cookbook 'my_cookbook', path: './cookbooks/my_cookbook'
```

MySQL 서버를 설치하고 데이터베이스와 사용자를 생성해보자.

1. 쿡북의 metadata.rb 파일에 database와 mysql 쿡북에 대한 의존성을 추가한다.

   mma@laptop:~/chef-repo $ subl cookbooks/my_cookbook/metadata.rb

   ```
   ...
   depends "database"
   depends "mysql"
   ```

2. 모든 의존성 쿡북을 설치한다.

   mma@laptop:~/chef-repo $ berks install

```
Using my_cookbook (0.1.0) at './cookbooks/my_cookbook'
...출력 생략...
```

3. 쿡북의 기본 레시피를 수정한다.

mma@laptop:~/chef-repo $ subl cookbooks/my_cookbook/recipes/default.rb

```
include_recipe 'mysql::server'
include_recipe 'mysql::ruby'

include_recipe 'database'

connection_params = {
  :username => 'root',
  :password => node['mysql']['server_root_password']
}

mysql_database 'my_db' do
  connection connection_params
  action :create
end

mysql_database_user 'me' do
  connection connection_params
  password 'my_password_11'
  privileges [:all]
  action [:create, :grant]
end
```

4. 수정한 쿡북을 셰프 서버에 업로드한다.

mma@laptop:~/chef-repo $ berks upload

```
...출력 생략...
Uploading my_cookbook (0.1.0) to: 'https://api.opscode.com:443/
organizations/agilewebops'
...출력 생략...
```

5. 노드에서 셰프 클라이언트를 실행한다.

```
user@server:~$ sudo chef-client

...출력 생략...
[2013-04-23T19:32:07+00:00] INFO: Processing chef_gem[mysql]
action install (mysql::ruby line 36)
[2013-04-23T19:32:07+00:00] INFO: Processing mysql_database[my_
db] action create (my_cookbook::default line 25)
[2013-04-23T19:32:07+00:00] INFO: Processing mysql_database_
user[me] action create (my_cookbook::default line 30)
...출력 생략...
```

6. 방금 생성한 사용자로 MySQL 서버에 로그인해보고, my_db 데이터베이스가 있는지 확인하자.

```
user@server:~$ mysql -u me -p

mysql> show databases;
+--------------------+
| Database           |
+--------------------+
| information_schema |
| my_db |
...
```

예제 분석

먼저 MySQL을 설치할 수 있게 mysql::server 레시피를 포함시킨다.

```
include_recipe 'mysql::server'
```

그리고 데이터베이스와 사용자를 생성하려면 mysql 루비 젬이 필요하다.

```
include_recipe 'mysql::ruby'
```

다음으로 database와 database_user 리소스를 레시피에서 사용할 수 있게 database 레시피를 포함시킨다.

```
include_recipe 'database'
```

이제 **MySQL** 서버에 여러 번 접속해야 하므로, 접속에 필요한 파라미터를 레시피에 connection_params라는 변수로 정의한다.

```
connection_params = {
    :username => 'root',
    :password => node['mysql']['server_root_password']
}
```

mysql::server 레시피는 루트 패스워드를 임의로 생성해 노드 속성 ['mysql']['server_root_password']에 저장한다.

다음으로 database 쿡북에서 제공하는 mysql_database 리소스로 my_db라는 데이터베이스를 생성한다.

```
mysql_database 'my_db' do
    connection connection_params
    action :create
end
```

마지막으로 mysql_database_user 리소스를 이용해 me라는 사용자를 만들고 모든 권한을 부여한다.

```
mysql_database_user 'me' do
    connection connection_params
    password 'my_password_11'
    privileges [:all]
    action [:create, :grant]
end
```

부연 설명

데이터베이스 이름과 사용자별 권한 등을 데이터 백에 저장하기도 한다. 4장,
'더 나은 쿡북 만들기'의 '데이터 백 아이템 검색' 절에서 그 방법을 참고
하자.

참고 사항

- 4장, '더 나은 쿡북 만들기'의 '데이터 백 아이템 검색' 절을 참고하자.
- `database` 쿡북은 깃허브 https://github.com/opscode-cookbooks/database
  에서 찾을 수 있다.
- `mysql` 쿡북은 깃허브 https://github.com/opscode-cookbooks/mysql에서
  찾을 수 있다.

워드프레스 사이트 관리

워드프레스는 사용자가 그들의 기업용 웹 사이트를 관리하는 데 필요한 모
든 기능을 제공한다. 워드프레스를 간단한 블로그 도구로 생각할 수 있지만,
지난 몇 년간 모든 기능을 갖춘 콘텐츠 관리 시스템content management system으로
성장했으며, 다행히도 셰프를 이용해서 워드프레스를 관리하는 일은 꽤 간
단하다.

이제 셰프로 워드프레스를 관리하는 방법을 살펴보자.

준비

1장, '셰프 인프라스트럭처'의 '쿡북 생성과 활용' 절을 참고해 `my_cookbook`
쿡북을 만들고 노드의 실행 목록에 등록한다.

그리고 1장의 '버크셸프를 이용한 쿡북 의존성 관리' 절에서 봤던 바와 같이 `berkshelf` 젬을 설치했는지 확인한다.

셰프 저장소에서 `my_cookbook`을 포함하는 `Berksfile`을 생성한다.

```
mma@laptop:~/chef-repo $ subl Berksfile
```

```
cookbook 'my_cookbook', path: './cookbooks/my_cookbook'
```

예제 구현

커뮤니티 쿡북을 이용해서 워드프레스를 설치해보자.

1. 쿡북의 메타데이터를 수정해 필요한 의존성을 모두 추가한다.

    ```
    mma@laptop:~/chef-repo $ subl cookbooks/my_cookbook/metadata.rb
    ```

    ```
    ...
    depends "apt"
    depends "wordpress"
    ```

2. 모든 의존성 쿡북을 설치한다.

    ```
    mma@laptop:~/chef-repo $ berks install
    ```

    ```
    Using my_cookbook (0.1.0) at './cookbooks/my_cookbook'
    ...출력 생략...
    ```

3. 쿡북을 수정해서 워드프레스의 속성을 변경하고 필요한 쿡북을 포함시킨다.

    ```
    mma@laptop:~/chef-repo $ subl cookbooks/my_cookbook/recipes/
    default.rb
    ```

    ```
    node.default['wordpress']['db']['database'] = "my_wordpress"
    node.default['wordpress']['db']['user'] = "me"
    node.default['wordpress']['db']['password'] = "my_password_11"
    ```

```
include_recipe "apt"
include_recipe 'wordpress'
```

4. 수정한 쿡북을 셰프 서버에 업로드한다.

mma@laptop:~/chef-repo $ berks upload

```
...출력 생략...
Uploading my_cookbook (0.1.0) to: 'https://api.opscode.com:443/
organizations/agilewebops'
...출력 생략...
```

5. 노드에서 셰프 클라이언트를 실행한다.

user@server:~$ sudo chef-client

```
...출력 생략...
[2013-04-27T19:29:44+00:00] INFO: Navigate to 'http://vagrant.vm/
wp-admin/install.php' to complete wordpress installation
...출력 생략...
```

6. 브라우저에서 워드프레스 페이지를 열고, 워드프레스가 제대로 설치됐는
지 확인한다.

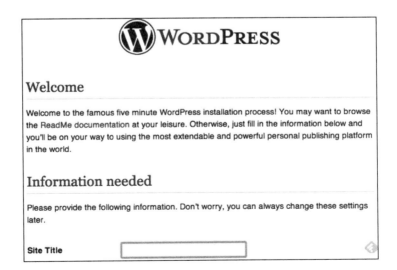

wordpress 쿡북을 저장소에 설치할 때 아파치-MySQL-PHP 스택을 비롯해서 필요한 쿡북을 모두 함께 설치한다.

wordpress 쿡북을 사용하고 싶다면 다음과 같이 레시피에 포함시키면 된다.

```
include_recipe 'wordpress'
```

wordpress 쿡북은 현재 운영체제의 패키지 저장소(우분투에서는 apt 이용)에서 소프트웨어를 설치하므로, wordpress 쿡북을 포함하기 전에 apt 쿡북을 포함시킨다. 이렇게 해야 노드에 최신 패키지가 설치되며, 이 과정을 생략하면 오래된 패키지 간의 호환성 문제로 wordpress 쿡북이 정상 작동하지 않을 수 있다.

```
include_recipe 'apt'
include_recipe 'wordpress'
```

다음으로 데이터베이스 이름과 데이터베이스 사용자, 데이터베이스 사용자의 패스워드에 기본 값을 사용하고 싶지 않다면 레시피 시작 부분에서 속성을 덮어쓴다.

```
node.default['wordpress']['db']['database'] = 'my_wordpress'
node.default['wordpress']['db']['user'] = 'me'
node.default['wordpress']['db']['password'] = 'my_password_11'
```

cookbooks/wordpress/attributes/default.rb에서 기본 속성 값 목록을 볼 수 있다.

부연 설명

wordpress 쿡북이 필요한 소프트웨어 스택을 모두 설치하지만, 첫 번째 블로그를 자동으로 만들어 주지 않는다. 앞 과정의 브라우저에서 워드프레스 설치 페이지를 열어서 진행한다.

이미 기존 블로그를 타르볼로 갖고 있다면 5장, '파일과 패키지 다루기'의 '디렉터리 트리 배포' 절을 참고해서 노드에 배포할 수 있다.

참고 사항

- wordpress 쿡북은 깃허브 https://github.com/opscode-cookbooks/wordpress에서 찾을 수 있다.

루비 온 레일스 애플리케이션 관리

루비 온 레일스^{Ruby on Rails}를 이용하면 웹 애플리케이션을 빠르게 개발하고 구축할 수 있지만, 프레임워크가 배포에 관련된 문제까지 해결해 주지는 않는다. 이번 절에서는 애플리케이션 서버인 유니콘^{unicorn}과 SQLite 데이터베이스를 이용해서 레일스 애플리케이션을 배포하는 가장 간단한 레시피를 작성한다.

준비

1장, '셰프 인프라스트럭처'의 '쿡북 생성과 활용' 절을 참고해 my_cookbook 쿡북을 만들고 노드의 실행 목록에 등록한다.

그리고 1장의 '버크셸프를 이용한 쿡북 의존성 관리' 절에서 봤던 바와 같이 berkshelf 젬을 설치했는지 확인한다.

셰프 저장소에서 my_cookbook을 포함하는 Berksfile을 생성한다.

mma@laptop:~/chef-repo $ subl Berksfile

```
cookbook 'my_cookbook', path: './cookbooks/my_cookbook'
```

예제 구현

노드에 루비 온 레일스 애플리케이션을 구성하고 구동해보자.

1. 쿡북의 metadata.rb에 application_ruby 쿡북의 의존성을 추가한다.

    mma@laptop:~/chef-repo $ subl cookbooks/my_cookbook/metadata.rb

    ```
    ...
    depends "application_ruby"
    ```

2. 모든 의존성 쿡북을 설치한다.

    mma@laptop:~/chef-repo $ berks install

    ```
    Using my_cookbook (0.1.0) at './cookbooks/my_cookbook'
    ...출력 생략...
    ```

3. 쿡북의 기본 레시피를 수정한다.

    mma@laptop:~/chef-repo $ subl cookbooks/my_cookbook/recipes/default.rb

    ```
    application "rails-app" do
      packages %w[ruby1.9.3 runit git sqlite3 libsqlite3-dev]

      path "/usr/local/www/rails-app"
      owner "www-data"
      group "www-data"

      environment_name "development"
    ```

```
repository "https://github.com/mmarschall/rails-app.git"

rails do
  gems %w[bundler]

  database_template "sqlite3_database.yml.erb"

  database do
    adapter "sqlite3"
    database "db/rails-app.sqlite3"
  end
end

unicorn do
end
end
```

4. database.yml 템플릿을 추가한다.

mma@laptop:~/chef-repo $ subl cookbooks/my_cookbook/templates/
default/sqlite3_database.yml.erb

```
<%= @rails_env %>:
  adapter: <%= @database['adapter'] %>
  host: <%= @host %>
  database: <%= @database['database'] %>
  pool: 5
  timeout: 5000
```

5. 수정한 쿡북을 셰프 서버에 업로드한다.

mma@laptop:~/chef-repo $ berks upload

```
...출력 생략...
Uploading my_cookbook (0.1.0) to: 'https://api.opscode.com:443/
organizations/agilewebops'
...출력 생략...
```

6. 노드에서 셰프 클라이언트를 실행한다.

user@server:~$ sudo chef-client

```
...출력 생략...
[2013-05-09T20:36:40+00:00] INFO: execute[/etc/init.d/
rails-apphup] ran successfully
...출력 생략...
```

7. 노드의 8080 포트에 요청을 보내 레일스 애플리케이션이 제대로 구축되어 구동 중인지 확인한다.

user@server:~$ wget localhost:8080

```
2013-05-10 20:08:41 (16.4 MB/s) - `index.html' saved [14900]
```

8. 레일스 애플리케이션의 환영 페이지Welcome page가 제대로 보이는지 다운로드한 파일의 내용을 확인한다.

user@server:~$ cat index.html

```
<!DOCTYPE html>
<html>
  <head>
    <title>Ruby on Rails: Welcome aboard</title>
  ...
```

예제 분석

옵스코드는 웹 애플리케이션을 배포할 수 있는 application 쿡북을 제공한다. 예제 애플리케이션의 이름은 "rails-app"이다.

```
application "rails-app" do
...
end
```

application 블록 안에서 웹 애플리케이션의 상세 사항을 정의한다. 먼저 운영체제에 맞는 패키지를 몇 가지 설치한다. 여기서는 루비도 설치되지 않은 빈 노드로 가정하자.

```
packages %w[ruby1.9.3 runit git sqlite3 libsqlite3-dev]
```

ruby1.9.3은 루비 런타임^{runtime}을 설치한다. 옴니버스로 셰프 클라이언트를 설치했다면 임베디드 루비를 설치했을 텐데, 일반적으로 레일스 애플리케이션을 임베디드 루비로 가동하지는 않는다.

이 책을 저술하는 시점에서 유니콘을 설치하려면 runit이 필요하므로, 유니콘으로 레일스 애플리케이션을 구동하려면 runit을 설치해야 한다.

다음으로 github.com 저장소에서 레일스 애플리케이션을 체크아웃하려면 깃이 필요하다.

마지막으로 레일스 애플리케이션에서 사용할 **SQLite**를 설치한다.

이제 필요한 소프트웨어를 모두 설치했으니 배포 관련 세부 설정을 하자. 애플리케이션을 어느 경로에 설치하고, 애플리케이션의 소유자(owner, group)는 누구인지, 애플리케이션의 소스코드는 어느 저장소에서 찾을 수 있는지를 설정해야 한다.

```
path "/usr/local/www/rails-app"
    owner "www-data"
    group "www-data"
...
repository "https://github.com/mmarschall/rails-app.git"
```

 레일스 애플리케이션의 Gemfile에서 therubyracer와 unicorn 젬을 활성화해야 한다.

```
gem 'therubyracer', platforms: :ruby
gem 'unicorn'
```

애플리케이션을 실제 프로덕션 환경에 배포하는 경우가 아니라면 예제와 같이 특정 environment_name을 지정한다.

```
environment_name "development"
```

이제 github.com에서 애플리케이션을 다운로드한 후 카피스트라노와 비슷한 디렉터리 구조로 애플리케이션을 배포한다. 애플리케이션의 현재 리비전을 release 디렉터리에 넣고, 그에 대한 심볼릭 링크^{symlink}인 current를 생성한다.

다음으로 레일스 관련 설정을 할 차례다. 먼저 레일스 애플리케이션이 Gemfile을 사용하므로 bundler 젬을 설치한다.

```
rails do
   gems %w[bundler]
   ...
end
```

%w[] 구문은 문자열 배열을 만드는데, 여기서는 그 대신 ["bundler"]를 사용해도 좋다. 예제와 같이 배열의 요소가 하나라면 별 차이가 없지만, 배열의 여러 요소를 포함하는 경우에는 %w 구문으로 많은 쉼표와 큰 따옴표를 생략할 수 있다.

예제의 레일스 애플리케이션은 영구적인 데이터 저장소로 SQLite를 사용하므로, database.yml 파일의 템플릿을 작성한다.

```
database_template "sqlite3_database.yml.erb"
```

이제 원하는 값을 database 블록에 전달해 실행한다.

```
database do
```

```
  adapter "sqlite3"
  database "db/rails-app.sqlite3"
end
```

앞에서는 레일스 애플리케이션이 SQLite 데이터베이스를 사용하고, db/rails-app.sqlite3에 데이터 파일을 저장하게 했다.

마지막으로 유니콘을 사용해서 레일스 애플리케이션을 구동하게 지정한다. 포트 번호나 작업자worker의 개수 등 기본 속성을 변경하지 않는다면 빈 블록만으로도 충분하다.

```
unicorn do
end
```

부연 설명

기본적으로 application 쿡북의 deploy 리소스는 레일스 애플리케이션의 새로운 리비전만 배포한다. 이와 달리 동일한 리비전의 내용을 계속해서 업데이트하려면 application 리소스의 동작을 force_deploy로 지정한다.

```
application "rails-app" do
  ...
  action :force_deploy
end
```

MySQL 서버를 사용하고 싶다면 롤을 만들고 할당한다. 예를 들어 rails_database_master 롤을 application 리소스에 지정한다. 이렇게 하면 해당 롤에 속하는 노드를 찾아 그 IP 주소를 database.yml에 지정한다.

```
application "rails-app" do
  ...
  database_master_role "rails_database_master"
end
```

이런 경우에는 database.yml 템플릿을 직접 작성할 필요가 없다.

마지막으로 레일스 애플리케이션을 여러 노드로 구성된 클러스터로 구동하고 싶다면 `application_nginx` 쿡북을 이용해서 애플리케이션 서버 클러스터의 앞단에 nginx 부하 분산기load balancer를 설치한다.

참고 사항

- `application` 쿡북은 깃허브 https://github.com/opscode-cookbooks/application에서 찾을 수 있다.
- `application_ruby` 쿡북은 깃허브 https://github.com/opscode-cookbooks/application_ruby에서 찾을 수 있다.
- 4장, '더 나은 쿡북 만들기'의 '노드 검색' 절을 참고하라.

바니쉬 관리

웹 애플리케이션 가속기인 바니쉬Varnish를 웹 애플리케이션의 앞단에 배치하면 생성된 HTML 파일을 캐싱해서 빠르게 제공할 수 있다. 웹 페이지를 매번 생성하는 일은 웹 애플리케이션에 큰 부담이 되며, 애플리케이션의 장애를 복구하는 동안 캐시를 대신 활용해 구동 시간uptimne을 늘일 수도 있다.

이제 바니쉬를 설치해보자.

준비

바니쉬가 localhost:8080을 사용할 수 있도록 '루비 온 레일스 애플리케이션 관리' 절에서 설명한 대로 노드에 루비 온 레일스 애플리케이션을 설치해 8080 포트에 웹 서버를 구동한다.

1장, '셰프 인프라스트럭처'의 '쿡북 생성과 활용' 절을 참고해 my_cookbook 쿡북을 만들고 노드의 실행 목록에 등록한다.

그리고 1장의 '버크셸프를 이용한 쿡북 의존성 관리' 절에서 봤던 바와 같이 berkshelf 젬을 설치했는지 확인한다.

셰프 저장소에서 my_cookbook을 포함하는 Berksfile을 생성한다.

mma@laptop:~/chef-repo $ subl Berksfile

```
cookbook 'my_cookbook', path: './cookbooks/my_cookbook'
```

예제 구현

기본 옵션으로 바니쉬를 설치해보자. 여기서는 바니쉬 apt 저장소에서 제공하는 최신 패키지를 설치한다.

 노드의 실행 목록에 apt 쿡북이 없다면 쿡북의 메타데이터에 depends "apt"를 추가하고, 쿡북의 기본 레시피에 include_recipe "apt"를 추가한다.

1. 쿡북의 메타데이터에 varnish 쿡북에 대한 의존성을 추가한다.

   mma@laptop:~/chef-repo $ subl cookbooks/my_cookbook/metadata.rb

   ```
   ...
   depends "varnish"
   ```

2. 모든 의존성 쿡북을 설치한다.

   mma@laptop:~/chef-repo $ berks install

   ```
   Using my_cookbook (0.1.0) at './cookbooks/my_cookbook'
   ...출력 생략...
   ```

3. 쿡북의 기본 레시피를 수정한다.

mma@laptop:~/chef-repo $ subl cookbooks/my_cookbook/recipes/
default.rb

```
include_recipe "varnish::apt_repo"

node.set['varnish']['storage_file'] = '/var/lib/varnish/vagrant/
varnish_storage.bin'
include_recipe "varnish"
```

4. 수정한 쿡북을 셰프 서버에 업로드한다.

mma@laptop:~/chef-repo $ berks upload

```
...출력 생략...
Uploading my_cookbook (0.1.0) to: 'https://api.opscode.com:443/
organizations/agilewebops'
...출력 생략...
```

5. 노드에서 셰프 클라이언트를 실행한다.

user@server:~$ sudo chef-client

```
...출력 생략...
[2013-05-11T19:23:37+00:00] INFO: service[varnish] restarted
...출력 생략...
```

6. 노드의 6081 포트에 요청을 보내 바니쉬 캐시가 제대로 작동 중인지 확인한다.

user@server:~$ wget localhost:6081

```
2013-05-10 20:08:41 (16.4 MB/s) - `index.html' saved [14900]
```

기본 우분투 패키지 저장소에서 제공하는 오래된 패키지 대신 최신 버전의 바니쉬를 설치하고자 vanish apt 저장소를 추가했다.

```
include_recipe "varnish::apt_repo"
```

바니쉬는 기본적으로 /var/lib/varnish/$INSTANCE/varnish_storage.bin에 파일을 저장하는데, 베이그런트 박스에서는 이 경로가 작동하지 않으므로 기본 속성을 다른 경로로 덮어썼다.

```
node.set['varnish']['storage_file'] = '/var/lib/varnish/vagrant/
varnish_storage.bin'
```

마지막으로 바니쉬 레시피를 포함시키면 바니쉬 서버를 설치하고 설정한 후 6081 포트에서 접속 대기를 시작한다.

```
include_recipe "varnish"
```

텔넷으로 해당 노드에 접속하면 바니쉬의 관리자 인터페이스를 사용할 수 있다.

```
user@server:~$ sudo telnet localhost 6082
```

- https://www.varnish-cache.org/에서 바니쉬를 자세히 살펴보자.
- varnish 쿡북은 깃허브 https://github.com/opscode-cookbooks/varnish에 서 찾을 수 있다.
- '루비 온 레일스 애플리케이션 관리' 절을 참고하라.

로컬 워크스테이션 관리

맥북을 새로 구입하고 모든 소프트웨어를 다시 설치하는 일이 얼마나 귀찮은지 잘 알고 있으리라 생각한다. 이럴 때도 셰프가 도움을 줄 수 있다.

개발용 머신에 셰프를 이용해서 애플리케이션을 설치하고 설정을 변경하는 방법을 살펴보자.

 다음 예제는 OS X용으로 작성했지만, 윈도우나 리눅스에서 작동하게 변경할 수 있다.

준비

1장, '셰프 인프라스트럭처'의 '워크스테이션에 셰프 설치' 절을 참고해 기본적인 셰프 환경을 구축한다.

그리고 각 소프트웨어 설치에 필요한 저장소를 준비한다.

1. `github.com/mmarschall/osx-workstation` 저장소를 포크^{fork}한다.

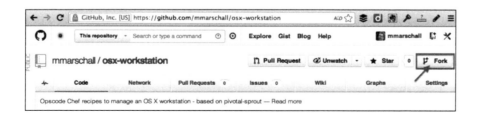

2. 위의 저장소를 로컬 개발 머신에 복제한다. 다음 명령어에서 `<YOUR GITHUB USER>`를 여러분의 깃허브 계정으로 대체한다.

```
mma@laptop:~/ $ git clone https://github.com/<YOUR GITHUB USER>/
osx-workstation.git
```

3. osx-workstation 저장소를 복제한 디렉터리로 이동한다.

```
mma@laptop:~/ $ cd osx-workstation
```

4. soloist 젬을 설치한다.

```
mma@laptop:~/osx-workstation $ bundle install

...출력 생략...
Installing soloist (1.0.1)
...출력 생략...
```

예제 구현

솔로이스트^{Soloist}를 설치해서 피보탈랩^{PivotalLabs}이 제공하는 몇 가지 레시피를 사용할 수 있게 해보자.

1. 로컬 저장소에 Cheffile을 만든다.

```
mma@laptop:~/osx-workstation $ subl Cheffile

site 'http://community.opscode.com/api/v1'

cookbook 'pivotal_workstation',
  :git => 'git://github.com/pivotal-sprout/sprout.git',
  :path => 'pivotal_workstation'

cookbook 'sprout-osx-apps',
  :git => 'git://github.com/pivotal-sprout/sprout.git',
  :path => 'sprout-osx-apps'

cookbook 'sprout-osx-settings',
  :git => 'git://github.com/pivotal-sprout/sprout.git',
  :path => 'sprout-osx-settings'
```

```
cookbook 'osx',
  :git => 'git://github.com/pivotal-sprout/sprout.git',
  :path => 'osx'
```

2. 설정 파일에 솔로이스트가 무엇을 설치할지 지정한다.

mma@laptop:~/osx-workstation $ subl soloistrc

```
recipes:
- sprout-osx-apps::freeruler
- sprout-osx-settings::dock_preferences

node_attributes:
  dock_preferences:
    orientation: left
```

3. 개발 머신에서 솔로이스트를 실행한다.

mma@laptop:~/osx-workstation $ sudo soloist

```
Installing dmg (1.1.0)
Installing osx (0.1.0)
Installing sprout-osx-apps (0.1.0)
Installing sprout-osx-settings (0.1.0)
Installing pivotal_workstation (1.0.0)
Starting Chef Client, version 11.4.4
...출력 생략...
Recipe: sprout-osx-apps::freeruler
...출력 생략...
Chef Client finished, 3 resources updated
```

4. 이제 독[dock]이 화면 왼쪽에 배치되고, Applications 폴더에 프리 룰러[Free Ruler]가 설치된 모습을 볼 수 있다.

솔로이스트를 이용하면 셰프 솔로를 쉽고 빠르게 설정할 수 있다. 솔로이스트는 라이브러리안^{Librarian}을 이용해서 쿡북의 의존성을 관리하며, `Cheffile`에 어떤 쿡북을 사용할지 정의한다.

```
cookbook 'sprout-osx-apps',
  :git => 'git://github.com/pivotal-sprout/sprout.git',
  :path => 'sprout-osx-apps'
```

라이브러리안에 쿡북의 이름과 쿡북이 위치한 깃 저장소의 주소, 로컬 설치 경로를 지정하면 `Cheffile`에 지정한 모든 쿡북을 로컬 쿡북 디렉터리에 설치한다.

이제 soloistrc 파일에 솔로이스트가 무엇을 실행할지 지정한다. 먼저 솔로이스트가 로컬 개발 머신에서 실행할 레시피를 지정한다.

```
recipes:
  - sprout-osx-apps::freeruler
  - sprout-osx-settings::dock_preferences
```

다음으로 속성을 변경해서 세부 설치 옵션을 지정한다.

```
node_attributes:
  dock_preferences:
    orientation: left
```

여기서는 `node['dock_preferences']['orientation'] = 'left'` 속성을 지정했는데, 이 속성은 `sprout-osx-settings::dock_preferences` 쿡북에서 사용한다.

솔로이스트는 라이브러리안을 사용해서 `Cheffile`에 정의된 쿡북을 모두 설치하고, soloistrc 파일에 지정한 레시피를 실행한다. 물론 레시피를 적용하기 전에 레시피에서 사용하는 모든 속성을 설정한다.

스프라우트sprout 저장소에서는 OS X 애플리케이션을 설치하고 설정하는 수 많은 쿡북을 제공한다.

스프라우트의 osx 쿡북은 sprout-osx-settings 쿡북에서 사용하는 osx_defaults 제공자를 제공하며, sprout-osx-applications는 셰프 표준 리소스인 dmg_package나 타르볼 설치에 필요한 remote_file과 execute 리소스를 이용해서 애플리케이션을 설치한다.

부연 설명

솔로이스트에서 사용할 수 있는 쿡북을 직접 만들고 싶다면 osx-workstation 저장소에 디렉터리를 만든다.

```
mma@laptop:~/osx-workstation $ mkdir site-cookbooks
```

그리고 라이브러리안이 여러분이 작성한 쿡북을 찾을 수 있도록 쿡북의 경로를 Cheffile에 지정한다.

```
cookbook 'meta',
   :path => 'site-cookbooks/meta'
```

이제 soloistrc 파일에서 여러분이 만든 쿡북을 사용할 수 있다.

OS X에서 사용하는 dmg_package와 osx_default 리소스 대신에 각 운영체제에 맞는 패키지 제공자를 이용할 수도 있다. 셰프에서 아직 지원하지 않는 플랫폼이라면 직접 제공자를 만들어보자.

참고 사항

- 솔로이스트는 https://github.com/mkocher/soloist에서 찾을 수 있다.

- 스프라우트는 https://github.com/pivotal-sprout/sprout에서 찾을 수 있다.

- https://github.com/pivotal-sprout/sprout/blob/master/sprout-osx-apps/
  recipes/freeruler.rb에서 프리 룰러 레시피를 볼 수 있다.

- dock_preferences 레시피는 https://github.com/pivotal-sprout/sprout/blob/
  master/sprout-osx-settings/recipes/dock_preferences.rb에서 찾을 수 있다.

- 라이브러리안은 https://github.com/applicationsonline/librarian에서 찾을
  수 있다.

7

서버와 클라우드 인프라스트럭처

클라우드 컴퓨팅의 흥미로운 점은 우리가 이미 하고 있는
거의 모든 일이 클라우드 컴퓨팅의 범주에 편입되고 있다는 사실이다.

– 리차드 스톨만(Richard Stallman)

7장에서 다루는 내용은 다음과 같다.

- 블루프린트[Blueprint]를 이용해서 구동 중인 시스템의 쿡북 생성
- 여러 머신에서 동일한 명령어 한 번에 실행
- 외부 모니터링 서비스용 SNMP 설정
- 나기오스 모니터링 서버 배포
- 하트비트[Heartbeat]를 이용한 고가용성 서비스 구성
- HAProxy를 이용한 웹 서버 부하 분산
- 맞춤형 부트스트랩 스크립트 활용

- iptables를 이용한 방화벽 관리
- fail2ban을 이용해서 악의적인 IP 주소 차단하기
- 아마존 EC2 인스턴스 관리
- 스파이스위즐Spiceweasel과 나이프를 이용해서 파일로부터 셰프 인프라스트럭처 불러오기

소개

지금까지 각 노드를 관리하는 작업을 거의 살펴봤다. 이제 전체적인 인프라스트럭처 관점에서 접근해볼 차례다. 부하 분산기를 비롯해 여러 노드에 걸쳐 구동되는 서비스를 관리하는 방법과 인프라스트럭처의 네트워크를 관리하는 방법을 살펴보자.

블루프린트를 이용해서 구동 중인 시스템의 쿡북 생성

데이터 센터의 한 구석에 처박혀서 아무도 건드리거나 신경을 쓰지 않는 서버가 있다고 하자. 마치 수만 가지 모양을 가진 눈송이처럼 유일하지만, 취약하기 그지없다. 이런 서버를 어떻게 설정관리 체계 안으로 편입시킬 수 있을까?

블루프린트blueprint, 청사진는 디렉터리와 패키지, 설정 파일 등 서버에서 벌어지는 모든 일을 기록하고 찾아낼 수 있는 도구다.

블루프린트는 서버의 정보를 여러 가지 형태로 표현할 수 있는데, 셰프 레시피도 그 중의 하나다. 이렇게 생성한 셰프 레시피를 기반으로 각 서버의 상태를 다시 구축할 수 있다.

이제 그 방법을 살펴보자.

블루프린트를 실행할 노드에 파이썬과 Git을 설치해야 한다.

```
user@server:~$ sudo apt-get install git python
```

예제 분석

블루프린트를 설치하고 셰프 쿡북을 생성해보자.

1. 다음 명령어로 블루프린트를 설치하자.

```
user@server:~$ pip install blueprint
```

2. 이제 현재 서버의 블루프린트(청사진)를 만들어보자. 다음 명령어에서 my-server 대신 사용할 블루프린트의 이름을 지정한다. 여기서 지정한 이름을 다음 단계에서 쿡북의 이름으로 사용한다.

```
user@server:~$ sudo blueprint create my-server
# [blueprint] using cached blueprintignore(5) rules
# [blueprint] searching for Python packages
# [blueprint] searching for PEAR/PECL packages
# [blueprint] searching for Yum packages
# [blueprint] searching for Ruby gems
# [blueprint] searching for npm packages
# [blueprint] searching for software built from source
# [blueprint] searching for configuration files
# [blueprint] /etc/ssl/certs/AC_Ra\xc3\xadz_Certic\xc3\
xa1mara_S.A..pem not UTF-8 - skipping it
# [blueprint] /etc/ssl/certs/NetLock_Arany_=Class_Gold=_F\xc5\
x91tan\xc3\xbas\xc3\xadtv\xc3\xa1ny.pem not UTF-8 - skipping it
# [blueprint] /etc/ssl/certs/EBG_Elektronik_Sertifika_Hizmet_Sa\
xc4\x9flay\xc4\xb1c\xc4\xb1s\xc4\xb1.pem not UTF-8 - skipping it
# [blueprint] /etc/ssl/certs/Certinomis_-_Autorit\xc3\xa9_Racine.
```

```
pem not UTF-8 - skipping it
# [blueprint] /etc/ssl/certs/T\xc3\x9cB\xc4\xb0TAK_UEKAE_K\xc3\
xb6k_Sertifika_Hizmet_Sa\xc4\x9flay\xc4\xb1c\xc4\xb1s\xc4\xb1_-_S\
xc3\xbcr\xc3\xbcm_3.pem not UTF-8 - skipping it
# [blueprint] searching for APT packages
# [blueprint] searching for service dependencies
```

3. 블루프린트로부터 셰프 쿡북을 생성한다.

user@server:~$ blueprint show -C my-server

```
my-server/recipes/default.rb
```

4. 생성된 파일 내용을 확인한다.

```
user@server:~$ cat my-server/recipes/default.rb
#
# Automatically generated by blueprint(7). Edit at your own risk.
#
cookbook_file('/tmp/96468fd1cc36927a027045b223c61065de6bc575.tar')
do
  backup false
  group 'root'
  mode '0644'
  owner 'root'
  source 'tmp/96468fd1cc36927a027045b223c61065de6bc575.tar'
end
execute('/tmp/96468fd1cc36927a027045b223c61065de6bc575.tar') do
  command 'tar xf "/tmp/96468fd1cc36927a027045b223c61065de6bc575.tar"'
  cwd '/usr/local'
end
directory('/etc/apt/apt.conf.d') do
...출력 생략...
service('ssh') do
  action [:enable, :start]
  subscribes :restart, resources('cookbook_file[/etc/default/
```

```
keyboard]', 'cookbook_file[/etc/default/console-setup]',
'cookbook_file[/etc/default/ntfs-3g]', 'package[openssh-server]',
'execute[96468fd1cc36927a027045b223c61065de6bc575.tar]')
end
```

예제 분석

블루프린트는 노드의 모든 관련 설정을 찾아 깃 저장소에 저장하는 파이썬 패키지로, 생성된 블루프린트는 각기 이름이 다르다.

블루프린트는 저장소의 내용을 여러 가지 형태로 표현할 수 있는데, blueprint show 명령어에 -C 옵션을 주면 모든 설정 내용을 기본 레시피로 포함하는 셰프 쿡북을 생성한다. 쿡북은 블루프린트를 실행한 디렉터리에 생성되고, 쿡북의 이름은 블루프린트의 이름과 같다.

user@server:~$ ls -l my-server/

```
total 8
drwxrwxr-x 3 vagrant vagrant 4096 Jun 28 06:01 files
-rw-rw-r-- 1 vagrant vagrant    0 Jun 28 06:01 metadata.rb
drwxrwxr-x 2 vagrant vagrant 4096 Jun 28 06:01 recipes
```

부연 설명

다음과 같이 여러 가지 show 명령어를 이용해 블루프린트를 만들 수 있다.

user@server:~$ blueprint show-packages my-server

```
...출력 생략...
apt wireless-regdb 2011.04.28-1ubuntu3
apt zlib1g-dev 1:1.2.3.4.dfsg-3ubuntu4
python2.7 distribute 0.6.45
python2.7 pip 1.3.1
```

```
pip blueprint 3.4.2
pip virtualenv 1.9.1
```

위 명령어는 설치된 패키지를 모두 조회한다. 그 밖의 show 명령어는 다음과 같다.

- show-files
- show-services
- show-sources

블루프린트는 다음과 같은 명령어로 서버의 설정을 셀 스크립트로 저장할 수 있다.

user@server:~$ blueprint show -S my-server

이렇게 만들어진 스크립트를 바탕으로 '맞춤형 부트스트랩 스크립트 활용' 절에서 배울 knife bootstrap에 활용할 수 있다.

참고 사항

- http://devstructure.com/blueprint/에서 블루프린트에 대해 자세히 설명한다.
- https://github.com/devstructure/blueprint에서 블루프린트의 소스코드를 찾을 수 있다.

여러 머신에서 동일한 명령어 한 번에 실행

자동으로 동작하는 스크립트 기반 솔루션에서 발생하는 사소한 문제 중의 하나는 여러 서버에서 명령어를 동시에 실행할 때 여러 서버에 로그인하기가 어렵다는 점이다. 특정 서비스의 상태를 확인하거나 모든 서버에서 중요한 시스템 데이터를 조회할 때 여러 서버에 동시로 로그인할 수 있다면 많은 시간과 수고를 덜 수 있다(예를 들어 일곱 개의 웹 서버에서 웹사이트의 기본 인증을 비활성화한다고 생각해보라).

예제 구현

간단한 명령어 몇 가지를 여러 서버에서 동시에 실행해보자.

1. 모든 웹 서버에서 nginx 프로세스의 상태를 조회하자.

```
mma@laptop:~/chef-repo $ knife ssh 'roles:webserver' 'sudo sv
status nginx'
```

```
www1.prod.example.com run: nginx: (pid 12356) 204667s; run:
log: (pid 1135) 912026s
www2.prod.example.com run: nginx: (pid 19155) 199923s; run:
log: (pid 1138) 834124s
www.test.example.com run: nginx: (pid 30299) 1332114s; run:
log: (pid 30271) 1332117s
```

2. 아마존 EC2의 스테이징 인바이런먼트에 포함된 모든 서버의 가동 시간을 조회하자.

```
mma@laptop:~/chef-repo $ knife ssh 'chef_environment:staging AND
ec2:*' uptime
```

```
ec2-XXX-XXX-XXX-XXX.eu-west-1.compute.amazonaws.com
21:58:15 up 23 days, 13:19, 1 user, load average: 1.32,
1.88, 2.34
ec2-XXX-XXX-XXX-XXX.eu-west-1.compute.amazonaws.com
21:58:15 up 10 days, 13:19, 1 user, load average: 1.51,
1.52, 1.54
```

먼저 노드를 검색하는 데 필요한 질의어를 지정한다. 실제 명령어를 실행하기 전에 `sudo restart now`처럼 위험한 명령어 대신 `uptime` 등의 간단한 명령어로 질의어를 테스트해보길 권장한다. 질의어에는 노드의 인덱스와 모든 나이프 질의어 문법을 사용할 수 있다.

나이프는 노드 검색을 수행한 후 검색된 노드 각각에서 지정된 명령어를 실행한다. 그리고 모든 출력을 모아 현재 노드에 출력한다.

부연 설명

노드 검색 후 `tmux`나 `screem` 등의 명령어를 이용해서 검색된 노드의 터미널을 열 수도 있다.

그리고 검색을 수행하는 대신 `-m` 옵션을 이용해서 각 노드를 직접 나열할 수도 있다.

```
mma@laptop:~/chef-repo $ knife ssh 'www1.prod.example.com www2.prod.
example.com' uptime -m

    www1.prod.example.com 22:10:00 up 9 days, 16:00, 1 user, load
    average: 0.44, 0.40, 0.38
    www2.prod.example.com 22:10:00 up 15 days, 10:28, 1 user,
    load average: 0.02, 0.05, 0.06
```

참고 사항

- http://docs.opscode.com/knife_search.html에서 나이프 질의어 문법을 자세히 설명한다.

- http://docs.opscode.com/knife_ssh.html에서 더 많은 예제를 볼 수 있다.

외부 모니터링 서비스용 SNMP 설정

간이 망 관리 프로토콜^{SNMP, Simple Network Management Protocol}은 모든 네트워크 장치를 모니터링하는 표준으로, 셰프를 이용해서 SNMP 서비스를 설치하고 필요에 맞게 설정할 수 있다.

준비

1장, '셰프 인프라스트럭처'의 '쿡북 생성과 활용' 절을 참고해 my_cookbook 쿡북을 만들고 노드의 실행 목록에 등록한다.

그리고 1장의 '버크셸프를 이용한 쿡북 의존성 관리' 절에서 봤던 바와 같이 berkshelf 젬을 설치했는지 확인한다.

셰프 저장소에서 my_cookbook을 포함하는 Berksfile을 생성한다.

```
mma@laptop:~/chef-repo $ subl Berksfile
```

```
cookbook 'my_cookbook', path: './cookbooks/my_cookbook'
```

예제 구현

몇 가지 속성을 변경한 후 노드에 SNMP를 설치해보자.

1. 쿡북의 metadata.rb 파일에 snmp 쿡북에 대한 의존성을 추가한다.

   ```
   mma@laptop:~/chef-repo $ subl cookbooks/my_cookbook/metadata.rb
   ```

   ```
   depends "snmp"
   ```

2. 모든 의존성 쿡북을 설치한다.

   ```
   mma@laptop:~/chef-repo $ berks install
   ```

```
Using my_cookbook (0.1.0) at './cookbooks/my_cookbook'
...출력 생략...
```

3. 쿡북의 기본 레시피를 수정한다.

mma@laptop:~/chef-repo $ subl cookbooks/my_cookbook/recipes/default.rb

```
node.default['snmp']['syslocationVirtual'] = "Vagrant VirtualBox"
node.default['snmp']['syslocationPhysical'] = "My laptop"
node.default['snmp']['full_systemview'] = true
include_recipe "snmp"
```

4. 수정된 쿡북을 셰프 서버에 업로드한다.

mma@laptop:~/chef-repo $ berks upload

```
...출력 생략...
Uploading my_cookbook (0.1.0) to:
'https://api.opscode.com:443/organizations/agilewebops'
...출력 생략...
```

5. 노드에서 셰프 클라이언트를 실행한다.

user@server:~$ sudo chef-client

```
...출력 생략...
- restart service service[snmpd]
...출력 생략...
```

6. snmpd에 질의를 수행할 수 있는지 확인한다.

user@server:~$ snmpwalk -v 1 localhost -c public

```
iso.3.6.1.2.1.1.5.0
iso.3.6.1.2.1.1.5.0 = STRING: "vagrant"
```

먼저 메타데이터 파일에 depends 호출을 추가해 snmp 쿡북을 사용할 수
있게 만든다. 그리고 snmp 쿡북에서 제공하는 속성 중 몇 가지를 수정한다.
이 속성 값은 snmp 쿡북에서 제공하는 템플릿으로 /etc/snmp/snmp.conf 파
일을 생성할 때 사용한다.

마지막으로 여러분의 레시피에 snmp 쿡북의 기본 레시피를 포함시키면 셰
프 클라이언트가 노드에 snmpd 서비스를 설치한다.

['snmp']['community']와 ['snmp']['trapcommunity'] 등의 속성도
덮어쓸 수 있다.

* snmp 쿡북은 깃허브 https://github.com/atomic-penguin/cookbook-snmp
  에서 찾을 수 있다.

나기오스 모니터링 서버 배포

나기오스[nagios]는 가장 널리 사용되는 모니터링 패키지로, 옵스코드에서는 나
기오스 서버와 나기오스 클라이언트를 설치할 수 있는 쿡북을 제공한다. 이
쿡북을 이용하면 서비스 체크[check]와 서비스 그룹을 설정하고 데이터 백을
활용해서 나기오스 설정 파일을 변경할 수 있다.[1]

---

1. 나기오스의 체크는 특정 대상을 모니터링 하는 플러그인이나 모듈을 말한다. - 옮긴이

준비

준비

1장, '셰프 인프라스트럭처'의 '쿡북 생성과 활용' 절을 참고해 my_cookbook 쿡북을 만들고 노드의 실행 목록에 등록한다.

그리고 1장의 '버크셸프를 이용한 쿡북 의존성 관리' 절에서 봤던 바와 같이 berkshelf 젬을 설치했는지 확인한다.

셰프 저장소에서 nagios 쿡북을 포함하는 Berksfile을 생성한다.

mma@laptop:~/chef-repo $ subl Berksfile

```
cookbook 'nagios'
```

nagios 쿡북을 설치한다.

mma@laptop:~/chef-repo $ berks install --path cookbooks/

```
Using nagios (4.1.4)
...출력 생략...
```

nagios 쿡북을 셰프 서버에 업로드한다.

mma@laptop:~/chef-repo $ berks upload

```
...출력 생략...
Uploading nagios (4.1.4) to: 'https://api.opscode.com:443/
organizations/agilewebops'
...출력 생략...
```

예제 구현

나기오스 웹 인터페이스에 사용자를 등록하고, 나기오스 서버와 SSH 체크를 함께 설치해보자.

1. 나기오스 사용자의 패스워드 해시를 만든다.

 시스템에 htpasswd를 설치하지 않았다면 아래 사이트에서 온라인 htpasswd 생성기를 사용할 수도 있다.

http://www.htaccesstools.com/htpasswd-generator/

```
mma@laptop:~/chef-repo $ htpasswd -n -s mma

New password:
Re-type new password:
mma:{SHA}AcrFI+aFqjxDLBKctCtzW/LkVxg=
```

2. 나기오스 사용자의 정보를 저장할 데이터 백을 만들고, 앞에서 생성한 패스워드 해시를 지정한다.

```
mma@laptop:~/chef-repo $ subl data_bags/users/mma.json

{
  "id": "mma",
  "htpasswd": "{SHA}AcrFI+aFqjxDLBKctCtzW/LkVxg=",
  "groups": "sysadmin"
}
```

3. users 데이터 백을 셰프 서버에 업로드한다.

```
mma@laptop:~/chef-repo $ knife data bag from file users mma.json

Updated data_bag_item[users::mma]
```

4. 서비스를 정의할 데이터 백을 만든다.

```
mma@laptop:~/chef-repo $ knife data bag create nagios_services

Created data_bag_item[nagios_service]
```

5. 나기오스 서버용 롤을 만든다.

mma@laptop:~/chef-repo $ subl roles/monitoring.rb

```
name "monitoring"
description "Nagios server"
run_list(
  "recipe[apt]",
  "recipe[nagios::server]"
)

default_attributes(
  "nagios" => {
    "server_auth_method" => "htauth"
  }
)
```

6. monitoring 롤은 셰프 서버에 업로드한다.

mma@laptop:~/chef-repo $ knife role from file monitoring.rb

```
Updated Role monitoring!
```

7. server라는 노드에 monitoring 롤을 적용한다.

mma@laptop:~/chef-repo $ knife node edit server

```
...
"run_list": [
  "role[monitoring]"
]
...
```

```
saving updated run_list on node server
```

8. 여러분의 첫 번째 서비스(SSH)의 정보를 담을 데이터 백을 만든다.

mma@laptop:~/chef-repo $ subl data_bags/nagios_service/ssh.json

```
{
  "id": "ssh",
  "hostgroup_name": "linux",
  "command_line": "$USER1$/check_ssh $HOSTADDRESS$"
}
```

9. 서비스 정보를 저장한 데이터 백 아이템을 셰프 서버에 업로드한다.

mma@laptop:~/chef-repo $ knife data bag from file nagios_services ssh.json

```
Updated data_bag_item[nagios_services::ssh]
```

10. 노드에서 셰프 클라이언트를 실행한다.

user@server:~$ sudo chef-client

```
...출력 생략...
[2013-06-12T20:50:09+00:00] INFO: Processing service[nagios]
action start (nagios::server line 284)
...출력 생략...
```

11. 노드의 80 포트에 접속해서 나기오스 웹 인터페이스를 확인하자. users 데이터 백에 지정한 사용자명과 패스워드를 이용해서 로그인할 수 있다.

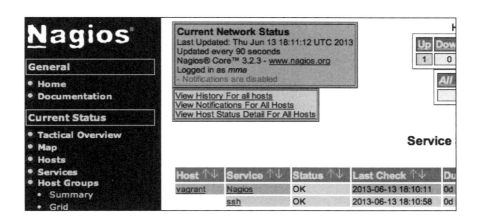

먼저 나기오스 웹 인터페이스의 사용자를 등록한다. users 데이터 백을 만들고 실제 사용자 정보를 데이터 백 아이템에 저장했다(예제에서 사용한 사용자명은 mma이지만 원하는 대로 바꿔도 좋다).

참고로 나기오스는 기본적으로 sysadmins 그룹의 사용자가 웹에 접근할 수 있게 해준다.

그리고 나기오스 웹 인터페이스에 HTTP 기본 인증을 사용하므로, users 데이터 백에 패스워드 해시를 지정해야 한다.

추가적으로 노드에 적용할 monitoring 롤의 server_auth_method 속성에 hthash를 지정해야 나기오스가 HTTP 기본 인증을 사용하게 설정된다.

다음으로 나기오스 설정 파일의 기본 템플릿을 이용해서 SSH 서비스 체크를 설정한다.

마지막으로 노드에서 셰프 클라이언트를 실행한 후 앞에서 지정한 사용자명과 패스워드로 나기오스 웹 인터페이스에 로그인되는지 확인하고, SSH 서비스 체크가 구동 중인지 확인하자.

부연 설명

나기오스 서버를 설정하는 롤의 ['nagios']['users_databag_group'] 속성을 변경하면 나기오스 웹 인터페이스에 기본적으로 접근이 가능한 사용자 그룹을 변경할 수 있다.

직접 만든 템플릿으로 체크를 설정하거나 모니터링 결과를 수신할 컨택트 그룹contact group 등을 설정할 수도 있다.

참고 사항

• nagios 쿡북은 깃허브 https://github.com/opscode-cookbooks/nagios에서 찾을 수 있다.

하트비트를 이용한 고가용성 서비스 구성

자동 장애복구failover를 지원하는 고가용성HA, High Availability 인터넷 서비스를 제공하고 싶다면 하트비트Heartbeat를 이용해서 고가용성 클러스터를 만들어 보자.

하트비트는 두 개 이상의 노드 중 하나에 장애가 발생하면 정상적인 노드로 IP 주소를 넘겨줌switching으로써 해당 IP의 고가용성을 확보한다. 즉, 특정 IP 주소를 사용 중인 노드에 장애가 발생해도 정상적인 노드가 하나라도 남아있다면 남아있는 노드 중 하나가 서비스를 제공한다.

이제 하트비트를 노드에 설치하고, 특정 IP 주소의 장애복구를 설정하는 방법을 살펴보자.

준비

1장, '셰프 인프라스트럭처'의 '쿡북 생성과 활용' 절을 참고해 my_cookbook 쿡북을 만들고 고가용성 클러스터를 구성하는 모든 노드의 실행 목록에 등록한다.

그리고 1장의 '버크셀프를 이용한 쿡북 의존성 관리' 절에서 봤던 바와 같이 berkshelf 젬을 설치했는지 확인한다.

셰프 저장소에서 my_cookbook을 포함하는 Berksfile을 생성한다.

```
mma@laptop:~/chef-repo $ subl Berksfile
```

```
cookbook 'my_cookbook', path: './cookbooks/my_cookbook'
```

예제 구현

`heartbeat` 커뮤니티 쿡북을 설정하고 사용하는 방법을 살펴보자.

1. 쿡북의 metadata.rb에 `heartbeat` 쿡북에 대한 의존성을 추가한다.

   **mma@laptop:~/chef-repo $ subl cookbooks/my_cookbook/recipes/
   default.rb**

   ```
   ...
   depends "heartbeat"
   ```

2. 모든 의존성 쿡북을 설치한다.

   mma@laptop:~/chef-repo $ berks install

   ```
   Using my_cookbook (0.1.0) at './cookbooks/my_cookbook'
   ...출력 생략...
   ```

3. 쿡북의 기본 레시피를 수정한다. 다음 명령어에서 192.168.0.100을 여러분이 고가용성을 제공할 IP 주소로 변경하고, eth1은 여러분이 사용할 네트워크 인터페이스로 대체한다.

   **mma@laptop:~/chef-repo $ subl cookbooks/my_cookbook/recipes/
   default.rb**

   ```
   include_recipe "heartbeat"

   heartbeat "heartbeat" do
     authkeys "MySecrectAuthPassword"
     autojoin "none"
     warntime 5
     deadtime 15
   ```

```
    initdead 60
    keepalive 2
    logfacility "syslog"
    interface "eth1"
    mode "bcast"
    udpport 694
    auto_failback true

    resources "192.168.0.100"

    search "name:ha*"
end
```

4. 수정한 쿡북을 셰프 서버에 업로드한다.

mma@laptop:~/chef-repo $ berks upload

...출력 생략...
Uploading my_cookbook (0.1.0) to: 'https://api.opscode.com:443/
organizations/agilewebops'
...출력 생략...

5. 두 노드 각각에서 셰프 클라이언트를 실행한다.

user@server:~$ sudo chef-client

...출력 생략...
[2013-06-14T20:02:26+00:00] INFO: service[heartbeat] restarted
...출력 생략...

6. 첫 번째 노드가 장애복구 IP를 사용 중인지 확인한다.

user@ha1:~$ cl_status rscstatus -m

This node is holding all resources.

7. 두 번째 노드는 장애복구 IP를 사용하지 않음을 확인한다.

user@ha2:~$ cl_status rscstatus -m

```
This node is holding local resources.
```

8. 첫 번째 노드에서 하트비트 서비스를 중지한 후 장애복구 IP가 두 번째 노드로 할당됐는지 확인한다.

```
user@ha1:~$ sudo service hartbeat stop

user@ha2:~$ cl_status rscstatus -m

This node is holding all resources.
```

예제 분석

heartbeat 쿡북은 노드에 하트비트 서비스를 설치한다. 예제에서 노드 이름은 ha1, ha2, ...로 가정한다.

설치 후에는 고가용성 클러스터를 설정한다. 앞의 예제에서 작성한 레시피가 하는 작업이 바로 이 설정 작업이다.

첫 번째로 각 노드가 서로를 인증할 때 사용할 패스워드를 지정한다.

autojoin을 none으로 설정하면 셰프 클라이언트를 이용하지 않고는 새로운 노드를 추가할 수 없다.

다음으로 하트비트가 문제를 감지하고 조치를 취하는 데 기준이 될 제한시간^{timeout}을 초 단위로 설정한다.

그리고 하트비트가 eth1 네트워크 인터페이스를 브로드캐스팅^{broadcasting} 방식으로 사용하게 설정했다.

resources에는 고가용성을 제공해야 하는 장애복구 IP를 지정한다.

다음으로 하트비트를 설치할 노드를 검색하고자 질의문을 search 호출에 넘겨줬다. 예제에서는 이름이 ha로 시작하는 모든 노드를 검색했다.

모든 쿡북을 업로드하고 셰프 클라이언트를 실행한 후 두 노드의 하트비트 상태를 조회해 하트비트가 제대로 구성됐는지 확인한다.

이제 현재 장애복구 IP 주소를 사용 중인 노드에서 하트비트 서비스를 중지하면 두 번째 노드가 IP 주소를 자동으로 넘겨받는다.

부연 설명

하트비트의 설정 속성을 롤에 저장할 수도 있다. 이런 경우라면 해당 롤이 할당된 모든 노드를 검색할 수도 있다.

참고 사항

- `heartbeat` 쿡북은 깃허브 https://github.com/opscode-cookbooks/heartbeat 에서 찾을 수 있다.
- http://www.linux-ha.org/doc/users-guide/_creating_an_initial_heartbeat_configuration.html에서 하트비트 설정 방법을 자세히 살펴보자.
- http://linux-ha.org/wiki/Ha.cf에서 하트비트 설정 파일의 모든 항목을 설명한다.

HAProxy를 이용한 웹 서버 부하 분산

웹사이트를 성공적으로 배포했으니 이제 여러 웹 서버를 이용한 수평 확장 scale out을 고려할 때다. HAProxy는 TCP와 HTTP 기반 애플리케이션에서 사용할 수 있는 빠르고 안정적인 부하 분산기이자 프록시proxy다.

HAProxy를 웹 서버의 앞단에 배치하면 부하를 분산할 수 있고, 하트비트('하트비트를 이용한 고가용성 서비스 구성' 절 참고)를 이용한 고가용성 클러스터와 함께 병행하면 완벽한 고가용성 체계를 갖출 수 있다.

web_server 롤을 실행 목록에 포함하는 하나 이상의 노드를 셰프 서버에 등록한다. 다음 예제에서는 HAProxy가 web_server 롤이 할당된 모든 노드에 요청을 분배하게 해본다.

그리고 1장, '셰프 인프라스트럭처'의 '쿡북 생성과 활용' 절을 참고해 my_cookbook 쿡북을 만들고 고가용성 클러스터를 구성하는 모든 노드의 실행 목록에 등록한다.

다음으로 1장의 '버크셸프를 이용한 쿡북 의존성 관리' 절에서 봤던 바와 같이 berkshelf 젬을 설치했는지 확인한다.

셰프 저장소에서 my_cookbook을 포함하는 Berksfile을 생성한다.

mma@laptop:~/chef-repo $ subl Berksfile

```
cookbook 'my_cookbook', path: './cookbooks/my_cookbook'
```

HAProxy가 web_server 롤이 할당된 모든 노드에 부하 분산을 수행하게 하는 방법을 살펴보자.

1. 쿡북의 metadata.rb를 수정한다.

   mma@laptop:~/chef-repo $ subl cookbooks/my_cookbook/recipes/
   default.rb

   ```
   ...
   depends "haproxy"
   ```

2. 모든 의존성 쿡북을 설치한다.

   mma@laptop:~/chef-repo $ berks install

344

```
Using my_cookbook (0.1.0) at './cookbooks/my_cookbook'
...출력 생략...
```

3. 쿡북의 기본 레시피를 수정한다.

mma@laptop:~/chef-repo $ subl cookbooks/my_cookbook/recipes/
default.rb

```
node.default['haproxy']['httpchk'] = true
node.default['haproxy']['x_forwarded_for'] = true
node.default['haproxy']['app_server_role'] = "web_server"

include_recipe "haproxy::app_lb"
```

4. 수정한 쿡북을 셰프 서버에 업로드한다.

mma@laptop:~/chef-repo $ berks upload

```
...출력 생략...
Uploading my_cookbook (0.1.0) to: 'https://api.opscode.com:443/
organizations/agilewebops'
...출력 생략...
```

5. 노드에서 셰프 클라이언트를 실행한다.

user@server:~$ sudo chef-client

```
...출력 생략...
[2013-06-16T18:57:07+00:00] INFO: service[haproxy] reloaded
...출력 생략...
```

6. 노드에서 HAProxy 관리자 인터페이스가 제대로 동작하는지 확인한다.

HAProxy version 1.4.18, released 2011/09/16
Statistics Report for pid 2050

> General process information

pid = 2050 (process #1, nbproc = 1)
uptime = 0d 0h24m06s
system limits: memmax = unlimited; ulimit-n = 8206
maxsock = 8206; maxconn = 4096; maxpipes = 0
current conns = 1; current pipes = 0/0
Running tasks: 1/3

	active UP		backup UP
	active UP, going down		backup UP, going down
	active DOWN, going up		backup DOWN, going up
	active or backup DOWN		not checked
	active or backup DOWN for maintenance (MAINT)		

Note: UP with load-balancing disabled is reported as "NOLB".

http

	Queue			Session rate			Sessions				Bytes		Denied		Errors			
	Cur	Max	Limit	Cur	Max	Limit	Cur	Max	Limit	Total	LbTot	In	Out	Req	Resp	Req	Conn	Resp	R
Frontend				0	1	-	0	1	2 000	2		218	424	0		0	0		

servers-http

	Queue			Session rate			Sessions				Bytes		Denied		Errors			Warnings	
	Cur	Max	Limit	Cur	Max	Limit	Cur	Max	Limit	Total	LbTot	In	Out	Req	Resp	Req	Conn	Resp	Retr	Redis
web1	0	0	-	0	0		0	0	100	0	0	0	0		0		0	0	0	0
web2	0	0		0	0		0	0	100	0	0	0	0		0		0	0	0	0
Backend	0	0		0	1		0	1	0	2	0	218	424	0	0		2	0	0	0

예제 분석

먼저 옵스코드에서 제공하는 `haproxy` 쿡북을 다운로드한다.

그리고 몇 가지 기본 속성을 변경한다. `httpchk`를 `true`로 설정하면 HAProxy가 뒷단의 서버 중에 응답이 없는 서버를 클러스터에서 제외한다.

`x_forwarded_for` 속성을 `true`로 설정하면 HAProxy가 `X-Forwarded-For` HTTP 헤더에 요청을 보낸 원래 클라이언트의 IP 주소를 삽입한다. 이 헤더가 없으면 웹 서버의 접근 로그[access log]에 클라이언트의 IP 주소 대신 HAProxy 서버의 IP 주소만 남게 된다.

세 번째로 `app_server_role` 속성을 변경했는데, 뒷단의 서버 중 필요한 롤을 지정한다. `haproxy` 쿡북은 여기 지정된 롤이 할당된 모든 노드에서 오하이가 조사한 `ipaddress` 노드 속성을 클러스터에 추가한다.

위의 세 가지 속성을 덮어쓴 후에는 `haproxy` 쿡북의 `app_lb` 레시피를 실행했다. 이 레시피는 HAProxy 패키지를 설치한 후 지정한 롤이 할당된 모든 노드를 검색한다.

모든 쿡북을 업로드하고 셰프 클라이언트를 실행하면 노드의 22002 포트에서 HAProxy 관리자 인터페이스가 작동하는 모습을 볼 수 있다. 그리고 HAProxy를 설치한 노드의 80 포트에 요청을 보내면 클러스터에 속한 웹 서버 중 하나로 요청을 분배한다.

참고 사항

- 6장, '사용자와 애플리케이션'의 '루비 온 레일스 애플리케이션 관리' 절을 참고하자.
- http://haproxy.1wt.eu/에서 HAProxy를 볼 수 있다.
- haproxy 쿡북은 깃허브 https://github.com/opscode-cookbooks/haproxy 에서 볼 수 있다.

맞춤형 부트스트랩 스크립트 활용

새로운 노드를 생성할 때 해당 노드에 셰프를 설치할 필요가 있다. 이런 경우에 나이프의 bootstrap 서브 명령어를 이용하면 해당 노드에 SSH로 접속해 부트스트랩 스크립트를 실행할 수 있다.

부트스트랩 스크립트는 노드에 셰프 클라이언트를 설치하고, 셰프 서버에 노드를 등록한다. 옵스코드는 여러 가지 플랫폼에서 이러한 작업을 수행하는 부트스트랩 스크립트를 제공하며, 옵스코드 옴니버스 인스톨러나 패키지, 루비 젬 등 다양한 방법으로 셰프 클라이언트를 설치할 수 있다.

노드에 셰프 클라이언트를 설치하는 방법을 변경하고 싶다면 맞춤형 부트스트랩 스크립트를 만들고 실행하면 된다.

이제 그 방법을 살펴보자.

SSH 접속이 가능한 노드를 준비하고, 이 노드에 셰프 클라이언트를 설치해보자. 다음 예제에서는 해당 노드에 로그인할 수 있는 사용자명과 패스워드가 있다고 가정한다.

나이프를 이용해 맞춤형 부트스트랩 스크립트를 실행해서 노드에 셰프 클라이언트를 설치하는 방법을 살펴보자.

1. 옵스코드가 제공하는 스크립트 중 하나를 이용해서 기본 뼈대를 갖춘 부트스트랩 스크립트를 만든다.

```
mma@laptop:~/chef-repo $ curl https://raw.github.com/opscode/chef/master/lib/chef/knife/bootstrap/chef-full.erb -o bootstrap/my-chef-full.erb

2013-06-17 13:59:24 (23.4 MB/s) - 'chef-full.erb' saved
[1495/1495]
```

2. 맞춤형 부트스트랩 스크립트를 작성한다.

```
mma@laptop:~/chef-repo $ subl bootstrap/my-chef-full.erb

...
mkdir -p /etc/chef

cat > /etc/chef/greeting.txt <<'EOS'
Ohai, Chef!
EOS
...
```

3. 앞에서 작성한 맞춤형 부트스트랩 스크립트로 노드를 초기화한다. 다음 명령어에서 192.168.0.100은 노드의 IP 주소로, user는 SSH 사용자명으로 대체한다.

```
mma@laptop:~/chef-repo $ knife bootstrap 192.168.0.100 -x user
--template-file bootstrap/my-chef-full.erb --sudo

192.168.0.100 [2013-06-17T11:54:27+00:00] WARN: Node bootstrapped
has an empty run list.
```

4. 생성된 파일의 내용을 확인한다.

```
user@server:~$ cat /etc/chef/greeting.txt

Ohai, Chef!
```

예제 분석

chef-full.erb 부트스트랩 스크립트는 옴니버스 인스톨러를 이용해서 셰프 클라이언트와 모든 의존성을 노드에 설치한다. 여기에는 이미 모든 의존성 패키지가 포함되어 있기 때문에 루비나 기타 젬을 직접 설치할 필요가 없다.

먼저 셰프에 포함돼 제공되는 부트스트랩 스크립트를 다운로드한 후 원하는 맞춤화 작업을 수행한다. 예제에서는 텍스트 파일을 추가하는 사소한 작업을 했지만, 원하는 내용은 무엇이든 넣을 수 있다.

맞춤형 부트스트랩 스크립트를 작성한 후에 이 스크립트를 실행하는 명령어 하나로 완벽하게 설정된 셰프 노드를 만들 수 있다.

> 부트스트랩 스크립트를 테스트할 목적으로 베이그런트로 생성한 가상 머신을 초기화
> 하는 경우에는 나이프가 가상 머신의 SSH 포트로 접속할 수 있게 IP 주소에는
> localhost를 지정하고 -p 2222 옵션을 나이프 명령에 추가한다.

부연 설명

노드의 롤이나 수행할 레시피가 이미 정해져있다면 부트스트랩 스크립트를
실행할 때 노드의 실행 목록에 필요한 항목을 추가한다.

```
mma@laptop:~/chef-repo $ knife bootstrap 192.168.0.100 -x user
--template-file bootstrap/my-chef-full.erb --sudo -r 'role[web_server]'
```

위에서는 -r 옵션으로 노드의 실행 목록에 web_server 롤을 추가했다.

참고 사항

* http://docs.opscode.com/knife_bootstrap.html에서 나이프를 이용한 노드
  초기화에 대해 자세히 설명한다.

* https://github.com/opscode/chef/blob/master/lib/chef/knife/bootstrap/chef-
  full.erb에서 chef-full 부트스트랩 스크립트를 찾을 수 있다.

iptables를 이용한 방화벽 관리

서버 보안은 매우 중요한 일이며, 서버를 공격으로부터 보호하는 기본적인
방법 중의 하나가 바로 노드에 방화벽을 설정하는 방법이다. 방화벽을 이용
하면 허가된 네트워크 접속을 통해서만 서비스에 요청을 보낼 수 있다.

우분투에서 방화벽 작업에 사용할 수 있는 도구 중 하나가 바로 iptables이

며, 이번 절에서는 iptables를 이용해 서버의 보안을 향상시키는 방법을 살펴본다.

준비

1장, '셰프 인프라스트럭처'의 '쿡북 생성과 활용' 절을 참고해 `my_cookbook` 쿡북을 만들고 노드의 실행 목록에 등록한다.

그리고 1장의 '버크셸프를 이용한 쿡북 의존성 관리' 절에서 봤던 바와 같이 `berkshelf` 젬을 설치했는지 확인한다.

셰프 저장소에서 `my_cookbook`을 포함하는 `Berksfile`을 생성한다.

mma@laptop:~/chef-repo $ subl Berksfile

```
cookbook 'my_cookbook', path: './cookbooks/my_cookbook'
```

예제 구현

노드에 SSH와 HTTP 포트를 제외한 네트워크 접속을 차단하도록 iptables를 설정해보자.

1. 쿡북의 metadata.rb를 수정한다.

   mma@laptop:~/chef-repo $ subl cookbooks/my_cookbook/recipes/default.rb

   ```
   ...
   depends "iptables"
   ```

2. 모든 의존성 쿡북을 설치한다.

   mma@laptop:~/chef-repo $ berks install

```
Using my_cookbook (0.1.0) at './cookbooks/my_cookbook'
...출력 생략...
```

3. 쿡북의 기본 레시피를 수정한다.

mma@laptop:~/chef-repo $ subl cookbooks/my_cookbook/recipes/default.rb

```
include_recipe "iptables"
iptables_rule "ssh"
iptables_rule "http"

execute "ensure iptables is activated" do
  command "/usr/sbin/rebuild-iptables"
  creates "/etc/iptables/general"
  action :run
end
```

4. SSH 방화벽 규칙을 설정할 템플릿을 만든다.

mma@laptop:~/chef-repo $ subl cookbooks/my_cookbook/templates/default/ssh.erb

```
# Allow ssh access to default port
-A FWR -p tcp -m tcp --dport 22 -j ACCEPT
```

5. HTTP 방화벽 규칙을 설정할 템플릿을 만든다.

mma@laptop:~/chef-repo $ subl cookbooks/my_cookbook/templates/default/http.erb

```
-A FWR -p tcp -m tcp --dport 80 -j ACCEPT
```

6. 수정한 쿡북을 세프 서버에 업로드한다.

mma@laptop:~/chef-repo $ berks upload

```
...출력 생략...
Uploading my_cookbook (0.1.0) to: 'https://api.opscode.com:443/
```

```
organizations/agilewebops'
...출력 생략...
```

7. 노드에서 셰프 클라이언트를 실행한다.

user@server:~$ sudo chef-client

```
...출력 생략...
[2013-06-17T19:26:25+00:00] INFO: execute[rebuild-iptables] ran
successfully
...출력 생략...
```

8. iptables 규칙이 제대로 설정됐는지 확인하자.

```
user@server:~$ sudo iptables -L

Chain FWR (1 references)
target     prot  opt source    destination
ACCEPT     all -- anywhere    anywhere
ACCEPT     all -- anywhere    anywhere
state RELATED,ESTABLISHED
ACCEPT     icmp -- anywhere    anywhere
```
ACCEPT   tcp -- anywhere   anywhere   tcp
dpt:http
ACCEPT   tcp -- anywhere   anywhere   tcp
dpt:ssh
```
REJECT     tcp -- anywhere    anywhere
tcpflags: SYN,RST,ACK/SYN reject-with icmp-port-unreachable
REJECT     udp -- anywhere    anywhere
reject-with icmp-port-unreachable
```

예제 분석

먼저 옵스코드 커뮤니티 사이트에서 `iptables` 쿡북을 다운로드한다.

다음으로 직접 작성한 쿡북에 `iptables` 쿡북을 포함시켜서 `iptables` 쿡북이 설치되도록 한다. 이렇게 하면 기본적으로 모든 네트워크 접속을 차단하게 된다.

이제 노드에 SSH 접속이 가능하게 하려면 22번 포트를 열어야 한다. my_cookbook/templates/default/ssh.erb 템플릿을 만들고, 여기에 필요한 iptables 규칙을 만든다.

마찬가지로 HTTP 접속이 가능하게 80번 포트도 열어야 한다.

iptables 쿡북은 /etc/iptables.d에 템플릿을 이용한 설정 파일을 생성하고, rebuild-iptables 스크립트를 생성해 iptables가 시작할 때 설정 파일을 불러오게 설정한다.

쿡북 수정을 마쳤다면 모든 쿡북을 업로드하고 노드에서 셰프 클라이언트를 실행한다.

마지막으로 iptables가 활성화됐는지 확인하자. iptables 쿡북을 실행한 후에도 모든 규칙이 적용되지 않는 경우가 있으므로 꼭 확인해야 한다. 안전하다고 생각했던 서버가 실제로는 위험하게 방치될 수도 있다.

iptables 명령어에 -L 옵션을 주어 모든 활성화된 규칙을 조회함으로써 iptables가 제대로 작동 중인지 확인할 수 있다. http와 ssh에 ACCEPTS라고 표시되면 제대로 작동 중임을 알 수 있다. 마지막 두 줄은 다른 모든 서비스가 차단됐음을 보여준다.

참고 사항

- iptables 쿡북은 깃허브 https://github.com/opscode-cookbooks/iptables 에서 찾을 수 있다.

fail2ban을 이용해서 악의적인 IP 주소 차단

SSH와 같이 패스워드로 보호된 서비스에 대한 무차별적 공격이나 웹 서버 침입 공격은 공개된 서비스를 운영할 때 흔히 겪는 일이다.

fail2ban은 로그 파일을 모니터링해 여러분이 설정한 내용에 따라 악의적인 행동을 골라내고 조치를 취한다. 예를 들어 iptables를 이용해 방화벽 규칙을 동적으로 생성함으로써 악의적인 IP 주소를 차단한다.

이번 절에서는 fail2ban과 iptables를 이용해서 SSH를 보호하는 기본적인 방법을 살펴본다.

준비

1장, '셰프 인프라스트럭처'의 '쿡북 생성과 활용' 절을 참고해 my_cookbook 쿡북을 만들고 노드의 실행 목록에 등록한다.

그리고 1장의 '버크셸프를 이용한 쿡북 의존성 관리' 절에서 봤던 바와 같이 berkshelf 젬을 설치했는지 확인한다.

셰프 저장소에서 my_cookbook을 포함하는 Berksfile을 생성한다.

mma@laptop:~/chef-repo $ subl Berksfile

```
cookbook 'my_cookbook', path: './cookbooks/my_cookbook'
```

예제 구현

fail2ban을 설치하고 설정 파일을 생성해 분산 서비스 거부^{DDoS, Distributed Denial of Service} 공격으로부터 SSH를 보호하는 방법을 살펴보자. 동일한 방법을 다른 서비스에도 적용할 수 있다.

1. 쿡북의 metadata.rb를 수정한다.

**mma@laptop:~/chef-repo $ subl cookbooks/my_cookbook/recipes/
default.rb**

```
...
depends "iptables"
depends "fail2ban"
```

2. 모든 의존성 쿡북을 설치한다.

mma@laptop:~/chef-repo $ berks install

```
Using my_cookbook (0.1.0) at './cookbooks/my_cookbook'
...출력 생략...
```

3. 쿡북의 기본 레시피를 수정한다.

**mma@laptop:~/chef-repo $ subl cookbooks/my_cookbook/recipes/
default.rb**

```
include_recipe "iptables"
iptables_rule "ssh"

include_recipe "fail2ban"

file "/etc/fail2ban/jail.local" do
  content <<-EOS
  [ssh-ddos]
  enabled = true
  port = ssh
  filter = sshd-ddos
  logpath = /var/log/auth.log
  maxretry = 6
    EOS
      owner "root"
      group "root"
      mode 0644
```

```
        notifies :restart, "service[fail2ban]"
    end
```

4. 수정한 쿡북을 셰프 서버에 업로드한다.

mma@laptop:~/chef-repo $ berks upload

```
...출력 생략...
Uploading my_cookbook (0.1.0) to: 'https://api.opscode.com:443/
organizations/agilewebops'
...출력 생략...
```

5. 노드에서 셰프 클라이언트를 실행한다.

user@server:~$ sudo chef-client

```
...출력 생략...
[2013-06-19T12:25:40+00:00] INFO: service[fail2ban] started
...출력 생략...
```

6. fail2ban 설정이 제대로 생성됐는지 확인하자.

user@server:~$ cat /etc/fail2ban/jail.local

```
[ssh-ddos]
enabled = true
...출력 생략...
```

예제 구현

먼저 fail2ban이 iptables 규칙을 생성해 악의적인 IP 주소를 차단할 수 있게 iptables를 설치한다. 다음으로 로컬 셰프 저장소에 fail2ban 쿡북을 다운로드한다.

우리가 작성한 쿡북의 기본 레시피에서 iptables와 fail2ban을 설치한다.

설치가 끝난 후에 ssh-ddos 보호를 활성화할 수 있게 fail2ban 설정 파일을 만든다. fail2ban 맞춤화 설정은 /etc/fail2ban/jail.local에 작성해야 한다.

fail2ban은 /etc/fail2ban/jail.conf를 먼저 불러온 후 jail.local의 설정을 읽어와서 jail.conf의 설정을 덮어쓴다. 따라서 jail.local의 `ssh-ddos` 부분에서 `enabled=true`를 설정하고 fail2ban을 다시 시작하면 `ssh-ddos` 보호가 활성화된다.

부연 설명

다른 서비스를 보호하고 싶다면 /etc/fail2ban/jail.conf에서 각 서비스를 나타내는 부분을 복사해 쿡북에 붙여 넣고, `enabled=false`를 `enabled=true`로 바꾼다. 추가적으로 원하는 다른 옵션도 변경할 수 있다.

변경할 설정이 많다면 기본 레시피를 수정하는 대신에 my_cookbook/files/default에 설정 파일을 넣어둬도 좋다.

참고 사항

- 'iptables를 이용한 방화벽 관리' 절을 참고하자.
- http://www.fail2ban.org/wiki/index.php/MANUAL_0_8에서 fail2ban 매뉴얼을 볼 수 있다.
- `fail2ban` 쿡북은 깃허브 https://github.com/opscode-cookbooks/fail2ban에서 찾을 수 있다.

아마존 EC2 인스턴스 관리

아마존 엘라스틱 컴퓨트 클라우드EC2, Elastic Compute Cloud는 아마존 웹 서비스AWS, Amazon Web Services에 포함된 서비스로 클라우드를 바탕으로 가상 머신을 사용할 수 있다. 여기서는 셰프를 이용해서 EC2 인스턴스를 새로 시작하고,

358

셰프 클라이언트를 자동으로 설치하는 방법을 알아보자.

준비

AWS 계정이 필요하다.

그리고 나이프를 이용해서 EC2 인스턴스를 관리하려면 계정 보안 정보가 필요한데, 다음과 같은 AWS 문서를 참고해 AWS 관리 콘솔에서 AWS 계정 접근 관리IAM, Identity and Access Management로 새로운 사용자를 만들면 된다.

http://docs.aws.amazon.com/IAM/latest/UserGuide/Using_SettingUpUser.html

이렇게 생성한 사용자의 AWS 접근 키 IDAccess Key ID와 AWS 비밀 접근 키 Secret Access Key를 적어두자.

그리고 SSH 키 쌍을 만든 후 나이프와 SSH 접속을 할 때 사용할 수 있도록 비밀 키를 다운로드해둔다.

키 쌍을 만들려면 먼저 AWS 콘솔에서 EC2 서비스(https://console.aws.amazon.com/ec2/home)를 연다. 그리고 Network & Security의 하위 메뉴인 Key Pairs 를 선택한다. 여기서 Create Key Pair 버튼을 클릭하고 이름(예, aws_knife_key)을 입력한다. 그리고 생성된 비밀 키(예, aws_knife_key.pem)를 다운로드해 ~/.ssh 디렉터리에 저장한다.

예제 구현

knife-ec2 플러그인을 이용해서 우분투 12.04 인스턴스를 생성하고 셰프 클라이언트 설치를 포함한 초기화를 수행한다.

1. 나이프에서 AWS API를 사용할 수 있게 `knife-ec2` 플러그인을 설치한다.

```
mma@laptop:~/chef-repo $ gem install knife-ec2
```

> 📝 옴니버스 인스톨러를 이용해서 워크스테이션에 셰프를 설치했다면 /opt/chef/embedded/bin/gem install knife-ec2 명령어를 이용한다.

2. EC2 인스턴스를 생성한다.

> 📝 http://cloud-images.ubuntu.com/locator/ec2/에서 최신 AMI ID를 확인하고, 다음 명령어에서 ami-cf5e2ba6 대신 그 ID를 사용하자. 예제 분석에서 적합한 AMI를 선택하는 방법을 살펴본다.

```
mma@laptop:~/chef-repo $ knife ec2 server create -d 'chef-full' -r
'recipe[apt]' -S 'aws_knife_key' -x ubuntu -i ~/.ssh/aws_knife_
key.pem -I 'ami-cf5e2ba6' -f 'm1.small' -A 'Your AWS Access Key ID'
-K 'Your AWS Secret Access Key'

Instance ID: i-70165011
Flavor: m1.small
Image: ami-cf5e2ba6
Region: us-east-1
Availability Zone: us-east-1b
Security Groups: default
Tags: {"Name"=>"i-70165011"}
SSH Key: aws_knife_key

Waiting for server............................
Public DNS Name: ec2-54-226-232-107.compute-1.amazonaws.com
```

```
Public IP Address: 54.226.232.107
Private DNS Name: ip-10-191-185-138.ec2.internal
Private IP Address: 10.191.185.138

Waiting for sshd...done
Bootstrapping Chef on ec2-54-226-232-107.compute-1.amazonaws.com
...출력 생략...
ec2-50-17-112-73.compute-1.amazonaws.com Chef Client finished, 3
resources updated
...출력 생략...
```

3. 새로 생성한 EC2 인스턴스에 로그인하자.

**mma@laptop:~/chef-repo $ ssh -i ~/.ssh/aws_knife_key.pem ubuntu@
ec2-54-226-232-107.compute-1.amazonaws.com**

예제 분석

먼저 루비 젬 형태로 제공되는 나이프용 EC2 플러그인을 설치한다.

다음으로 어떤 종류의 EC2 인스턴스를 어디서 구동할지 선택해야 한다.

1. 노드의 크기를 결정한다. http://aws.amazon.com/ec2/instance-types/에
   서 사용할 수 있는 인스턴스 종류를 볼 수 있다. 예제에서는 작은 인스턴
   스(m1.small)를 사용한다.

2. 가용성 구역^{Availability Zone}을 설정한다. 여기서는 AWS 기본 구역인 미국
   동부의 북 버지니아^{US East, N. Virginia}를 사용하며, 이 구역의 약칭은
   us-east-1이다.

3. http://cloud-images.ubuntu.com/locator/ec2/를 참고해 필요한 가용성 구
   역과 우분투 버전, CPU 아키텍처, 스토리지 형태를 고려해서 적당한 아
   마존 머신 이미지^{AMI, Amazon Machine Image}를 선택한다. 예제에서는 코드 네임
   이 Precise인 우분투 12.04 LTS 64비트 버전과 인스턴스 자체 스토리지

를 사용한다. 이 책을 쓰는 시점에서 최신 버전은 `ami-cf5e2ba6`이다.

필요에 따라 무엇을 사용할지 결정했다면 이제 시작 명령어를 작성한다. 시작 명령어는 크게 네 부분으로 구성된다.

`knife-ec2` 플러그인을 설치하면 나이프에 하위 명령어 몇 가지가 추가되는데, 새로운 EC2 인스턴스를 시작할 때에는 `ec2 server create` 하위 명령어를 사용한다.

예제에서 명령어에 추가한 옵션은 셰프 클라이언트 구성에 관련된 옵션들로 다음과 같다.

- **-d 'chef-full'** 나이프가 옴니버스 인스톨러용 부트스트랩 스크립트를 사용하도록 한다. 자세한 내용은 7장의 '맞춤형 부트스트랩 스크립트 활용' 절을 참고하라.

- **-r 'recipe[apt]'** 실행 목록을 지정한다. 예제에서는 첫 셰프 클라이언트 런 동안 `apt` 쿡북을 실행해 패키지 캐시를 갱신했다.

다음으로 사용한 옵션은 새로 만든 인스턴스의 SSH 접속 관련 옵션이다.

- **-S 'aws_knife_key'** 새로운 노드에 접속할 때 사용할 SSH 키 쌍의 목록을 지정한다. AWS 콘솔에서 SSH 키 쌍을 만들 때 입력한 이름을 지정하면 된다.

- **-x ubuntu** SSH 사용자명을 가리킨다. 기본 우분투 AMI를 사용한다면 `ubuntu`로 지정한다.

- **-i ~/.ssh/aws_knife_key.pem** AWS 콘솔에서 SSH 키 쌍을 만든 후 다운로드했던 SSH 비밀 키를 지정한다.

세 번째 옵션들은 AWS API에 관련된 옵션이다.

- **-I 'ami-cf5e2ba6'** 사용할 AMI ID로, 앞에서 설명한 대로 최신 ID를 사용하자.

- **-f 'm1.small'** 앞에서 설명한 인스턴스 종류를 말한다.

- **-A 'AWS Access Key ID'** IAM 사용자의 접근 키 ID를 지정한다.

- **-K 'Your AWS Secret Access Key'** IAM 사용자의 비밀 접근 키를 지정한다.

> AWS 접근 키 ID와 AWS 비밀 접근 키는 AWS API 사용을 허가받은 사용자의 보안 정보이며, AWS 관리 콘솔의 IAM 메뉴에서 사용자를 생성할 수 있다.
> SSH 키 쌍은 노드로의 접근을 보호하는 용도로 쓰이며, 나이프 명령어에 키 쌍의 이름을 명시하면 해당 SSH 사용자가 접속할 수 있게 지정된 키 쌍의 공개 키를 새로운 노드에 설치한다. AWS 관리 콘솔의 EC2 메뉴에서 SSH 키 쌍을 생성할 수 있다.

명령어를 실행하면 AWS 계정 정보를 바탕으로 AWS API를 이용해서 새로운 EC2 인스턴스를 생성한다. 그리고 주어진 SSH 사용자와 키 정보로 로그인해 지정된 부트스트랩 스크립트를 실행함으로써 셰프 클라이언트를 구성하고 셰프 서버에 등록한다.

부연 설명

AWS 계정 정보를 커맨드라인에 직접 입력하면 셸 히스토리에 기록이 남아 위험하다. 그 대신 계정 정보를 knife.rb에 넣을 수 있다.

```
knife[:aws_access_key_id] = "Your AWS Access Key ID"
knife[:aws_secret_access_key] = "Your AWS Secret Access Key"
```

한 발 더 나아가 계정 정보를 하드 코딩하는 대신에 환경 변수를 이용해서 나이프를 설정할 수도 있다.

```
knife[:aws_access_key_id] = ENV['AWS_ACCESS_KEY_ID']
knife[:aws_secret_access_key] = ENV['AWS_SECRET_ACCESS_KEY']
```

knife-ec2 플러그인이 제공하는 그 밖의 하위 명령어를 알고 싶다면 다음 명령어를 실행한다.

mma@laptop:~/chef-repo $ knife ec2

```
** EC2 COMMANDS **
knife ec2 flavor list (options)
knife ec2 instance data (options)
knife ec2 server create (options)
knife ec2 server delete SERVER [SERVER] (options)
knife ec2 server list (options)
```

참고 사항

- 1장, '셰프 인프라스트럭처'의 '맞춤형 나이프 플러그인 활용' 절을 참고 하라.
- '맞춤형 부트스트랩 스크립트 활용' 절을 참고하라.
- knife-ec2 플러그인은 깃허브 https://github.com/opscode/knife-ec2에서 찾을 수 있다.

스파이스위즐과 나이프를 이용해서 파일로부터 셰프 인프라스트 럭처 불러오기

모든 쿡북과 롤, 데이터 백을 버전 컨트롤을 이용해서 관리하는 일은 권장할 만하지만, 처음부터 인프라스트럭처를 완전히 다시 구축하려면 저장소만으 로 충분하지 않다. 저장소로부터 인프라스트럭처를 다시 구성하려면 노드를 생성하고 쿡북을 셰프 서버에 업로드하고 데이터 백을 다시 만들어야 한다.

노드를 자동으로 생성하고 새로 구축한 셰프 서버에 등록해준다면 좋지 않을까? 클라우드 서비스를 바탕으로 노드를 시작하는 경우에는 더욱 그렇다.

스파이스위즐을 이용하면 쿡북과 데이터 백, 노드를 정의하고 필요한 나이프 명령어를 생성함으로써 노드를 생성하고 셰프 서버나 호스티드 셰프의 해당 조직을 구성하는 일을 포함한 전체 환경 재구성이 가능하다.

현재 셰프 저장소를 파일로 덤프하고, 이 파일로 인프라스트럭처를 재구성하는 방법을 살펴보자.

준비

'아마존 EC2 인스턴스 관리'에서 설명한 대로 나이프를 이용해 아마존 EC2 인스턴스를 관리할 수 있게 설정해둔다.

예제 구현

스파이스위즐Spiceweasel을 이용해서 현재 설정과 EC2 노드 몇 개를 파일에 덤프하고, 이 파일을 이용해서 전제 환경을 재구성해보자.

1. spiceweasel 루비 젬을 설치한다.

```
mma@laptop:~/chef-repo $ gem install spiceweasel

Fetching: ridley-0.12.4.gem (100%)
Fetching: berkshelf-1.4.6.gem (100%)
Fetching: spiceweasel-2.4.0.gem (100%)
Successfully installed ridley-0.12.4
Successfully installed berkshelf-1.4.6
Successfully installed spiceweasel-2.4.0
3 gems installed
```

2. 스파이스위즐을 이용해서 현재 저장소를 infrastructure.yml에 덤프한다.

```
mma@laptop:~/chef-repo $ spiceweasel --extractyaml >
infrastructure.yml
```

3. 위에서 생성한 infrastructure.yml 파일의 내용은 다음과 같다(파일 내용은 현재 저장소 상태에 따라 다를 수도 있다).

```
mma@laptop:~/chef-repo $ cat infrastructure.yml

---
berksfile:
cookbooks:
- my_cookbook:
  version: 0.1.0
roles:
- base:
data bags:
  - users:
    items:
    - mma
```

4. 스파이스위즐이 실행할 나이프 명령어를 미리 확인할 수 있다.

```
mma@laptop:~/chef-repo $ spiceweasel infrastructure.yml

berks upload -b ./Berksfile
knife cookbook upload my_cookbook
knife role from file base.rb
knife data bag create users
knife data bag from file users mma.json
```

5. 다음과 같은 명령어를 이용하면 스파이스위즐이 나이프 명령어를 실행한다.

```
mma@laptop:~/chef-repo $ spiceweasel -e infrastructure.yml

Uploading my_cookbook [0.1.0]
Updated Role base!
```

```
Data bag users already exists
Updated data_bag_item[users::mma]
```

예제 분석

스파이스위즐은 로컬 저장소를 훑어보고 YAML 파일에 모든 내용을 기록한다.

스파이스위즐은 이 YAML 파일을 읽어서 셰프 저장소의 모든 내용을 셰프 서버에 등록하는 데 필요한 모든 나이프 명령어를 생성한다.

부연 설명

infrastructure.yml 파일에 노드를 정의할 수도 있다. 해당 노드가 로컬 노드라면 스파이스위즐이 직접 초기화하고, 클라우드 서비스상의 노드라면 knife <provider> server create 명령어로 노드를 생성한다.

infrastructure.yml에 노드를 정의하면 스파이스위즐을 이용해서 필요한 가상 머신을 포함한 전체 환경을 재구성할 수 있다.

반대로 스파이스위즐을 실행할 때 --delete 옵션을 주면 주어진 설정을 셰프 서버에서 삭제할 수도 있다.

mma@laptop:~/chef-repo $ spiceweasel --delete infrastructure.yml

참고 사항

- 스파이스위즐의 소스코드는 깃허브 https://github.com/mattray/spiceweasel 에서 찾을 수 있다.

찾아보기

에이콘출판의 기틀을 마련하신 故 정완재 선생님 (1935-2004)

acorn+PACKT Technical Book 시리즈

Chef, 클라우드 서비스 설정관리 자동화 도구

오픈소스 설정관리 도구 셰프의 설치부터 배포까지

인 쇄 | 2015년 6월 18일
발 행 | 2015년 6월 26일

지은이 | 마티아스 마샬
옮긴이 | 최 광 민

펴낸이 | 권 성 준
엮은이 | 김 희 정
　　　　 박 창 기
　　　　 전 진 태
표지 디자인 | 한국어판_이승미
본문 디자인 | 박 창 기

인 쇄 | 한일미디어
용 지 | 한승지류유통

에이콘출판주식회사
경기도 의왕시 계원대학로 38 (내손동 757-3) (437-836)
전화 02-2653-7600, 팩스 02-2653-0433
www.acornpub.co.kr / editor@acornpub.co.kr

한국어판 ⓒ 에이콘출판주식회사, 2015, Printed in Korea.
ISBN 978-89-6077-727-9
ISBN 978-89-6077-210-6 (세트)
http://www.acornpub.co.kr/book/chef-cookbook

이 도서의 국립중앙도서관 출판시도서목록(CIP)은 서지정보유통지원시스템 홈페이지(http://seoji.nl.go.kr)와
국가자료공동목록시스템(http://www.nl.go.kr/kolisnet)에서 이용하실 수 있습니다.(CIP제어번호: CIP2015016682)

책값은 뒤표지에 있습니다.